I0817322

UTZSCHNEIDER · HOSEA

ORBIS BIBLICUS ET ORIENTALIS

Zum Autor:

Helmut Utzschneider, geb. 3. März 1949 Gessertshausen bei Augsburg, studierte von 1969–1974 evangelische Theologie in Neuendettelsau, Heidelberg und München. 1974–1979 Wiss. Assistent am Atl. Institut der Evangelisch-theologischen Fakultät der Universität München. Promotion 1979. Seit 1979 ist er Vikar an der Evangelisch-lutherischen Petri-Gemeinde in Baldham vor München.

ORBIS BIBLICUS ET ORIENTALIS 31

HELMUT UTZSCHNEIDER

HOSEA
PROPHET VOR DEM ENDE

Zum Verhältnis von Geschichte und Institution
in der alttestamentlichen Prophetie

UNIVERSITÄTSVERLAG FREIBURG SCHWEIZ
VANDENHOECK & RUPRECHT GÖTTINGEN
1980

CIP-Kurztitelaufnahme der Deutschen Bibliothek

Utzschneider, Helmut:

Hosea, Prophet vor dem Ende : zum Verhältnis von Geschichte u. Institution in d. alttestamentl. Prophetie / Helmut Utzschneider.
Freiburg (Schweiz): Universitätsverlag;
Göttingen: Vandenhoeck und Ruprecht, 1980.

(Orbis biblicus et orientalis; 31)
ISBN 3-7278-0230-8 (Universitätsverlag)
ISBN 3-525-53337-3 (Vandenhoeck und Ruprecht)

Paulusdruckerei Freiburg Schweiz

INHALTSVERZEICHNIS

Vorwort

Die vorliegende Arbeit wurde im SS 1979 von der Evangelisch-Theologischen Fakultät der Universität München unter dem Titel "Der Prophet vor dem Ende des Reiches Israel, Geschichtliche und institutionale Aspekte der Prophetie Hoseas" als Dissertation angenommen.

Für den Druck sind einige Ergänzungen und Verbesserungen vorgenommen worden. Vor allem wird auffallen, daß diese Arbeit für die Morphologie des Verbums und die Verbalsyntax eine im Vergleich zu den herkömmlichen Grammatiken abweichende Terminologie gebraucht. Ich habe mich dabei an den in der "Schule" Wolfgang Richters entwickelten Problemstellungen und Kategorien zu orientieren versucht. Mir schien dies deshalb unabweisbar, weil die Kategorien dieser "Schule" die Funktionen des Verbums präziser zu beschreiben vermögen als dies in den herkömmlichen grammatischen Kategorien möglich ist. Dies gilt insbesondere für die Bedeutung der "Formationen", d.h. für die Bedeutung der Stellung des Verbums im Satz und im Text. Um Erörterungen und Entscheidungen in diesen Angelegenheiten allgemein diskutierbar zu machen, habe ich mich in der Regel auf H. Irsigler, Einführung in das Biblische Hebräisch, 1978, bezogen.

Die folgenden Dankesworte sollen nicht nur die persönliche Dankesschuld des Autors abtragen helfen, sondern dem Leser auch einen gewissen Einblick in die Entstehungsbedingungen einer Erstlingsarbeit gewähren.

Zu danken habe ich insbesondere meinem Lehrer, Herrn Prof. Dr. Klaus Baltzer. Er hat mir in den Jahren meiner Assistentenzeit ein Höchstmaß an Spielraum gewährt und war mir gleichzeitig ein unermüdlicher Gesprächspartner und Förderer.

Durch wertvolle Gespräche und Hinweise unterstützt haben mich der Korreferent, Herr Prof. Dr. Jörg Jeremias, sowie die Herren Prof. Dr. W. Richter und Prof. Dr. O. Keel, der die Arbeit in die Reihe Orbis Biblicus et Orientalis aufgenommen hat. Frau Hildi Keel hat die Abbildungen im Text gestaltet.

Für die Arbeits- und Gesprächsgemeinschaft am Atl. Institut der Evang. Theol. Fakultät der Universität München habe ich vielen zu danken, insbesondere aber meinem Freund, Herrn Dr. Rüdiger Bartelmus, dessen Hinweise meiner Arbeit vielfältig zugute gekommen sind, und Frau Rosemarie Wipfler, die auch die Druckvorlage erstellen half.

Meine Frau Vera war mir eine geduldige, kritische Zuhörerin und Leserin, die so leicht nicht zu beeindrucken war.

Zu danken habe ich schließlich meinen Eltern. Ihr Verständnis kam mir zugute, ohne ihre großzügige Unterstützung wäre dieses Buch nicht erschienen.

Der Landeskirchenrat der Evang. Luth. Kirche in Bayern gewährte einen namhaften Druckkostenzuschuß.

Gewidmet ist das Buch dem Andenken meines Bruders Gerhard Utzschneider. Er war mein teilnehmender und kritischer Begleiter.

Baldham vor München, Ostern 1980 Helmut Utzschneider

0. EINLEITUNG

Ein Zeitgenosse des zwanzigsten Jahrhunderts ist Zeuge des Zerfalls politischer Größen und sozialer Systeme sowie der Folgen dieses Zerfalls. Diese Zeugenschaft ist am Geschehen nicht unbeteiligt. Sie hieß und heißt Mitgestalten, Mitverantworten und Mitleiden.

Auf europäischem Boden brachen zunächst und mit einem Schlag das deutsche Kaiserreich und mit ihm besonders das Königreich Preußen, die österreichisch-ungarische Doppelmonarchie und das russische Kaiserreich zusammen. Damit verschwanden nicht nur bestimmte Völkerrechtssubjekte von der Bühne europäischer Politik. Der Zerfall dieser Reiche war auch ein Datum in längerfristig sich vollziehenden sozialen Umwälzungsprozessen.

Um nur zwei Momente zu nennen: Mit dem Ende des ersten Weltkrieges hat im europäischen Raum eine durch Familie und Geburt legitimierte Führungselite - die Aristokratie - endgültig ihre Funktion verloren. Jahrhundertelang, ja seit Jahrtausenden, war sie in Macht und Ansehen gestanden.

Im westlichen und mittleren Europa trat an die Stelle des hierarchisch-ständischen Staates als bestimmendes Modell sozialer Organisation das Modell einer von kontrolliertem Konflikt und Interessenausgleich der Gruppen und Parteien bestimmten Gesellschaft. Das zwanzigste Jahrhundert hat seinen Zeitgenossen vor Augen geführt, daß solche historischen Stunden des Umbruchs und des Neubeginns zugleich schwache und starke Stunden sind.

Heute, im letzten Drittel dieses Jahrhunderts, sieht es so aus, als hätte sich die politische und soziale Situation zumindest in West- und Mitteleuropa auf eine mittlere Frist stabilisiert.

Dem vorausgegangen war eine der schwächsten Stunden, die Europa jemals in seiner Geschichte zu bestehen hatte.

Insbesondere die Deutschen hatten und haben diese Stunde zu verantworten. In den Konflikten des Umbruchs hatten sie sich einer in ihrer Mitte aufgekommenen Ideologie und Herrschaft hingegeben, deren Taten samt den Folgen schließlich nur in der Kategorie des "Verbrechens" annähernd zu beschreiben und aufzuarbeiten war.

Dem Ausmaß des Schreckens und des Leidens, das das Ende über die gebracht hat, die sich und andere in es hineingerissen haben, mag nur wenig Vergleichbares an die Seite gestellt werden können. Das Geschehen ist jedoch auch ein Fall der allgemeinen historischen Erfahrung, derzufolge kein Ende, kein Neubeginn ohne Schuld und Leid vonstatten gehen. Der unmittelba-

ren Betroffenheit des Zeitgenossen ist mit dieser Feststellung kein Abbruch getan.
Jeweils neu jedoch stellt sich die Frage, wie die Beteiligten - es seien Einzelne, Institutionen oder Gruppen - solches Geschehen wahrnehmen, darstellen und bewältigen.
Wir haben damit eine Frage gestellt, die sich als grundlegend für die vorliegende Studie erweisen wird. Ihr Interesse gilt zunächst der alttestamentlichen Prophetie als Institution. Der erste Teil der Studie - eine theoretische und forschungsgeschichtliche Entfaltung des Problems - wird zu der Aufgabenstellung führen, die Institution Prophetie im Kontext aktuellgeschichtlichen Geschehens (synchron) zu beschreiben. Im zweiten Teil der Studie wird diese Problemstellung an das Buch Hosea herangetragen. Der historische Ort, der dabei aufzusuchen sein wird, ist die "Endzeit" des nördlichen Teilreiches des alten Israel.
Demzufolge wird die Problemstellung näherhin darin bestehen, zu beschreiben, wie die Prophetie als Institution in der institutionalen Welt Israels das Ende eben jener Welt wahrnimmt, darstellt und zu bewältigen sucht.
Die atl. Prophetie - und mit ihr das Hoseabuch - nimmt Geschichte in einer dem modernen Betrachter - auch dem theologisch "eingestimmten" - fast übermäßig erscheinenden Radikalität theologisch wahr. Insofern ist hier historisch-exegetische Arbeit mit innerer Notwendigkeit theologische Arbeit.
Aus der Konfrontation mit dieser theologischen Radikalität könnte sich auch eine Vergleichsebene mit heutiger, christlicher Geschichtserfahrung ergeben. Es kann die Rückfrage gestellt werden, ob die geschichtlichen Erfahrungen unseres Jahrhunderts überhaupt schon "sub specie dei" genügend wahrgenommen und verarbeitet sind. Es könnte sein, daß die Theologie - nach dem zweiten Weltkrieg der höchsten Bedrängnis entronnen - daran "vorbeidenkt", die Kirchen, ihre Institutionen und Gruppen, daran "vorbeileben".
Was die Frage des "Wie" der Wahrnehmung, Darstellung und Verarbeitung betrifft, so haben Theologie und Kirche allerdings Denk- und Verhaltensmodelle entwickelt, die in unmittelbarem Bezug zum Umbruchsgeschehen dieses

Jahrhunderts formuliert sind.[1]
Entscheidungen waren gefordert und sie fielen auch. Aus der Verantwortung für diese Entscheidungen sind Theologie und Kirche auch heute noch nicht entlassen, weil sie ihre heutige Gestalt mitbegründet haben.
Eine Mehrzahl kontroverser Konzeptionen einer "Theologie vor dem Ende" werden auch im Hoseabuch erkennbar. Es dominiert die "prophetische" im institutionellen und im theologischen Sinne. Auch darin drückt sich eine Entscheidung aus, die zunächst für Israel nach dem Ende des Nordreichs, dann aber für jedes "Neue Israel" wirksam wurde und wirksam werden kann. Es bleibt zu fragen, ob es über die strukturellen Analogien hinaus inhaltliche Anknüpfungspunkte geben kann, über die wir Heutigen, die unmittelbaren Erben von "Theologien vor dem Ende", mit jener prophetischen des Hosea ins Gespräch treten können. Über die Schwierigkeiten der historischen und theologischen Korrelation wird man sich keinen Illusionen hingeben.
Die vorliegende Arbeit wird solche Anknüpfungspunkte allenfalls von atl. Seite her andeuten können. Das Gespräch wird sie nicht - jedenfalls nicht ausdrücklich - führen können.
Es ist jedoch unser theologisches Postulat, daß dieses Gespräch möglich, ja nötig ist. Der Gott, als dessen "Mund" Hosea fungierte, ist über die Zeiten der Eine geblieben.

---

[1] Die Konzeptionen waren vielfältig und gegenläufig: da war jene, die ihren theologischen und historischen Ort mit der Formel "Zwischen den Zeiten" beschrieb, jene, die in der Gegenwart das "Jahrhundert der Kirche" angebrochen sah, jene der "politischen Theologie", die die Kategorie des "Völkischen" in den dogmatischen Stand einer göttlichen Schöpfungsordnung erhob, schließlich jene, die es zuließ, von einer "SA Jesu Christi" zu sprechen. Vgl. dazu die umfassende Darstellung bei K. Scholder, Die Kirchen und das Dritte Reich, Bd. I, insbesondere S. 42 ff, 46 ff, 124 ff, 239 ff.

1. Die alttestamentliche Prophetie als Institution, Theoriebildung, Forschungsgeschichte und Problemstellung

1.1 Elemente einer soziologischen Theorie der Institution

W. Schottroff leitet seinen Aufsatz "Soziologie und Altes Testament" ein mit der lapidaren Feststellung: "Die Begegnung zwischen alttestamentlicher Wissenschaft und Soziologie ist bis heute weder besonders intensiv noch allzu folgenreich verlaufen."[1] Man wird dem zustimmen können, wenn von den beiden Disziplinen im Sinne des "Wissenschaftsbetriebes" die Rede ist. Um so folgenreicher war und ist - so möchten wir nun allerdings hinzufügen - die "implizite" Soziologie der alttestamentlichen Wissenschaft. Wo immer die Rede war von Königen, Priestern, Propheten, Richtern, Recht und Kult wurden auch historisch-soziologische Aussagen gemacht; man machte sich ein Bild davon, wie sich die genannten Größen zueinander verhalten, wo sie wann welche Bedeutung in Leben und Geschichte Israels haben. Diese "atl. Soziologie" ist als solche kaum je Gegenstand theoretischer Überlegungen geworden.

Wir stießen auf diese implizite Soziologie vor allem in der Prophetenforschung, genauer im Zusammenhang mit der Frage: "Ist die Prophetie eine Institution?". Soziologische Theorie ist in dieser Frage traditionell verborgen hinter begrifflichen Gegensatzpaaren wie: "kultische Religion - prophetische Religion", "Heilsprophetie - Unheilsprophetie", "institutionelle Prophetie - freie Prophetie". Fürs Königtum steht das Gegensatzpaar "dynastisches - charismatisches Königtum" bereit. Es gilt im Folgenden, diese Begrifflichkeit auf ihre implizite Institutionentheorie zu hinterfragen.

Zunächst jedoch wollen wir in Kürze Aufschluß geben über eine bestimmte Theorie der Institution, die für unser eigenes Verständnis von Bedeutung ist. Es handelt sich um den Theorieentwurf P.L. Bergers und T. Luckmanns "Die gesellschaftliche Konstruktion der Wirklichkeit, Eine Theorie der Wissenssoziologie"[2]. Berger-Luckmanns Entwurf ist eine in sich geschlosse-

---

[1] W. Schottroff, Soziologie, S. 46.

[2] P.L. Berger - T. Luckmann, Konstruktion; aus demselben Umkreis wurden herangezogen: P.L. Berger, Dialektik; P.L. Berger - B. Berger, Individuum; Ein gewisser Überblick über die neuere soziologische Institutionentheorie ist zu gewinnen in: Schelsky, Theorie.

ne "systematische, theoretische Abhandlung zur Wissenssoziologie"[1]. Der Entwurf soll uns nun nicht als "soziologischer Werkzeugkasten" dienen, aus dem die Werkzeuge - die Begriffe - nur zu entnehmen und dann auf jedwede historische Problemlage anwendbar wären. Eine stringente Punkt-für-Punkt-Relation zwischen soziologischer Theorie und unserer Arbeit am AT ist nicht denkbar. So sind es eben nicht mehr, aber auch nicht weniger als Elemente, die den Weg von der soziologischen Theorie Berger-Luckmanns in die Begriffsbildung dieser Arbeit finden werden. Die wichtigsten dieser Elemente sind jetzt zu nennen.

Berger-Luckmann entwickeln ihre Institutionenlehre[2] aus einer dialektischen Sicht der gesellschaftlichen Wirklichkeit. Diese Dialektik wird beschrieben als "Doppelcharakter der Gesellschaft als objektive Faktizität und subjektiv gemeinter Sinn"[3]. Mit anderen Worten: Wirklichkeit begegnet, wird vom Subjekt als zukommend erfahren und so von ihm aufgenommen, in der Aufnahme aber wiederum gestaltet (konstruiert), weitergegeben und somit wieder neu zukommende Wirklichkeit. "... der Mensch...und seine gesellschaftliche Welt stehen miteinander in Wechselwirkung. Das Produkt wirkt zurück auf seinen Produzenten"[4]. Die zukommende, objektive gesellschaftliche Wirklichkeit stellt sich dar als die "institutionale Welt"[5]. Was ist eine Institution? Berger hält die Sprache für das Grundmodell jeder Institution[6]. In der Sprache kommt die Wirklichkeit in elementarster Weise auf das Individuum zu. Sprachregeln sind Wirklichkeitsregeln.

Allgemeiner formuliert: Berger-Luckmanns Theorie hebt ab auf permanente gesellschaftliche Verhaltensweisen, die aus Gewohnheiten intersubjektiven Verhaltens hervorgegangen zu transsubjektiven, typischen Formen der Interaktion geworden sind: "Institution postuliert, daß Handlungen des Typus X von Handelnden des Typus X ausgeführt werden"[7]. Institution definiert sich

---

[1]Berger-Luckmann, Konstruktion, S. XVII.

[2]Berger-Luckmann, Konstruktion, S. 49-138; Berger, Dialektik, S. 29 ff.

[3]Berger-Luckmann, Konstruktion, S. 20.

[4]Vgl. a.a.O. S. 65.

[5]Vgl. a.a.O. S. 62.

[6]Berger-Berger, Individuum, S. 48 ff. Die Nähe zum Institutionenbegriff F. de Saussures ist unübersehbar. Vgl. de Saussure, Grundfragen, S. 83 ff.

[7]Berger-Luckmann, Konstruktion, S. 58.

vom Typus des Handelns und des Handelnden in einer wechselweisen Zuordnung; die Typisierung ist reziprok.

Ein wesentliches Merkmal von Institutionen und institutionalen Welten ist ihre Historizität. Bei Berger-Luckmann steht der genetische Aspekt im Vordergrund: "Institutionen haben immer eine Geschichte, deren Geschöpfe sie sind. Es ist unmöglich, eine Institution ohne den historischen Prozeß, der sie heraufgebracht hat, zu begreifen"[1]. Die Historizität der Institutionen impliziert das Problem ihrer Erhaltung. Institutionen sind zu keiner Zeit selbstverständlich, weil sie immer wieder - als zukommende Wirklichkeit - von den Subjekten aufgenommen und anerkannt werden müssen.

"Das Fortwirken einer Institution gründet sich auf ihre gesellschaftliche Anerkennung als permanente Lösung eines permanenten Problems. Potentielle Akteure für institutionalisierte Aktionen müssen daher s y s t e m a t i s c h mit institutionalisiertem Sinn bekannt gemacht werden. Ein Erziehungsprozeß wird nötig"[2].

Der institutionalisierte Sinn manifestiert sich als Wissen, in der historischen Weitergabe wird er zu traditionellem Wissen, zur Tradition. Berger-Luckmann bezeichnen die Gesamtheit der Traditionen einer institutionalen Welt als "symbolische Sinnwelten", d.h. "synoptische Traditionsgesamtheiten, die verschiedene Sinnprovinzen integrieren und die institutionale Ordnung als symbolische Totalität überhöhen"[3].

Die Historizität der Institutionen hat bei Berger-Luckmann vorwiegend genetischen und diachronen Charakter. Ein dritter Aspekt der Historizität von Institutionen - der aktuale Aspekt - kommt in dem Stichwort "Objektivität" zur Sprache. Haben Verhaltensweisen einmal das Stadium der Gewohnheit - die "Habitualisierung" - hinter sich gelassen, so sind sie zur Tat-Sache geworden.

"Institutionen sind nun etwas, das seine eigene Wirklichkeit hat, eine Wirklichkeit, die dem Menschen als äußeres zwingendes Faktum gegenübersteht"[4].

Es wird sich im Verlauf unserer Untersuchungen herausstellen, daß zur aktualen Historizität nicht nur die Objektivität der Institution gegenüber dem Menschen gehört. Theoretisch mindestens ebenso hoch zu veranschlagen ist der Einfluß, der von der jeweils geschichtlich-aktualen

---

[1] Berger-Luckmann, Konstruktion, S. 58.

[2] A.a.O. S. 74.

[3] A.a.O. S. 107.

[4] A.a.O. S. 62.

Wirklichkeit - dem Ensemble der Geschehnisse eines eng begrenzten Zeitraums - auf die überkommenen Institutionen und institutionalen Welten ausgeht. Prinzipiell scheint dieser Gedanke im dialektischen Modell Berger-Luckmanns angelegt. Er kommt u.E. wenig zum Tragen; der Grund dafür ist wohl darin zu suchen, daß die beiden Autoren vorwiegend anthropologisch und soziologisch, nicht aber historisch interessiert sind.
Soweit unsere Lehnelemente soziologischer Theorie. Diese Elemente sind nicht unmittelbar operabel. Dies liegt einerseits - wie gesagt - an ihrer Herkunft aus einem geschlossenen Theoriezusammenhang. Es liegt andererseits daran, daß die atl. Wissenschaft ein beträchtliches Potential an - wenn auch impliziter - soziologischer Theorie angehäuft hat, das nicht einfach mit einer dünnen Schicht neuer Theorie zuzuschütten ist. So ergibt sich die doppelte Aufgabe, dieses Potential traditioneller "atl. Soziologie" aufzuschließen und mit den Lehnelementen aus der soziologischen Theorie zur Hypothese eines operablen Institutionenbegriffs zu verarbeiten.
Wir haben drei Arbeitsgänge vorgesehen:
Zunächst soll am Beispiel der "Hebräischen Archäologie" das Problem der Institutionentheorie in der atl. Wissenschaft in weiterem Rahmen diskutiert werden (1.2).
Sodann wollen wir die Betrachtung auf den Gegenstandsbereich dieser Studie - die Prophetie - eingrenzen (1.3). Daran wird sich ein Exkurs zur Institutionalität des israelitischen Königtum anschließen.
Schließlich wird der Ertrag der theoretischen Überlegungen in ein Programm zur Untersuchung von Geschichtlichkeit und Institutionalität der Prophetie Hoseas eingehen (1.4).

1.2 Das Problem der Institutionen Israels am Beispiel der "Hebräischen Archäologien"

Der Gegenstand der - im Anschluß an Flavius Josephus "ΙΟΥΔΑΙΚΗ 'ΑΡΧΑΙΟΓΙΑ " " so genannten - "Hebräischen Archäologie", einer Teildisziplin der atl. Wissenschaft, ist die institutionale Welt Israels[1].

---

[1] F. Josephus über sein Werk: "Es soll alles umfassen, was über unsere alte Geschichte (ἀρχαιολογία) und die Ordnung des Gemeinwesens (διατάξις τοῦ πολιτεύματος) aus den hebräischen Schriften übersetzt ist." Josephus, Antiquitates, Proömium 2.

Wir wollen anhand einiger älterer und neuerer Lehrbücher dieser Disziplin[1] versuchen, das explizite und das implizite Verständnis von Institutionen herauszuarbeiten[2].

1. Zunächst zum expliziten Verständnis.

Wer in den Einleitungsparagraphen der Lehrbücher nach expliziten Institutionsbegriffen sucht, sieht sich weitgehend enttäuscht. Die Definitionen sind zumeist sehr lapidar. De Wette stellt zur "Hebräischen Archäologie" fest: "Sie ist ...die wissenschaftliche Darstellung des eigenthümlichen Natur- und Gesellschafts-Zustandes des hebräischen Volkes von seinem ersten geschichtlichen Auftreten an bis zu seinem politischen Untergange, gleichsam eine Statistik des alten hebräischen Volkslebens"[3]. De Wette kommt zu dieser Definition, nachdem er die "Hebräische Archäologie" von den übrigen Disziplinen der exegetischen Theologie abgesondert hat mit der Maßgabe, sie sei auf "die dem gesellschaftlichen Wechsel weniger unterworfenen natürlichen, sozialen und politisch-religiösen Zustände beschränkt"[4].

Die Ausführungen de Wettes zeigen ein Denkmuster, das in den Werken

---

[1] W.M.L. de Wette, Hebräisch-jüdische Archäologie (^{4}1864); W. Nowack, Hebräische Archäologie (1894); P. Volz, Altertümer (1914); I. Benzinger, Hebräische Archäologie (^{3}1927); J. Pedersen, Israel (1926); A.G. Barrois, Manuel (1939); F. Nötscher, Altertumskunde (1940); R. de Vaux, Institutions (1958); vgl. auch Schottroff, Soziologie, S. 47.

[2] Zu unterscheiden von der "Hebräischen Archäologie" als der Lehre von den Institutionen des alten Israel ist die "Biblische Archäologie" im Sinne einer Archäologie Palästinas. Letztere befaßt sich mit den "Denkmälern des Heiligen Landes als faßbare Zeugen seiner Geschichte" (C. Watzinger, Denkmäler, S. 1). C. Watzingers Werk "Denkmäler Palästinas" ist die meines Wissens früheste Gesamtdarstellung der Archäologie Palästinas, die auf der modernen Palästinaarchäologie beruht. Die Grenze zwischen den beiden Arbeitsgebieten ist nicht strikt zu ziehen. Die "Hebräische Archäologie" ist auf die "Denkmäler" und deren Interpretation ebenso angewiesen, wie die "Archäologie Palästinas" für eine sinnvolle Interpretation ihrer Befunde auf institutionengeschichtliche Hypothesen zurückgreifen muß. Vgl. dazu A.G. Barrois, Manuel, S. 2 f; F. Nötscher, Altertumskunde, S. 1.

[3] De Wette, Hebräisch-jüdische Archäologie, S. 1f. Bei der Formulierung seiner Definition bezieht sich de Wette ausdrücklich auf Josephus (S. 1, Anm. 1), schränkt dessen Definition aber auf ihr zweites Element, die "Ordnung des Gemeinwesens" ein. Vgl. auch Nowack, Hebräische Archäologie, S. 1.

[4] De Wette, a.a.O., S. 1, Unterstreichung von mir.

Benzingers und Nowacks in ganz ähnlicher Weise durchgeführt ist: In der "Hebräischen Archäologie" geht es um "Zustände", um "auf Natur, Gesetz und Sitte beruhende Zustände und Gebräuche"[1]. Sie zeichnet ein "Bild" als Hintergrund des geschichtlichen Ablaufes, sie stellt den "Boden" dar, aus dem etwas erwächst[2].
Die institutionale Welt ist ein Ensemble von Zuständen, das allerdings der Dynamik der Geschichte nicht völlig entzogen ist.
Die genannten Autoren sind der Ansicht, es sei möglich und nötig, zur Geschichte als Ablauf von Geschehen eine diachron stabilere Struktur von Wirklichkeiten - die "Hebräischen Altertümer" - hinzuzusehen.
R. de Vaux trieb die Begriffsbildung einen wesentlichen Schritt weiter. Im Vorwort seiner "Institutions" stellte er fest: "Les institutions d'un peuple sont les formes de vie sociale que ce peuple accepte par coutume, se donne par libre choix ou recoit d'une autorité. Les individus sont soumis aux institutions mais celles-ci n'existent qu'en fonction de la société, qu'elles régissent, qu'il s'agisse d'une société familiale, politique ou religieuse. Elles varient avec les temps et avec les lieux, elles dépendent, dans une certaine mesure, de conditions naturelles, géographie, climat..., mais elles se distinguent essentiellement des formes d'associations des plantes ou des animaux et de leurs mutations par l'intervention, collective ou individuelle, de la volonté humaine"[3].
Auch de Vaux begreift Institutionen als Zustände (les formes!). Er verstärkt dieses Charakteristikum sogar noch, indem er es auf das Individuum hin präzisiert: das Individuum ist den Institutionen unterworfen (soumis), sie treten ihm gegenüber als zwingende Wirklichkeit. Gleichwohl bringt de Vaux ein den Zustands- und Zwangscharakter der Institutionen konterkarierendes, dialektisches Moment ins Spiel: Für die menschlichen Institutionen wesentlich sei "l'intervention de la volonte humaine" sie sind darauf angewiesen, akzeptiert, anerkannt zu werden. Sie sind, gleichviel ob "wahlfrei" oder unter Druck angenommen, menschliche Produkte.
Dazu kommt als weiteres Moment die Abhängigkeit der Institutionen von der Geschichte: "Les institutions d'un peuple sont donc intimement liées non seulement à son habitat mais aussi à son histoire"[4]. De Vaux versteht da-

---

[1]Nowack, Hebräische Archäologie, S. 1.
[2]Vgl. ebd.
[3]De Vaux, Institutions, S. 9. [4]Vgl. ebd.

bei die Geschichte Israels als Teil eines "ensemble plus vaste"[1] und meint damit den geschichtlichen und kulturellen Kontext des alten Orient.

2. Das implizite Verständnis des Institutionenbegriffs der "Hebräischen Archäologien" erschließt sich bei Durchsicht der Inhaltsverzeichnisse. Zunächst wird deutlich, welche sozialen und politischen Größen - in den Augen der Verfasser - überhaupt als Institutionen anzusehen sind. Aufschlußreicher als dieser Überblick sind jedoch die Kategorien, nach denen diese institutionalen Größen geordnet sind.
Diese Kategorien spiegeln die Vorstellungen wieder, die vom Zusammenhang der Institutionen, der institutionalen Welt Israels, bestehen. Hier zeigt sich nun, daß bei allen Autoren, mit Ausnahme Pedersens, die institutionale Welt Israels als ein strukturell mehr oder minder getreues Abbild der bürgerlichen Welt des 19. und des beginnenden 20. Jahrhunderts aufgefaßt wird. Am unbefangensten verfährt de Wette. Sein Buch ist in zwei Hauptteile gegliedert: "Naturzustand" und "Gesellschaftszustand"[2]. Im ersten dieser beiden Teile werden geographische, "naturgeschichtliche", landwirtschaftliche Inhalte abgehandelt.
Den zweiten Teil gliedert der Autor:[3]

I. Abschnitt : Politisches Verhältnis
1. Hauptstück: Politische Geographie
2. Hauptstück: Bürgerliches Verhältnis (darunter: Staatsrecht, Privatrecht, Peinliches Recht)
3. Hauptstück: Kirchliches Verhältnis (darunter: Gottesdienst, Heiligtum)
4. Hauptstück: Auswärtiges politisches Verhältnis oder Krieg und Frieden
II. Abschnitt : Geselliges Verhältnis (darunter: Handel und Verkehr)
III. Abschnitt : Wissenschaftlich-ästhetisches Verhältnis.

Benzinger und Nowack arbeiten mit ganz ähnlichen Kategorien. Auf einen landeskundlich orientierten Teil folgen bei ihnen drei weitere, die de Wettes II. Teil entsprechen. Die Überschriften bei Nowack und Benzinger lauten: "Privataltertümer", "Staatsaltertümer" und "Sakralaltertümer"[4].

---

[1] De Vaux, Institutions, S. 9f.

[2] De Wette, Hebräisch-jüdische Archäologie, S. Xff.

[3] A.a.O., S. XII-XIV. Die Terminologie ist abhängig von de Wettes "Biblischer Theologie"; vgl. R. Smend, de Wette, S. 74ff.

[4] Vgl. die Inhaltsverzeichnisse. Auch P. Volz, Altertümer, S. V-VIII legt dieses Schema zugrunde.

Der Unterschied zu de Wette ist ein etwas höherer Abstraktionsgrad der Begrifflichkeit (z.B. "Sakralaltertümer" statt "kirchliches Verhältnis"). So sehr diese Weise der Gliederung "sich durch ihre Einfachheit als die brauchbarste"[1] erwiesen haben mag, so wenig scheint sie uns doch geeignet, die institutionale Welt Israels zu beschreiben. Das Königtum Israel, beispielsweise, ist ebensosehr als "Staatsaltertum" aufzufassen wie als "Sakralaltertum".

Das Problem ist allerdings gestellt: Wie ist eine institutionale Welt zu beschreiben, wenn sich die Übertragung gegenwärtiger Kategorien als zumindest unbefriedigend erweist?

Einen gangbaren Weg scheinen die Gliederungskategorien in Johannes Pedersens monumentalem Werk "Israel, Its Life and Its Culture" zu weisen. Pedersen überschreibt die vier Hauptabschnitte seines Werkes wie folgt:

I. The Soul, its Powers and Capacity
II. Common Life and its Laws[2]
III. Holiness and its Upholders
IV. The renewel and the source of holiness[3]

Die beiden wichtigsten Stichworte dieser Gliederung "soul" und "holiness" legen die Vermutung nahe, daß Pedersen die Zusammenschau der vielfältigen institutionalen Erscheinungen mit Hilfe (religions-)psychologischer und religionsgeschichtlicher Kategorien herstellt. Diese Vermutung läßt sich bei näherem Hinsehen erhärten. Nach einer Einleitung, die "the outlines of the social conditions under which the Israelites lived"[4], beschreibt, kommt Pedersen zu seinem zentralen Anliegen: der "israelitic conception of life"[5]. Diese "conception of life" ist grundlegend bestimmt von dem Umstand, daß "man, in his total essence is a soul"[6]. Es kann hier offenbleiben, ob und inwieweit Pedersen den hebräischen Begriff נפש , den er als Äquivalent für "soul" einführt, überlädt. Die Schlüsselfunktion des Begriffes der Seele für die Konstitution einer institutionalen Welt wird aus folgender Feststellung deutlich:

---

[1]Benzinger, Hebräische Archäologie, S. 2. Zur Kritik des Schemas siehe auch: Barrois, Manuel, S. 5.

[2]Pedersen, Israel, Bd. I, S. II-X.

[3]A.a.O. Bd. II, S. I-VI.

[4]A.a.O. Bd. I, S. 1-96; Zitat: S. 96.

[5]Ebd.

[6]A.a.O. Bd. I, S. 99

"That which the Israelite understands by soul is, first and foremost, a totality with a peculiar stamp. It is the different features of character which compose the essence of the soul and make the world a motley swarm of souls."[1]

Pedersen hält seinen Ansatz in den folgenden Teilen seines Werkes konsequent durch: Sein Gemeinschaftsbegriff ist vom Begriff der Seele her entwickelt: "When we look at the soul we always see a community rising behind it." Seele ist auf Gemeinschaft angelegt. Unversehrte Gemeinschaft (shalom-totality) "means the untrammelled, free groth of the soul."[2]
Die Beispiele ließen sich beliebig vermehren. Immer wieder wird der Begriff der Seele zur zentralen Anlaufstelle, wenn es gilt, Totalität zu gewinnen.[3]
Die Frage für unseren Zusammenhang lautet: Läßt sich nach dem Vorbild Pedersens ein Weg finden von der einzelnen Erscheinung zur ihrer Integration in eine institutionale Welt? Wir meinen, daß ein Grundbegriff oder ein System von Grundbegriffen dies zwar leisten können, aber um den Preis der Geschichtlichkeit. Das heißt: Die Kategorie "Seele" im Falle Pedersens ist ein Dach, das nach Ansätzen und Plänen einer modernen Psychologie gebaut wurde. So scheint Pedersen in dieselbe Aporie verstrickt, in der wir schon de Wette und seine Nachfolger angetroffen haben: Die Integration der Einzelerscheinungen zu einer Welt wird erreicht durch die Übertragung moderner Integrationsvorstellungen und -begriffe. Diese sind inhaltlich zu sehr bestimmt, als daß sie mit dem Hinweis auf die analogische Struktur jeden historischen Denkens zu rechtfertigen wären.
Einen Blick wollen wir noch werfen auf die sogenannte "Pattern-School" in ihrer englischen Spielart (Myth and Ritual). Eine kurze Betrachtung dieser Forschungsrichtung, die nicht eigentlich zur Disziplin der "Hebräischen Archäologie" gehört, ist an dieser Stelle angezeigt, weil auch das "Myth and Ritual Pattern"[4] auf die Lebenswelt in ihrer Ganzheit zielt. Dies wird deutlich an S.H. Hookes grundlegender Bestimmung des "great body of myth and ritual". Es heißt dazu unter anderem:

---

[1]Pedersen, Israel, Bd. I, S. 100.

[2]A.a.O. Bd. I, S. 264f.

[3]Vgl. etwa Pedersens Entfaltung des Begriffs der "Heiligkeit", a.a.O. Bd. II, S. 12.

[4]Hooke, Myth

"When we examine these early modes of behaviour we find that their originators were not occupied with general questions concerning the world but with certain practical and pressing problems of daily life."[1]

Bei jenen "dringenden, praktischen Problemen des Alltagslebens", die Hooke, mit einem gewissen understatement, von den "general questions" absetzt, handelt es sich dann immerhin um "the main problems of securing the means of subsistence, to keep the sun and the moon their duty, to ensure the regular flooding of the Nile, to maintain the bodily vigour of the king, who was the embodiment of prosperity of the community"[2]. Die Perspektive von den Einzelerscheinungen auf den Zusammenhang, die "Welt", wird hier dadurch erreicht, daß eine Funktionsbestimmung von umfassendem Charakter angegeben wird: Existenzsicherung.

Was können wir für unsere Aufgabe aus der Betrachtung der "Hebräischen Archäologien" festhalten und folgern?

1. Die "Hebräischen Altertümer", "les institutions de l'Ancien Testament" werden traditionell als "Zuständlichkeiten" der Welt des alten Israel aufgefaßt.

Die Historizität der Institutionen ist, wie es de Wette klassisch einfach auszudrücken weiß, dadurch gekennzeichnet, daß diese "dem geschichtlichen Wechsel weniger unterworfen"[3] sind. Der Satz ist eingeschränkt negativ formuliert. Er kann auch eingeschränkt positiv formuliert werden: Die Institutionen sind dem geschichtlichen Wechsel <u>auch</u> unterworfen.

Die beiden Formulierungen lassen die beiden Hauptaspekte der Historizität von Institutionen deutlich werden: die Diachronie und die Synchronie. Institutionen sind zwar diachron stabil, sie sind aber dem Wechsel der historischen Gegebenheiten, wenn nicht unterworfen, so doch zumindest ausgesetzt. Sie nehmen dadurch synchron je verschiedene Gestalt an, ohne daß in den Grundelementen die diachrone Identität der jeweils aktuellen, aus synchronen Bedingungen hervorgegangen, Gestalten verloren geht.

Die Historizität von Institutionen schließt auch, und damit wird das "weniger unterworfen" gleichsam transzendiert, das Ende von Institutionen ein.

Historizität von Institutionen hat - nehmen wir den genetischen (vgl.

---

[1] Hooke, Myth, S. 2f.

[2] Ebd.

[3] De Wette, Hebräisch-jüdische Archäologie, S. 1 f.

oben) hinzu - demnach drei Aspekte:

- den genetischen Aspekt des Werdens von Institutionen
- den Aspekt der diachronen Stabilität der Institutionen

und den Aspekt der synchron-aktualen Gestalt der Institutionen.

2. Die Integration der institutionalen Einzelerscheinungen zu einer Gesamtheit, der "institutionalen Welt", scheint in den bisherigen Lösungsansätzen aporetisch. Die Aporie besteht darin, anachronistische Integrationskategorien an die Welt des alten Israel heranzutragen. Wir wollen in unserer Arbeit diese Aporie vermeiden, und zwar dadurch, daß wir den Aspekt der "institutionalen Welt" als Postulat im Auge behalten, auf eine vorgängige inhaltliche Festlegung der Gestalt dieser Ganzheit aber verzichten. Wir werden stattdessen unser Augenmerk auf Begriffe und Vorstellungen richten, mit denen das alte Israel selbst den Ganzheitscharakter seiner institutionalen Welt beschrieben hat (vgl. dazu unten: 2.3.2.1).

Anhangsweise und als Übergang zum folgenden Arbeitsgang wollen wir die hier untersuchten "Hebräischen Archäologien" kurz auf ihre Stellung zur Institutionalität der Prophetie befragen.
Bei Benzinger, Nowack und de Vaux tritt die Prophetie als selbständiger Topos überhaupt nicht in Erscheinung.
De Wette handelt von der Prophetie zunächst im Zusammenhang mit dem Königtum. Die Propheten seien - neben den Priestern - an der "Verwaltung der Theokratie"[1] beteiligt und den Königen gegenüber "die Vertreter der göttlichen Wahrheit und die Stimmführer des öffentlichen Geistes der Theokratie..."[2]. Der eigentlich institutionale Charakter der Prophetie erscheint bei de Wette jedoch im "wissenschaftlich-ästhetischen Verhältnis" des Gesellschaftszustandes der Hebräer. Propheten und Prophetenschulen sind mit der "Pflege der Wissenschaft" betraut, sie sind "1. die Reiniger und Erweiterer der Religions- und Sittenlehre, 2. die Staatsweisen und 3. die Naturkundigen oder Wundertäter." In diesen Funktionen habe auch ihre öffentliche Wirksamkeit gelegen[3].
J. Pedersen widmet den Propheten ein umfängliches Kapitel[4]. Für den

---

[1]De Wette, Hebräisch-jüdische Archäologie, S. 406.
[2]A.a.O. S. 198.
[3]A.a.O. S. 405f.
[4]Pedersen, Israel, Bd. II, S. 107-149.

dänischen Forscher gehören die Propheten zusammen mit dem König, den Priestern und den Heiligtümern zu den "upholders of holiness". Pedersen spricht von der Prophetie auch ausdrücklich als "institution" und hebt damit besonders auf die Ekstatikergruppen ab, für die er kanaanäischen Ursprung vermutet.[1]
Auch P. Volz widmet den Propheten unter der Überschrift "Besondere religiöse Gestalten" ein längeres Kapitel. Er setzt die "Patriotischen Propheten" von den "Großen religiösen Propheten" ab[2] und steht damit im Rahmen einer Auffassung von der Prophetie, die unten (vgl. 1.3.1) ausführlich zu besprechen sein wird.
Der Überblick zeigt an, daß es keineswegs selbstverständlich ist, die Prophetie als Institution anzusprechen. Dies wird sich im folgenden weiter bestätigen.

1.3 Die Prophetie als Institution

1.3.1 Vorentscheidungen zur Frage der Institutionalität der Prophetie

Wir überschreiben den ersten Abschnitt dieses Kapitels mit "Vorentscheidungen...". Dies mag befremden. Vorentscheidungen sollte es im wissenschaftlichen Kontext ja tunlichst nicht geben. Indessen wurden die Vorentscheidungen, von denen hier die Rede sein soll, um so weniger expliziert, je länger sie gültig waren.
Daß das Feld der Prophetenforschung - wie wir meinen - mehr als manche andere Bereiche atl. Forschung von schwer diskutierbaren Vorentscheidungen bestimmt werden konnte, hängt wohl damit zusammen, daß Propheten und Prophetie enger als andere Bereiche des AT mit zentralen Topoi christlicher Theologie verbunden sind. Die Propheten - genauer die "Schriftpropheten" - tragen sozusagen die Beweislast dafür, daß das AT eine Urkunde der christlichen Kirche sein kann. Dazu nur einige Beispiele:
"In der Prophetie erwacht das universalgeschichtliche Interesse, weil sie den kommenden Gott Israels als einzigen Herrn Israels erkennt."[3] Die prophetische Erfahrung ermögliche allererst eine "breit fundierte Worttheologie".[4] Die soziale Botschaft eines Amos präludiere das neutestamentliche

---

[1]Pedersen, Israel, Bd. II, S. 111.
[2]P. Volz, Altertümer, S. 197, 199, 202.
[3]H.W. Wolff, Geschichtsverständnis, S. 332.
[4]G. v. Rad, Theologie, Bd. II, S. 381.

Liebes- und Barmherzigkeitsverständnis.[1] Und schließlich: Es ist die nizänische Formulierung "qui locutus est per prophetas", die das AT eben in seinem prophetischen Aspekt in der offiziellen Lehrtradition der christlichen Kirche verankert.
Die Andeutungen mögen illustrieren, daß christliche Theologen als Alttestamentler schwerlich "unbefangen" an die Prophetenforschung gehen. Gewissermaßen geht die Beweislast der Prophetie an sie als deren zünftige Interpretatoren über; es gilt in jedem neuen kirchlich-theologischen Kontext, den Beitrag der Prophetie neu zu begründen. Aus dieser Notwendigkeit entstehen "Vorentscheidungen". Vorentscheidungen liegen also wesentlich auf der Ebene der Interpretation. Sie fallen mit der Wahl der Begriffe und Kategorien, in denen die Texte erklärt werden.
Die folgenden Zitate sollen dartun, daß gerade die Frage der Institutionalität der Prophetie in einer bestimmten Tradition vor allem deutscher Alttestamentler ins Gehege solcher theologisch-kategorialer Vorentscheidungen gekommen ist. In die theologischen Vorentscheidungen sind sicherlich auch allgemein geistesgeschichtliche und ideologische Urteile eingeflossen. Zu Wort kommen sollen zunächst J. Wellhausen und B. Duhm.
J. Wellhausen schrieb - im Zusammenhang der Frage "Priester und Prophet" in seinen "Prolegomena zur Geschichte Israels":

"Die Propheten haben bekanntlich keinen Vater (1 Sam 10,12), ihre Bedeutung ruht auf den Individuen...Dem Zug der Zeit folgend gliedern sie sich zwar auch zu Korporationen, aber eigentlich heben sie dadurch ihr Wesen auf; die Koryphäen stehen immer einzeln, auf sich selber. Der Überlieferung eines Standes, welche den Anlässen des gewöhnlichen Lebens genügt, tritt hier die Inspiration einzelner Erweckter gegenüber, angeregt durch außerordentliche Anlässe. Nachdem der Geist der ältesten Männer Gottes, Moses an der Spitze, in Institutionen gewissermaßen gebannt war, suchte und fand er ein neues Ventil in den Propheten: das alte Feuer brach vulkanisch hindurch durch die Schichten, die einst auch flüssig aus der Tiefe gestiegen, nun aber erstarrt und abgelagert waren.
Das Lebenselement der Propheten ist der Sturm der Weltgeschichte, der die Ordnungen der Menschen hinwegfegt...und nur ein Grund festbleibt, der selbst keine Begründung bedarf. Wenn die Erde in Beben vergeht, dann triumphieren sie, daß Jahve allein hochbleibe. Sie predigen nicht über gegebene Texte, sie reden aus dem Geist, der alles richtet und von niemand gerichtet wird. Wo stützen sie sich jemals auf eine andere Autorität als die moralische Evidenz, wo auf ein anderes Fundament als ihre eigene Gewissheit. Das gehört zum Begriff des prophetischen, der echten Offenbarung, dass Jahve, über alle ordnungsmäßige Vermittlung hinweg, sich dem Individuum mitteilt, dem Berufenen, in welchem der geheimnisvolle und un-

---

[1] H.W. Wolff, Amos, S. 210.

zergliederbare Rapport energisch wird, worin die Gottheit mit dem Menschen steht."[1]

Die begrifflichen Oppositionen, mit denen Wellhausen arbeitet, liegen am Tag: Das "Erstarrte", die "Korporation", die "menschlichen Ordnungen", die "Institution" stehen gegen die "einzelnen Erweckten", die "Inspiration", den "Geist", "Jahve allein". Die "moralische Evidenz", theologisches Anliegen des Liberalismus[2], ist der Grund auch der Prophetie. Die Einzelnen stehen gegen die Institution. Daß Wellhausen hier wohl auch seine eigene institutionale (kirchliche) Welt im Auge hat, könnte die Anspielung auf die "Predigt über gegebene Texte" andeuten. Das für unsere Fragestellung wichtigste Moment in diesem historischen Text atl. Forschung ergibt sich aus der Beobachtung, daß die Institutionalität, fast könnte man sagen, als solche den Negativhintergrund für die euphorische Hochschätzung der Prophetie abgeben muß. Wellhausen argumentiert dazu hochtheologisch: "Echte Offenbarung", die nur dem Individuum zuteil werden kann und "ordnungsmäßige Vermittlung" sind Gegensätze.[3]

Ganz ähnlich urteilt einige Jahrzehnte später B. Duhm[4], der als der eigentliche "Entdecker" der Prophetie für die atl. Wissenschaft gelten kann. Duhm arbeitet mit einem entwicklungsgeschichtlichen Kategoriensystem[5]. Unter den "drei Schichten der Kultur" Israels nimmt die Schriftprophetie die höchste ein. In der zweiten Schicht, der "dynamistischen", hat die Prophetie auch bei Duhm institutionalen Charakter. Auf jener Kulturstufe, während derer Jahwe der "Bildner" der Geschichte war, galt: "Gott, Prophet und Volk handelten in vollem Einklang, wenn es galt, die 'Schlachten Jahwes' zu schlagen. Die Propheten und die prophetischen Helden waren die wirklichen Führer der Geschichte Israels, wurden vom Volk

---

[1] J. Wellhausen, Prolegomena, S. 406. Dieser "Hymnus auf die Prophetie Israels" steht in merkwürdiger Spannung zu den sonst eher zurückhaltenden Äußerungen W.s über die Prophetie. L. Perlitt, Wellhausen, S. 200, vgl. S. 194ff.

[2] Perlitt, a.a.O. S. 231 spricht von einer "kontemporären Berührung" W.s. "mit Ritschels (durch Kant inspirierter) These von der Erfüllung des Sittengesetzes durch die menschliche Mitarbeit an der Verwirklichung der göttlichen Absicht mit der Welt."

[3] Vgl. Perlitt, a.a.O. S. 229ff: "Geschichte und Offenbarung als theologische Probleme". Wellhausen hat seine Sicht auch für das NT und die frühe Kirchengeschichte durchgehalten.

[4] Wir halten uns an Duhms späteres, zusammenfassendes Werk über die Prophetie: B. Duhm, Propheten, ([2]1922).

[5] Zum folgenden: a.a.O. S. 3 - 8.

verstanden und vermochten es zu großen Taten zu begeistern, solange es noch ein Vordringen gab, die äußere Geschichte und die innere ein und dasselbe waren."[1] Die institutionale Idylle, die Duhm hier eher besingt als beschreibt, ist historisch in vorköniglicher Zeit anzusiedeln.
Mit der Königszeit beginnt die Geschichte in eine äußere und eine innere zu zerbrechen. Die dritte und höchste Stufe der israelitischen Kultur und der Religion wird erreicht: die Stufe der Propheten, d.h. jener Propheten, "die nicht Heil und Sieg verkündigten, sondern Gericht und Untergang."

Diese Propheten "...waren dazu berufen, die Führung in der i n n e r e n Geschichte der Menschheit zu übernehmen und eine Aufgabe Israels zu erfüllen, von der das Volk selber sich nichts träumen ließ. So entstand eine dritte, höchste Schicht im Leben Israels, die nur eine geringe Zahl der Besten im Volke umfaßte und meist gegen die Masse isoliert war. Bei anderen Völkern pflegt diese höchste Schicht von Philosophen, Männern der Wissenschaft, Staatsmännern, Dichtern, Künstlern gebildet zu werden.
Daß sie in Israel ihren Kern in den Propheten hat,..., beruht darauf, daß Jahwe der Leiter der Geschichte bleibt. Auch die innere Geschichte ist für diese Männer Bewegung, Leben, geht nicht aus auf irgendein abgeschlossenes System, auf absolute Wahrheiten, Theorien, Dogmen. Propheten sind die Männer des ewig Neuen."[2]

Duhms Schichtenmodell muß näher erläutert werden. Zunächst: Die äußere Geschichte läuft selbstverständlich auch nach dem Bruch mit der inneren Geschichte weiter, allerdings als "Niedergang"[3]. Den Niedergang der äußeren Geschichte verbindet Duhm zunächst mit dem Stichwort "Kult". Israel wird zu einem Volk von Bauern, dessen Bedürfnissen auch die Jahwereligion angepaßt wird: "... die J a h w e r e l i g i o n wurde K u l t r e l i g i o n."[4], in deren Zusammenhang allerlei Gottesmänner, Nasiräer und Nabis[5], aber eben nicht Propheten stehen. Sie treten erst auf, als die "kommende Weltkatastrophe"[6], die Assyrergefahr, im Anzug ist.
Auf diesem dunklen Hintergrund - Kultreligion und Weltkatastrophe - werden die Propheten zu den Führern der inneren Geschichte der Menschheit. Am Beispiel von Duhms Sicht des Propheten Jesaia[7] sei dies kurz erläutert:

---

[1] B. Duhm, Propheten, ([2]1922), a.a.O. S. 6. Vgl. auch P. Volz, Altertümer, S. 201 zu den "patriotischen Propheten".

[2] B. Duhm, Propheten, S. 7f.

[3] A.a.O. S. 61.

[4] A.a.O. S. 63.

[5] Vgl. a.a.O. S. 78ff.

[6] A.a.O. S. 89. "Ist die große Prophetie Israels ein Geschenk des Assyrerschreckens an die Menschheit?"

[7] Vgl. a.a.O. S. 144ff.

Jesaia sieht Jahwe als "Herrn der Völker", damit aber "beginnt für Jesaia die Weltgeschichte"[1]. Jes 7,9 fällt "zum erstenmal in der Geschichte der biblischen Religion....das Wort vom G l a u b e n, dem inneren Gefühl für das, was den Sinnen unzugänglich ist"[2]. Jesaia war derjenige, der "den dunklen Trieb und Drang, der Elisa vom Pflug wegführte, in die Klarheit des Bewußtseins erhebt"[3]. Er vertieft den "Gegensatz zwischen den Forderungen der Jahwereligion und dem Verhalten des Jahwevolkes geistig..." und beginnt, "die Empfänglichkeit für das Unsichtbare zum Herzen der Religion zu machen"[4].

Es bedarf keiner weiteren Beispiele mehr, um deutlich zu machen, wie sehr der Übergang von der zweiten zur dritten Schicht bei Duhm eine "metabasis eis allo genos" darstellt[5]. Hier das Volk, die Masse, die Kultreligion, kurz die "äußere Geschichte", dort der Blick aufs "ewig Neue", den "Glauben", das "Unsichtbare", das "Geistige", kurz die "innere Geschichte", die großen Propheten. Duhm erklärt den historischen Konflikt der, bzw. einiger Propheten mit ihrer Umwelt, indem er die Propheten aus ihrer historisch-institutionalen Welt nahezu völlig herauslöst und ihr Wesen mit Kategorien seiner - Duhms - geistigen Welt erklärt. Nicht ohne Grund parallelisiert Duhm die Propheten mit einer sozialen Schicht (Philosophen, Männer der Wissenschaft...), der er angehörte. Die innere Geschichte, die die Propheten begründen, trägt wesentliche Züge der geistigen Welt Bernhard Duhms. So ist die Formulierung "Glaube" als "inneres Gefühl" wohl erst seit Schleiermacher möglich.

Zu jenem Stamm atl. Prophetenforschung hinzuzusehen ist auch H. Gunkels programmatische Schrift "Die geheimen Erfahrungen der Propheten Isarels" (1903)[6]. Gunkel hebt von den ekstatischen Nebiim, einem "Stande", "einzelne Männer edleren Schlages" (gemeint sind Elia, Elisa und Micha ben Jimla) ab[7]. Aus ihnen gehen im 8. Jahrhundert schließlich die "schriftstelleri-

---

[1]B. Duhm, Propheten, S. 153 (Unterstreichung von mir).

2A.a.O. S. 154 (Unterstreichung von mir).

[3]A.a.O. S. 177 (Unterstreichung von mir).

[4]A.a.O. S. 177.

[5]P. Volz, Altertümer, S. 202 erklärt die "großen Propheten" zu "Männer(n) aus einer anderen Welt".

[6]H. Gunkel, Erfahrungen.

[7]A.a.O. S. XXXI.

schen Propheten" hervor. Gunkel charakterisiert sie so: "Höchste Gedanken der Religion sind es, die sie im Sturm genommen haben. Durch sie ist Religion und Sittlichkeit wie mit einem ehernen Bande zusammengeschmiedet worden..."[1].

Bei und durch J. Wellhausen, B. Duhm und H. Gunkel sind zwei gewichtige Vorentscheidungen zur Frage der Institutionalität[2] der Prophetie gefallen:

1. Schriftprophetie, große Prophetie einerseits und institutionale Welt Israels andererseits sind kategorial zu unterscheidende Größen. In den Propheten als den großen Einzelnen ergeht die eigentliche Offenbarung, tritt das geistige und sittliche Wesen Gottes ans Licht der Weltgeschichte.
2. Die institutionale Welt Israels wird - insbesondere bei B. Duhm - durch die Vorstellung vom Kult repräsentiert und dadurch auf eine niedere Stufe der Gotteserkenntnis verwiesen.

Der theoretische und begriffliche Rahmen für den bald aufbrechenden Streit um die "Kult-Prophetie" ist damit abgesteckt. Im folgenden wird dieser Streit den paradigmatischen Modellfall abgeben für die weitere Entfaltung des Problems der Institutionalität der Prophetie.

Es war vor allem die deutsche Forschung, die im begrifflichen Rahmen der "Wellhausen-Duhm'schen Erklärungsfigur" weiterarbeitete[3]. Diese Erklärungsfigur hielt sich in beachtlicher Eigendynamik bis heute. Dies können u.E. die folgenden Sätze J. Jeremias deutlich machen. J. Jeremias schreibt zum Verhältnis von Unheils- und Kultprophetie:

"Als Künder des ungefragten und unbeeinflußbaren Jahwewortes treten diese Propheten (scil. die Unheilspropheten) auf und sind damit, religionsgeschichtlich betrachtet, als Vertreter der (Zukunft schauenden) 'intuitiven' weit von der (den Willen Jahwes durch Mittel erforschenden) 'induktiven', als Vertreter der ekstatischen weit von der 'deutenden' Prophetie unterschieden..."[4].

---

[1] H. Gunkel, Erfahrungen, S. XXXIII.

[2] Institutionenkritik war im ausgehenden 19. Jahrhundert ein verbreiteter Topos in der Theologie. T. Rendtorff zeigt dies am Beispiel E. Troeltsch' und dessen Verhältnisbestimmung von Religion und Kirche. Vgl. T. Rendtorff, Das Problem der Institution, S. 150f.

[3] Dazu sind vor allem zu nennen und zu beachten: H. Gunkel - J. Begrich, Einleitung, S. 370ff; A. Jepsen, Nabi; M. Noth, Amt und Berufung; vgl. ferner: P. Volz, Prophetengestalten, S. 14ff.

[4] Jeremias, Kultprophetie, S. 191.

Auch bei Jeremias impliziert dieser Gegensatz eine Ablehnung der Institutionalität. 1Kön 22 lehre, so Jeremias, "den Gegensatz zwischen wahrer und falscher Prophetie als den Kampf einzelner visionärer Gestalten gegen ein institutionalisiertes Prophetentum verstehen..."[1].

1.3.2 Die Institutionalität der Prophetie - der Modellfall Kultprophetie

S. Mowinckel schrieb im Jahre 1923 im III. Band seiner "Psalmenstudien":

> "Die These, die im Folgenden zum Beweis gestellt werden soll, ist...diese: der prophetischen Form gewisser Psalmen entspricht eine kultische Wirklichkeit. In gewissen Fällen haben die prophetischen, d.h. die sich in einer bestimmten kultischen Lage als Antwort Gottes auf eine Bitte gebenden Worte eines nach seiner eigenen und der Zeitgenossen Ansicht prophetisch begabten, wenn auch vielleicht fest angestellten Kultdieners, einen festen Platz im Kulte gehabt, und die meisten, wenn nicht alle prophetischen Psalmen im Psalter sind wirkliche Kultpsalmen und aus dieser Kultsitte zu erklären."[2] ..."Ich verstehe unter einem Propheten hier einen, der im Auftrage sowohl der Gesellschaft als der Gottheit der Gemeinde auf Anfrage die nötige Auskunft in religiösen Dingen direkt aus göttlicher Quelle...erteilt...Der Prophet in diesem Sinne ist überhaupt kein zufällig auftretender Privatmann. Er ist Angestellter der Gesellschaft, ein <u>instituionelles Bindeglied</u> zwischen den beiden Bundesgenossen, der <u>Gemeinde und der Gottheit</u>."[3] Schließlich, so Mowinckel, "setzen kultische Prophetien eine feste <u>Verbindung</u> zwischen Propheten und Heiligtum, oder wenn man will: zwischen <u>priesterlichem</u> und prophetischem Beruf und Wesen voraus."[4]

Wir haben Mowinckel deshalb so ausführlich zitiert, weil seine Formulierungen wohl als ein Dreh- und Angelpunkt der Forschungsgeschichte gelten können. Halten wir uns die Ergebnisse des vorigen Abschnittes vor Augen: Man hatte sich die größte Mühe gegeben, Prophetie und institutionale Welt Israels von einander abzuheben. Mowinckel hingegen interessieren die Propheten nicht mehr als Angehörige "der höchsten Schicht", der "geringen Zahl der Besten im Volke", sondern als "Angestellte der Gesellschaft" und zwar genauer des "Kultes". Er hat damit den empfindlichsten Nerv der traditionellen Prophetenforschung getroffen und die bis heute währende Diskussion um die "Kultprophetie" ins Rollen gebracht. Auf der Ebene der soziologischen Prämissen war diese Diskussion immer bestimmt von der Frage nach der Institutionalität der Prophetie. Deshalb hat sie für unseren Zusammenhang hohe exemplarische Qualität.

---

[1] Jeremias, Kultprophetie, S. 192.

[2] Mowinckel, Kultprophetie-Psst III, S. 3.

[3] A.a.O. S. 5 (Unterstreichung von mir).

[4] A.a.O. S. 9 (Unterstreichung von mir).

Die Hauptthemen dieser Diskussion sind in Mowinckels oben zitierten Thesen in nuce angelegt.

Zunächst stellt Mowinckel den Konnex her zwischen literarischen und institutionalen Größen: "...der prophetischen Form gewisser Psalmen entspricht eine kultische Wirklichkeit." D.h.: die Diskussion wird sich darum drehen, ob und inwieweit bestimmte literarische Gattungen für ein institutionales (Kult-)Prophetentum sprechen können.

Sodann postuliert Mowinckel eine "feste Verbindung zwischen Propheten und Heiligtum." D.h.: die Diskussion wird sich darum drehen, ob und inwieweit ein institutionaler Konnex zwischen Prophetie und Heiligtum herzustellen ist.

Die beiden Themen haben ihre Schlüsselfunktion behalten. Als Probe aufs Exempel können die Kriterien gelten, die J. Jeremias für die Kultprophetie vorgeschlagen hat:

"Man hat an Propheten zu denken, die kultische Traditionen und kultische Terminologie in ihren Worten verwenden, deren Redeformen auf einen Sitz im Leben ihrer Botschaft im Kult weisen, deren Verkündigungsabsicht am besten von ihrer Zugehörigkeit zum Kultpersonal her verständlich wird und über deren Bindung an den Tempel zumindest Andeutungen...gegeben werden."[1]

Im folgenden soll den beiden Hauptkriterien, die bei Mowinckel wie bei J. Jeremias zur Bestimmung der Kultprophetie angelegt werden, prüfend nachgegangen werden: a. dem Kriterium der "Bindung" und b. dem Kriterium der "Gattung".

1.3.2.1 Das Kriterium der "Bindung"

Die Bindung der Propheten an das Heiligtum hat als Kriterium für die Institutionalität der Prophetie weite Anerkennung gefunden. Wir haben seine Anwendung - wie schon bei Mowinckel und J. Jeremias - bei G.v.Rad, Gunkel-Begrich, A.R. Johnson, A. Haldar, M. Noth, O. Plöger sowie R. Rendtorff[2] beobachtet. Dabei stellte sich heraus, daß dieses Kriterium in einer beträchtlichen Bandbreite aufgefaßt und angewandt werden konnte. An zwei Beispielen sei dies verdeutlicht:

---

[1] J. Jeremias, Kultprophetie, S. 6 (Unterstreichung von mir).

[2] G.v.Rad, Falsche Propheten; Gunkel-Begrich, Einleitung; A.R. Johnson, Cultic Prophet; A. Haldar, Associations; M. Noth, Amt und Berufung; O. Plöger, Priester; R. Rendtorff, Prophet.

In Gunkel-Begrichs "Einleitung in die Psalmen" lesen wir in einer Passage, die wohl auf die Hand J. Begrichs zurückgeht[1]:

"Wie aber hat man sich das p r o p h e t i s c h e Wort innerhalb der Psalmen des näheren im Kultus v o r g e t r a g e n zu denken? S. Mowinckel hält solche Worte für feste ursprüngliche Bestandteile der Kultusdichtung und denkt sie gesprochen durch P r o p h e t e n, d i e d e m P e r s o n a l d e s H e i l i g t u m s z u z u r e c h n e n s e i e n."[2]

Gunkel-Begrich adaptiert also das Kriterium unmittelbar bei Mowinckel, lehnt jedoch dessen Folgerungen und Ergebnisse entschieden ab. Ekstase und Inspiration als Kennzeichen prophetischen Wirkens stehen der Annahme einer Verbindung zwischen Propheten und Heiligtum entgegen. Ja, "die Kultpropheten (dürften) doch wohl als eine sehr p r o b l e m a t i s c h e Größe erscheinen."[3]

Etwa zur gleichen Zeit wie Gunkel-Begrich, Anfang der 30er Jahre, schreibt G.v.Rad im Zusammenhang mit dem Prophetenverständnis von Dtn 18:

"Der Prophet ist hier als behütender Mittler verstanden, als ein Organ, das das Volk von der verzehrenden Wirklichkeit Jahwes fernhält und doch die wichtige ständige Verbindung mit der Gottheit aufrechterhält...Wer das Wesen des Prophetentums so auffaßt, vor dessen Auge steht ein durchaus institutionelles Prophetentum, das feste kultische Funktionen ausübt. Wie könnte auch ein frei auftretender und unter Umständen in Kürze verschwindender Prophet dieses Mittleramt ausüben?"[4]

Begrich faßt das Kriterium "Bindung" - in direktem Rekurs auf Mowinckel - schlicht organisatorisch: Waren Propheten Personal am Heiligtum, gehörten sie der Organisation, dem "Institut" Kult an. v. Rad kann mit der Frage nach der Bindung der Prophetie an den Kult die Frage nach ihrem Wesen verbinden, ja postulieren, eine gewisse Auffassung vom Wesen der Prophetie bedinge deren institutionale Bindung an den Kult.

In der Folgezeit sind die Frage nach der organisatorischen Bindung der Propheten ans Heiligtum und die Frage nach dem Wesen der Propheten eng "aneinandergeraten". Zwei alternative Positionen, die zwei wissenschaftlichen Lagern entsprachen, bildeten sich heraus:

Das eine der beiden Lager hält die organisatorische Bindung der Propheten ans Heiligtum für einen Wesenszug jeder Prophetie; in dieses Lager gehören

---

[1]Vgl. Gunkel-Begrich, Einleitung, S. 5*.

[2]A.a.O. S. 370.

[3]A.a.O. S. 373, vgl. S. 371ff.

[4]G.v.Rad, Falsche Propheten, S. 113, (Unterstreichung von mir).

etwa die Skandinavier A.R. Johnson und A. Haldar[1], auf deutscher Seite insbesondere H. Graf Reventlow (siehe unten 1.3.2.2).
Das zweite Lager hält die Bindung der Prophetie an das Heiligtum mit ihrem Wesen unvereinbar. In dieses Lager gehören etwa A. Jepsen[2] und auch M. Noth.
Noth faßt so zusammen:

"Ohne auf die schwierige Frage der Herkunft und der Anfangsstadien der Prophetie einzugehen, kann man sagen, daß der Prophet im AT - meist ungebeten und unerwünscht - auftritt als ein Bote, der jeweils eine von seinem Gott als Auftraggeber ihm unmittelbar anvertraute Botschaft zu überbringen hat. Bei der Prophetie, die von der Unmittelbarkeit des freien Wirkens Gottes lebt, scheint von der Institution eines Amtes keine Rede sein zu können."[3]

Ähnlich äußert sich Plöger[4]. Was die Propheten wesensmäßig so weit von jeder Institutionalität entrückt, ist ihr Charakter als Charismatiker. Alles, was mit der Unmittelbarkeit des Propheten zu Gott zusammenhängt, ihre persönliche Beauftragung, die Inspiration, das Charisma, scheint der institutionellen Bindung der Propheten zu widersprechen und die Prophetie als "freien Beruf"[5] auszuweisen.
Zwischen den beiden Lagern hat sich - vor allem wieder bei deutschen Nachkriegsalttestamentlern - eine "mittlere Linie" herausgebildet. Diese mittlere Linie geht davon aus, daß "die נביאים gewisse Funktionen im Rahmen des Kultus ausübten"[6], andererseits setzt sie davon eine freie Prophetie ab, deren Kennzeichen die die "Autorität des Jahwewortes beanspruchende Botschaft"[7] ist. Dem entspricht das Schema "Kultprophet - Schriftprophet", "Heilsprophet - Unheilsprophet", "institutionelle - nichtinstitutionelle Prophetie". Es scheint allerdings nicht gelungen, eine wirklich befriedigende Abgrenzung beider Gruppen vorzunehmen.
R. Rendtorff gibt den Stand der Diskussion wohl auch für heutige Verhältnisse richtig wieder:

---

[1] A.R. Johnson, Cultic Prophet, besonders S. 60f; A. Haldar, Associations.
[2] A. Jepsen, Nabi, S. 215.
[3] M. Noth, Amt und Berufung, S. 329.
[4] O. Plöger, Priester, S. 179.
[5] A.a.O. S. 187.
[6] Rendtorff, Prophet, S. 806.
[7] A.a.O. S. 807; vgl. auch H.W. Wolff, Hauptprobleme, S. 225.

"Das Problem des Verhältnisses der 'Schriftpropheten' zu den von ihnen bekämpften נביאים ist ...weder durch scharfe Trennung, noch durch eine völlige Einordnung zu lösen. Die 'Schriftpropheten' erscheinen weniger institutionell gebunden, ohne daß jedoch eine völlig isolierte Betrachtung möglich wäre."[1]

Eine gewisse Präzisierung hinsichtlich der "Verkündigungsabsicht" beider Gruppen hat J. Jeremias erreicht:

"Im Zentrum der Botschaft ersterer (scil. der Kultpropheten) steht der Wille, Israel...den Heilszustand zu erhalten oder wieder zu beschaffen; letztere (scil. die kanonischen Unheilspropheten) haben als von Jahwe wider Willen Bezwungene den Auftrag, dem Israel ihrer Tage das Ende seines Bundes mit Jahwe und damit das Ende seiner Existenz anzusagen."[2]

Erhalten bleibt jedoch auch hier die Alternative "institutionell - nicht-institutionell" qua "Bindung":

"Das ungefragte, überraschende Auftreten der Propheten im Stadt- oder Tempeltor, auf den Gassen etc. läßt sich sicherlich als Funktion eines festumrissenen Amtes begreifen..."[3]

Allenfalls in der Frühgeschichte der Prophetie wird die Möglichkeit einer nichtalternativen Sicht zugestanden. Dies kommt in der Vermutung J. Jeremias zum Ausdruck, "daß die Kultprophetie zur Vorgeschichte der kanonischen Unheilsprophetie gehört".[4] Diese Möglichkeit war allerdings auch schon in den entwicklungsgeschichtlichen Modellen Duhms und Gunkels gegeben.

Es geht hier nicht darum, in der Diskussion um die Frage der Abgrenzung von "Schrift- und Kultprophetie" inhaltlich so oder so Stellung zu beziehen. Zur Diskussion steht hier die soziologische Kategorie der "Bindung" als Kriterium für Institutionalität. Reicht es aus, die Bindung an eine als solche bekannte und anerkannte Institution, das Heiligtum, zum Entscheidungskriterium über Institutionalität oder Nicht-Institutionalität zu bestimmen?

Zweierlei ist zu dieser Kategorie und der von ihr bestimmten Sicht der Prophetie zu sagen.

Zunächst ist diese Kategorie nicht aus ihrem geistes- und forschungsgeschichtlichen Kontext zu lösen. Sie ist vor allem auch mit dessen "Vorentscheidungen", wie wir sie oben dargestellt haben, belastet.

Außerdem ist mit dieser Kategorie ein Verständnis von Institutionen ver-

---

[1]Rendtorff, Prophet, S. 807.

[2]J. Jeremias, Kultprophetie, S. 180.

[3]A.a.O. S. 184.

[4]A.a.O. S. 183.

bunden, das soziologisch nicht genügend reflektiert erscheint. Es liegt ein Verständnis vor, für das - durchaus im Sinne des alltäglichen Sprachgebrauchs - "das Wort 'Institution', fast ein Synonym (ist) für 'Institut', eine Einrichtung, die auf irgendeine Weise Menschen 'enthält', beispielsweise ein Gefängnis, ein Krankenhaus oder auch eine Universität...."[1]. Berger-Berger hält dieses Verständnis und den ihm verbundenen Sprachgebrauch für einseitig legalistisch:

"...er bindet das Wort zu fest an diejenigen gesellschaftlichen Gebilde, die vom Gesetz anerkannt, d.h. gesetzlich kodifiziert sind. Das ist vielleicht ein Beispiel für den Einfluß des Gesetzgebers und der Juristen auf unser Denken."[2]

1.3.2.2 Das Kriterium "Gattung"

Seit H. Gunkel[3] ist Prophetenforschung in ihrem literarischen Zweig zu einem guten Teil Gattungsforschung. Es wird im folgenden darum gehen, in ausgewählten Bereichen zu beobachten, wie und mit welchen Ergebnissen die Problematik der Institutionalität in die gattungsgeschichtliche Arbeit eingegangen ist.

S. Mowinckel hat in seinen "Psalmenstudien III" eine Reihe von "prophetischen Psalmen"[4] vorgestellt, die er aus einem kultischen Geschehen zu erklären suchte. Dabei lagen die Schwierigkeiten, wenn wir recht sehen, nicht auf der literarischen Seite. Formal sperrten sich die "prophetischen Psalmen" nicht gegen eine Zuweisung in einen kultischen Geschehenszusammenhang.

Sehr viel schwieriger hingegen schien es zu sein, die historisch-institutionale Situation "Kult" zu beschreiben. Jedenfalls griff Mowinckel ganz massiv zu Hypothesen. So postulierte er für die "Prophetien zum großen Jahresfest" den "Neujahrstag als den Thronbesteigungstag Jahwes"[5]. Nun gibt es im ganzen AT kein explizites Zeugnis für die Existenz eines solchen Festes, geschweige denn ein "Festprogramm", wie es beispielsweise für das babylonische Neujahrsfest[6] recht detailliert überliefert ist.

---

[1] Berger-Berger, Individuum, S. 48.

[2] Ebd.

[3] H. Gunkel, Art. Propheten II, Sp.1866ff.

[4] Mowinckel, Kultprophetie, PsstIII.

[5] A.a.O. S. 30.

[6] Vgl. etwa ANET S. 331ff.

Die bei Mowinckel angedeutete Schwierigkeit machte sich aber erst in der späteren Diskussion um die Kultprophetie voll bemerkbar. Als Beispiele dafür wollen wir hier E. Würthweins Artikel "Der Ursprung der prophetischen Gerichtsrede" und H. Graf Reventlows Studie "Das Amt des Propheten bei Amos" herausgreifen.

Würthwein machte es sich ausdrücklich zur Aufgabe, die Prophetie als Institution ins rechte Licht der Forschung zu rücken:

"Es wird uns mehr und mehr deutlich, daß das Prophetentum eine I n s t i t u t i o n bildete und daß wir kein Recht haben, die sog. klassischen Propheten von vornherein...von dieser Institution abzusetzen..."[1]

Würthwein nahm die "prophetischen Anklagereden"[2] zum literarischen Ausgangspunkt seiner Untersuchung. In der Konsequenz gattungskritischer Methodik geht es ihm darum, den "Sitz im Leben" für diese Reden zu finden. Er findet ihn auf dem Wege über die "kultgeschichtliche Deutung"[3]. Dabei geht er davon aus, daß der altisraelitische Kultus als "heiliges Geschehen, als 'Kultdrama' aufzufassen" sei. Es werde "in ihm nicht nur gesprochen, sondern auch dargestellt". So werde auch "das Gerichtshandeln Jahwes... im Kult vollzogen - natürlich durch Kultpersonen, die in Jahwes Namen sprechen".[4]

Zweierlei wird hier deutlich:

1. Die vorgestellte kultische Situation ist auch hier in hohem Maße hypothetisch. Nach Würthweins eigenen Worten beruht sie auf "Deutung".
2. In der Rede von den "Kultpersonen" kündigt sich auch hier das Kriterium "Bindung" für die Institutionalität der Prophetie an.

Würthwein zog noch nicht ausdrücklich die Konsequenz, auch die Schriftpropheten an den Kult zu binden. Ein ganz erhebliches Stück weiter in dieser Richtung ging Reventlow. In seiner Studie "Das Amt des Propheten Amos" resümiert er: "Der Ort, an dem sie (scil. die Vielfalt der unterschiedlichsten Gattungen und Formen des Amosbuches) ihre Heimat haben, ist die

---

[1]E. Würthwein, Gerichtsrede (1952), S. 1. Bereits in seinen "Amos-Studien" hatte E. Würthwein deutlich gemacht, daß er - nach der durch den 2. Weltkrieg bedingten Abgeschlossenheit der deutschen atl. Wissenschaft - die Studien Johnsons und Haldars positiv zur Kenntnis genommen hat (S.12).

[2]E. Würthwein, Gerichtsrede, S. 4.

[3]A.a.O. S. 11.

[4]A.a.O. S. 12.

kultische Situation des Bundesfestes."[1] Dabei hänge die Beurteilung der literarischen Einzelheiten "von der zugrundeliegenden Gesamtanschauung"[2] ab. Diese "Gesamtanschauung" geht davon aus, daß das Amt des Propheten ebenso wie sein Ursprung, die Jahweamphiktyonie, "kultische Institutionen" seien. Reventlows "Gesamtanschauung" ist so dominant, daß er mit ihr nicht etwa nur - wie noch E. Würthwein - eine Gattung, sondern die Überlieferung des Amosbuches in corpore erklärt. Er kommt dabei in die Lage, etwa die "Visionen" des Amosbuches als "Rituale" erklären zu müssen, ohne eine bestimmte Anschauung über Ablauf und Umstände dieser Rituale bereitstellen zu können.[3] Es bleibt das Argument, daß "das Gleichmaß der Gestaltung... zwingend auf eine liturgische Verwurzelung der Form"[4] weise.
Es läßt sich so bei Reventlow, wie schon bei Mowinckel und Würthwein beobachten, daß kultprophetische Gattungen nur in Verbindung mit einem stark hypothetischen "Sitz im Leben" denkbar sind. Zum Kriterium für die Institutionalität der Prophetie wird die Gattung dadurch, daß sie die Propheten als deren Sprecher und Verkündiger an die hypothetische Situation "Kult" bindet.
Der gattungskritische Aspekt hat u.E. nichts erbracht, was über das Kriterium "Bindung" hinausgeht. Dieses Kriterium ist vielmehr in den methodischen Prämissen der Gattungskritik integriert. Die Folge: Das Verhältnis des Sprechers zur Institution und zur institutionalen Welt ist - im Falle der Prophetie - wiederum nur als "Subordination", als "Angestelltenverhältnis", oder als völlige Ablösung denkbar. Damit sind wir wieder bei den Alternativen Wellhausens und Duhms.
Die Einseitigkeit, mit der manche Forscher das Kriterium "Bindung" für die gesamte Prophetie als Kultprophetie in Anspruch genommen haben, hat diese Alternative nicht etwa aufgehoben, sondern in aller Schärfe neu gestellt. Es scheint uns allerdings, daß die Alternative nach beiden Seiten in Sackgassen führt.
Wir werden deshalb nach einem Institutionenbegriff zu suchen haben, der einerseits die Selbständigkeit der Institution wahrt, ohne sie aus ihrer Welt abzulösen, und der andererseits ihre Beziehung zu anderen Institutio-

---

[1] H. Graf Reventlow, Amt, S. 111.
[2] A.a.O. S. 114.
[3] Vgl. A.a.O. S. 30-56.
[4] A.a.O. S. 53.

nen der jeweiligen institutionalen Welt im Auge behält, ohne sie in diese einzubinden.
Kurz: Die Institutionalität der Prophetie ist in dieser selbst zu suchen.

In der Terminologie Berger-Luckmanns (siehe oben 1.1) kann das Postulat der institutionalen Selbständigkeit der Prophetie so formuliert werden: zum Typus des Propheten als Handelndem gehört ein Ensemble typischer Akte.

Dabei wird man dem Tatbestand begegnen, daß solch typische Akte und Akteure im Kontext größerer institutionaler Zusammenhänge stehen, d.h. in andere Ensembles typischer Akte hineinreichen, in sie vernetzt sind.[1]

1.3.3 Bindung oder Beziehung - der Modellfall "Hofprophetie"

Das Verhältnis von Königen und Propheten gehört zu den beherrschenden Themen der geschichtlichen und prophetischen Überlieferung des AT. Die Darstellungen dieses Verhältnisses in den atl. Quellen wie in der atl. Forschung sind so vielgestaltig, daß ein einigermaßen konzises Bild nur schwer zu gewinnen ist.[2] Wenn wir im Folgenden einige Stimmen dazu besprechen, so um an ihnen zu zeigen, welche Rolle die Kategorien "Bindung" und "Beziehung" für die Beschreibung dieses Verhältnisses als eines institutionalen spielen.
Wir setzen ein mit J. Pedersen. Er faßt das Verhältnis von König und Prophet - nach unseren Kriterien - exakt als ein institutionales, indem er Selbständigkeit und Bezogenheit gleichermaßen hervorhebt.

"The relation between the king and the prophet is of a peculiar kind; the prophet is in the king's pay as his helper and servant. But he is so by virtue of a power that gives him an importance of his own, and since it is rooted in the divine power itself, it endows him with an authority, which is by no means always minded to subordinate itself to that of the king, but may even claim to be greater than it."[3]

Pedersen charakterisiert das Verhältnis der beiden Größen als "mixture of indepedence and subordination"[4] und bringt damit sicher auch die quellen-

---

[1]Berger-Luckmann, Konstruktion, S. 68: "...bleibt die Tatsache bestehen, daß Institutionen dazu tendieren, 'zusammenzuhängen'."

[2]Eine umfassende monographische Darstellung des Verhältnisses von König und Prophet in Israel fehlt. Die Dissertation von J.H. Sounders, The conflict, war mir nicht zugänglich.

[3]Pedersen, Israel, BdII, S. 127f.

[4]A.a.O. S. 128.

mäßig belegte Vielgestaltigkeit der Erscheinungsbilder zum Ausdruck, darüberhinaus aber auch die Komplexität einer institutionalen Beziehung.

Der Ansatz Pedersens hat kaum Nachfolger gefunden. Vor allem die skandinavischen Forscher A. Haldar und J. Lindblom beschrieben das Verhältnis von König und Prophet einseitig als "Subordination".
Zwar stellte auch A. Haldar - wie Pedersen - Könige und Propheten unter das gemeinsame Dach der institutionalen Welt Isarels. Haldar verengt dabei den Blickwinkel insofern ganz beträchtlich, als er den Kult zur alleinigen Integrationsebene macht. Die Könige seien die "Kultführer"[1], um sie herum gruppieren sich Priester und Propheten: "In short, the guilts of priests and prophets occupied extremely important positions round the king."[2] Zusammenfassend beschreibt Haldar die Funktionen von Priestern und Propheten wie folgt:

"We have seen them exerting influence, when a new king was to succed and by opposing a reigning monarch contributing to his fall. We have also seen them active in time of war as oracle readers, even as leaders; and finally as judges."[3]

Die Prävalenz des Königs ist Haldar fraglos: "David acquires a cult organisation in which the king himself is the highest leader with a divinatory priesthood under him consisting of the chief categories, the koh^{a}nim and the n^{e}bi'im."[4]
In dieser Sicht der Dinge kann jene Spannung von Selbständigkeit und Bezogenheit, die Pedersen herausgestellt hat, überhaupt nicht aufkommen. Die Beziehung wird zur Bindung. Dies führt auf ein Stichwort, das bei der Charakterisierung des Verhältnisses von Königen und Propheten eine große Rolle spielt: die "Hofpropheten". Das Stichwort markiert eine Auffassung, die das Verhältnis König-Prophet - analog zur Kult-Prophetie - als Bindung beschreibt.
Wir finden sie bei J. Lindblom, der, wie Haldar, den Primat des Königs betont: "Being a sovereign ruler over all his subjects, the king had command over the prophets too."[5] Diesen allgemeinen Fall des Verhältnisses - Lindblom sieht ihn in 1 Kön 22 dargestellt - grenzt er zu einem besonderen ein: "But we read also of prophets who had a more permanent relationship to the king and seem to have belonged to his ordinary staff, we

---

[1] A. Haldar, Associations, S. 141; vgl. 1 Kön 22.
[2] A.a.O. S. 148. [3] A.a.O. S. 155. [4] A.a.O. S. 138.
[5] J. Lindblom, Prophecy, S. 75.

may call them 'court prophets'".[1]

Das Kriterium "Bindung" ist hier unmittelbar greifbar. Es hat allerdings bei den Skandinaviern nicht die Konnotation der exklusiven Alternative "gebunden - frei". Diese Alternative ist im Spiel, wenn in deutschen Arbeiten die Rede auf die "Hofpropheten" kommt.

Zu nennen sind hier vornehmlich: A. Jepsen, H.J. Kraus und J. Jeremias.[2] Die drei Autoren sehen Hof- und Kultprophetie in engem Zusammenhang. Tempel- und Hofprophetie gehen ineinander über[3], und zwar sowohl in organisatorischer (Tempel als Nationalheiligtum) wie in funktionaler (Jahwebefragung, Heilsprophetie) Hinsicht.[4] J. Jeremias faßt das Bild des "institutionellen Prophetentums" an Tempel und Hof so zusammen:

"Da wir wissen, daß die Jahwe-Befragung primäres Amt dieser Propheten war und daß sie in Gruppen organisiert waren, gewinnt...die Vermutung an Wahrscheinlichkeit, daß diese Propheten im Auftrag des Königs am Tempel ihren Dienst versahen und in erster Linie den Willen Jahwes für die jeweiligen Vorhaben des Königs einzuholen hatten."[5]

Die exklusiv alternative Konnotation des Kriteriums "Bindung" zeigt sich kurz nach diesen Sätzen:

"Deutlich ist, daß sich die kanonischen Unheilspropheten in das oben grob gezeichnete Bild des Jerusalemer Berufsprophetentums schlechterdings nicht einordnen lassen. Schon ihre ständige harte Kritik am Priester- und Königtum ihrer Zeit ist mit ihm unvereinbar. Vielmehr gewinnt ihre Polemik erst ihre volle Bedeutung, wenn sie mit der Bindung der Gruppenpropheten an Priester- und Königtum verglichen wird."[6]

Auch hier soll die Diskussion strikt auf der Ebene der Kategorien gehalten werden. Die Kategorien, in denen das Verhältnis König-Prophet beschrieben sind, entsprechen jenen der Diskussion um die Kultprophetie. Entweder werden die Propheten übergeordneten Institutionen, der Hof- und Tempelhierarchie, derart subordiniert, daß ihre selbständige Institutionalität verloren geht. Oder die Prophetie wird aufgeteilt in einen Zweig, der subordiniert wird, und einen weiteren Zweig, der aus allen institutionalen Beziehungen herausfällt.

Wir meinen demgegenüber, daß wenigstens der Versuch gemacht werden sollte, auch die schärfste "Kritik" der "Unheilspropheten" an Königen oder Kult als ein Moment institutionaler Beziehung zu beschreiben.

---

[1]Lindblom, Prophecy, S. 75f.

[2]Jepsen, Nabi; H.J. Kraus, Politik, J. Jeremias, Kultprophetie

[3]Vgl. Jeremias, a.a.O. S. 188.

[4]Dies betont vor allem H.J. Kraus a.a.O. S. 41ff.

[5]J. Jeremias, a.a.O. S. 190.

[6]A.a.O. S. 191.

1.3.4 Tradition und Institution

Wir haben im Anschluß an Berger-Luckmann (siehe oben 1.1) Traditionen als wesentliche Bedingung der diachronen Stabilität von Institutionen und institutionalen Welten postuliert. Für diejenigen Alttestamentler, die sich mit den biblischen Traditionen befassen, ist dies keineswegs neu. Der Nestor der atl. Traditionsgeschichte, G.v.Rad, hat den Zusammenhang von Tradition und Institution sehr klar formuliert:

"Die Arbeit am Alten Testament ist heute zum großen Teil bestimmt von der Frage nach den Institutionen. Die von H. Gunkel angeregte Gattungsforschung hat zur sauberen Unterscheidung völlig verschiedener Sitze im Leben geführt und diese Sitze im Leben - jeweils Brennpunkte des öffentlichen, sakralen oder rechtlichen Lebens - waren ihrerseits Pflegestätten einer nach bestimmten Regeln konventionierten Überlieferung. Denn ein Funktionieren dieser Institutionen, deren Ordnung sich jeder willig unterstellte, war für die Alten nur denkbar, wenn hinter ihnen die verpflichtende Macht einer langen Tradition und uranfänglich eine Setzung Jahwes selbst stand. So sind der Hof, der Kultus, das Rechtsleben.... Hüter ganz bestimmter Traditionen gewesen....Wir gehen in der Annahme so weit, daß wir da, wo immer wir auf eine frei im Volk lebende Glaubensvorstellung stossen, nach ihrem Sitz im Leben fragen und nach der Institution, von der sie getragen oder ausgegangen sein kann."[1]

V.Rad macht deutlich, daß Tradition überhaupt nur im Kontext institutionaler Welten sinnvoll denkbar ist.

Im folgenden wollen wir das Postulat des funktionalen Zusammenhangs von Tradition und Institution theoretisch ein Stück weiter entfalten und die Verwendung der Kategorie Tradition an zwei Beispielen atl. Forschung überprüfen.

Zunächst ist eine Einschränkung vorzunehmen. Tradition ist ein zweideutiger Begriff - mit einer inhaltlichen und einer prozessualen Seite.[2]

Wir wollen hier überwiegend die inhaltliche Seite von Tradition zum Gegenstand der Betrachtung machen, obgleich, wie schon G.v.Rad andeutet, für den Zusammenhang von Tradition und Institution die prozessuale Seite des Begriffs kaum weniger wichtig ist als die inhaltliche. Institutionen ent-

---

[1] G.v.Rad, Heiliger Krieg, S. 5.

[2] In RGG[3] definiert L. Rost (Art.TraditionIII. im AT, Sp. 968): "Tradition ist einerseits die Gesamtheit der Vorgänge bei der Übergabe von Sagengut und Brauchtum einer abtretenden Generation an die kommende, andererseits die Gesamtheit des dabei...Weitergegebenen." Vgl. dazu und zum folgenden: R. Rendtorff, Traditionsgeschichte, bes. S. 143 ff, 148 f.

wickeln zur Weitergabe ihres traditionalen Wissens eigene "Traditionswesen". Auch für die Prophetie sind solche "Traditionswesen" denkbar und anzunehmen.[1]

In der atl. Wissenschaft werden üblicherweise thematische Zusammenhänge sehr unterschiedlicher Art als Traditionen bezeichnet. So spricht man von der "Vätertradition" und begreift darunter die Gesamtheit wie einzelne Komplexe aller jener Aussagen, die sich um die Erzväter Abraham, Isaak und Jakob gebildet haben. Man spricht von der "Exodustradition" und begreift darunter alle Ausprägungen, die für die Aussage "Jahwe hat Israel aus Ägypten geführt" erweisbar sind. Man spricht von der "Davidstradition" und begreift darunter alle Aussagen, die um Begründung, Bestand und Restauration der jerusalemer Königsdynastie gemacht wurden. Man spricht von den "Rechtstraditionen" und begreift darunter die Gesamtheit und die Teile aller Aussagen und Aussagenkomplexe aus dem profanen und dem sakralen Rechtsleben Israels, soweit sie im AT überliefert sind.

Wir wollen die Spannweite des Traditionsbegriffs hier etwas einschränken, und zwar soll der inhaltliche Traditionsbegriff durch zwei Merkmale begrenzt sein:

1. Traditionen sollen den Charakter von inhaltlich bestimmten Theoremen haben. Als Beispiel dafür kann die Exodustradition gelten: Aus den Elementen "Jahwe", "Israel","Herausführung aus Ägypten" wird das Theorem "Jahwe hat Israel aus Ägypten geführt" gebildet.
2. Das Theorem soll - unbeschadet seiner jeweiligen, unterschiedlichen synchronen Variationen und Kontexte - in seinen Grundelementen erkennbar und als diachron stabil aufweisbar sein.

Von dieser Definition her kann Traditionsgeschichte unter zwei Aspekten betrieben werden:

1. Der diachrone Aspekt verfolgt die Geschichte der Theoreme; unter diesem Aspekt kann gefragt werden nach:
- der Herkunft, dem Ursprung des Theorems,
- seinen stabilen Grundelementen,
- stabilen Verbindungen mit anderen traditionalen Theoremen,
- stabilen Verbindungen zu bestimmten Institutionen.
2. Der synchrone Aspekt wendet sich der Gestalt und den Funktionen der

---

[1] Für die Prophetie hat die prozessuale Seite der Tradition A. Gunneweg, Tradition, untersucht, und zwar unter dem Aspekt mündliche/schriftliche Tradition.

Theoreme in bestimmten, zeitlich begrenzten institutionalen und u.U. regionalen Kontexten zu; unter diesem Aspekt kann gefragt werden nach:
- der jeweils besonderen Gestalt des Theorems,
- den jeweiligen institutionalen Trägern,
- den jeweiligen argumentativen Funktionen der Theoreme.

Eine "reine" Anwendung oder Betrachtung des diachronen oder des synchronen Aspektes kann es dabei nicht geben. In Verfolg des synchronen Aspektes muß einerseits immer eine hypothetische Vorstellung von der diachronen Gestalt des Theorems vorliegen, wenn das Theorem als traditionales identifizierbar sein soll. Andererseits ist die diachrone Gestalt nur aus jeweils synchronen Ausprägungen eben dieses Theorems zu rekonstruieren.
In welchem Konnex stehen nun Traditionen zu Institutionen?
Zunächst ist zu bedenken, daß die Verbindung bestimmter Traditionen mit bestimmten Institutionen keine notwendige ist. Dies gilt gerade für die diachron stabilsten Theoreme, wie beispielsweise die Exodustradition. Sie findet sich in der israelitischen Prophetie und Geschichtsschreibung ebenso wie im Recht und im Psalter. Eine bestimmte Institution ist als beständiger "Sitz im Leben" dieser Tradition nicht anzugeben. Der Konnex von bestimmten Traditionen mit Institutionen, bzw. institutionalen Welten muß daher - wie die Traditionen selbst - historisch unter diachronem und synchronem Aspekt rekonstruiert werden. Die Fragestellungen entsprechen jenen, die wir für die Traditionen selbst erarbeitet haben. Auch hier sind diachroner und synchroner Aspekt grundsätzlich untrennbar, wenn auch mit unterschiedlicher Schwerpunktsetzung verfolgbar.
Dies ist nun an zwei Beispielen atl. Prophetenforschung kurz zu demonstrieren. Wir haben als Beispiel für einen schwerpunktmäßig synchronen Ansatz R. Rendtorffs Aufsatz "Erwägungen zur Frühgeschichte des Prophetentums in Israel"[1], als Beispiel für einen schwerpunktmäßig diachronen Ansatz K. Baltzers Studie "Die Biographie der Propheten"[2] gewählt.
Der synchrone Ansatz Rendtorffs ergibt sich aus dem Programm "der Frage nach(zu)gehen, welche Traditionen jeweils im Auftreten der Propheten (scil. vor Hosea) wirksam sind."[3] R. Rendtorff untersucht die Überlieferungen zu den Propheten des 9. und 10. Jahrhunderts (Elia, Elisa, Micha

[1] R. Rendtorff, Frühgeschichte.
[2] K. Baltzer, Biographie.
[3] R. Rendtorff, a.a.O. S. 153.

ben Jimla, Nathan und Gad).[1] Er zeigt jeweils, auf welche Weise jene Propheten tätig werden - im wesentlichen in den drei Bereichen Krieg, Gottesrecht und Designationen von Königen.
Dabei bemüht sich Rendtorff verständlich zu machen, daß jene Propheten, indem sie sich so verhalten, "als Wahrer ...(der)...'amphiktyonischen' Tradition"[2] auftreten. Ein bestimmtes prophetisches Handeln gründe in einem "alten amphiktyonischen Rechtssatz".[3] Die Verwurzelung in 'amphiktyonischen' Traditionen sei "für das Prophetentum als ganzes, jedenfalls in dieser Zeit (scil. dem 9. Jahrhundert) bestimmend"[4] gewesen.

Insbesondere der letzte Satz macht deutlich, in welcher Weise ein synchroner Ansatz mit dem diachronen Aspekt verbunden bleibt. Ein synchroner Typus prophetischen Handelns erweist sich als von diachron aufweisbaren Theoremen bestimmt.
Im III. Teil seiner Studie schließt Rendtorff - mit aller Vorsicht - von der Traditionsgeschichte auf die Geschichte der Institution zurück. Er stellt die Frage, "ob nicht die Wahrnehmung der charismatischen Funktionen der amphiktyonischen Amtsträger gerade das Wesen dieses frühen Prophetentums ausmacht, d.h. ob nicht hier die eigentlichen Wurzeln dieses Prophetentums zu suchen sind?"[5] Hier kommt zum diachronen der genetische Aspekt hinzu.
In ihrem Ansatz diachron angelegt ist K. Baltzers Studie zur "Biographie der Propheten".[6]
Dies ist schon wesentlich mitbedingt durch die gattungsgeschichtliche Arbeitsweise Baltzers. Das gattungsgeschichtliche Ergebnis seiner Studie ist der Aufweis einer Gattung der "Prophetenbiographie". Die wichtigste Teilgattung der Prophetenbiographie ist der "Einsetzungsbericht". Dieser Einsetzungsbericht ist in seinen formal literarischen Elementen und seinen inhaltlichen Topoi - an seiner idealtypischen "Normalform" gemessen - diachron stabil.[7]
Für unsere Fragestellung entscheidend ist nun, daß Baltzer nicht bei den

---

[1]R. Rendtorff, Frühgeschichte, S. 153-160.

[2]A.a.O. S. 155. [3]A.a.O. S. 157. [4]A.a.O. S. 158. [5]A.a.O. S. 164.

[6]Baltzer, Biographie, S. 7: "Zur Diskussion gestellt werden soll... ein Entwurf zur Traditionsgeschichte der Prophetie".

[7]Vgl. S. 193.

gattungsgeschichtlichen Feststellungen verharrt, sondern aus der Bezeugung der Gattung - besonders in den Einsetzungsberichten der "klassischen Propheten" - Rückschlüsse auf das Selbstverständnis der Propheten, ja, auf das "Bild der Geschichte der Institution 'Prophetie' im AT" zieht.

"Der literarischen Kontinuität des Einsetzungsberichtes als hervorragendes Element der Biographie entspricht die Kontinuität des Anspruches, von Gott unmittelbar eingesetzt zu sein, als Kriterium der Propheten."[1]
Die Einsetzungsberichte, die wohl auch als traditionelle Theoreme formulierbar sind, enthalten das institutionale Legitimationskonzept der Prophetie: die "Unmittelbarkeit zwischen Einsetzendem und Eingesetztem".[2]
Die überwiegende - jedoch keineswegs ausschließliche - Bezeugung des Einsetzungsberichts in der prophetischen Literatur des AT erweist die Gattung und die mit ihr verbundene Tradition als spezifisch prophetisch.
Unter synchronem Aspekt dokumentiert jeder Einsetzungsbericht eines bestimmten Propheten die jeweils aktuelle Inanspruchnahme prophetischer Würde als einer institutionalen Qualität. Baltzers Ausführungen, etwa zu Ezechiel[3] oder Deuterojesaia[4], zeigen, wie auf dem Hintergrund der diachronen Stabilität der Gattung und der Tradition die jeweils synchron bedingten Eigenarten bestimmter historischer Ausprägungen hervortreten.

Insgesamt wird man sagen können: So einleuchtend und einfach das Postulat der wechselseitigen Bedingung von Institutionen und Traditionen ist, so komplex ist das Problem der Zuordnung bestimmter Institutionen zu bestimmten Traditionen.
Vor allem ist darauf zu achten, daß die Schwerpunktsetzung zugunsten des diachronen, bzw. des synchronen Aspektes nicht zur Verabsolutierung eines der beiden Aspekte führt.
Eine solche Verabsolutierung - und zwar des synchronen Aspektes - liegt vermutlich in der Kritik G. Fohrers und seiner "Schule" an der traditionsgeschichtlichen Arbeit G.v.Rads und seiner "Schule" vor.[5]

---

[1]K. Baltzer, Biographie, S. 194.
[2]A.a.O. S. 147.
[3]Vgl. a.a.O. S. 128 ff.
[4]Vgl. a.a.O. S. 171 ff.
[5]G. Fohrer, Bemerkungen (1961); G. Fohrer, Geschichte (1964); J. Vollmer, Rückblicke: zur Auseinandersetzung mit Vollmer siehe unten S. 176 f; Nicht unmittelbar in Fohrers Schule, aber auf ihrer Linie ist zu sehen: M.L. Henry, Prophet und Tradition.

Fohrer erklärt beispielsweise, "daß die Propheten den Traditionen nicht verhaftet und von ihnen nicht abhängig sind, sondern sie frei für bestimmte Zwecke benutzen, die mit ihrer Botschaft gegeben sind", und fügt hinzu:

> "Die prophetische Verkündigung ist g ä n z l i c h g e g e n w a r t s b e z o g e n. Die Propheten wenden sich an die Menschen ihrer Gegenwart mit einer Botschaft, die das Leben in dieser Gegenwart betrifft." Den Traditionen - "Hinweise auf vergangene Ereignisse" - komme dabei lediglich die Funktion zu, "den Inhalt dieser Verkündigung mitzubegründen oder in Form von Entsprechungsmotiven zu veranschaulichen."[1]

Von unseren Überlegungen her ist dazu folgendes zu sagen: Unbestritten ist für den synchronen Aspekt von Tradition deren "Gegenwartsbezogenheit". Traditionen sind nie bloße "Hinweise auf vergangene Ereignisse", sondern immer auch intentional auf bestimmte aktuelle Problemlagen bezogen. Jedoch ist - und dies scheint Fohrer zu übersehen - schon die Art der "prophetischen Verkündigung" als solche ein diachrones Phänomen, und zwar sowohl in ihrer Aktionsstruktur (Prophetenspruch!) wie in manchen ihrer traditionalen Begründungen.

Exkurs

Das Königtum als Institution

Das Königtum Israels ist in seiner Eigenschaft als Institution in atl. Forschung nie umstritten gewesen. Dennoch war eben diese Eigenschaft ein Problem. Dies wird besonders in den Studien A. Alts deutlich.

In den beiden grundlegenden Arbeiten "Die Staatenbildung der Israeliten in Palästina"[2] und "Das Königtum in den Reichen Israel und Juda"[3] hat Alt "die israelitische Staatenbildung vorzugsweise unter dem Gesichtspunkt der Verfassungsgeschichte"[4] gewürdigt. Die vorkönigliche Zeit stand für Alt unter dem Zeichen der "charismatischen Führerschaft"[5]. Sie und nicht die alte Stammesverfassung sei der für die Staatenbildung ausschlaggebende Faktor gewesen.

---

[1] G. Fohrer, Geschichte, S. 286 f.
[2] A. Alt, Staatenbildung.
[3] A. Alt, Königtum.
[4] A. Alt, Staatenbildung, S. 11.
[5] A.a.O. S. 17.

Wesentlichstes Kennzeichen der charismatischen Führerschaft ist positiv eine "Überraschend auftretende, persönliche Begabung und Begeisterung", die der jeweiligen Persönlichkeit "als freie Gabe Jahwes" mitgeteilt wurde und kraft derer sie "die Masse mitriß".[1] Negativ ist die charismatische Führerschaft dadurch gekennzeichnet, "daß sie keine institutionelle Verfestigung und vor allem keine Übertragung oder Vererbung auf eine andere Person duldet..."[2].

Was in vorstaatlicher Zeit die charismatischen Führergestalten positiv und negativ gekennzeichnet hat, verteilt sich in der nachsalomonischen Königszeit dualistisch auf die beiden Reiche. "Das Königtum des Reiches Israel knüpft...in seiner ursprünglichen Gestalt....(an) jenes sporadisch auftretende charismatische Führertum"[3]an. Dies gelte für Israel unter Saul, ja noch unter David, ebenso wie nach der Reichsteilung im Nordreich. Den in der Zeit nach der Reichsteilung bis zur Omridendynastie im Nordreich besonders häufigen Herrscherwechsel führt Alt auf das Verfassungsprinzip des charismatischen Königtums zurück, ja er spricht vom Nordreich geradezu als von einem "Reich der gottgewollten Revolutionen".[4]

Der "charismatischen Beweglichkeit" des Nordreiches stehe die "dynastische Gebundenheit"[5] des Königtums der Davididen in Juda gegenüber: "Der Durchschnitt der judäischen Bevölkerung mit Einschluß ihrer Oberschicht wußte es offenbar...nicht anders, als daß erstens immer ein Glied des Hauses Davids auf dem Thron sitzen müsse und daß zweitens dieser Thron immer nur da stehen könne, wo David ihn nach Gründung des Reiches endgültig aufgeschlagen hatte, nämlich...in Jerusalem."[6]

Soweit in groben Zügen die Dualismustheorie Alts. Sie wurde in der Folgezeit sehr weitgehend rezipiert,[7] hat aber neuerdings auch energischen Widerspruch erfahren.[8]

---

[1]A. Alt, Staatenbildung, S. 6.

[2]Ebd.

[3]A. Alt, Königtum, S. 118.

[4]A.a.O. S. 122.

[5]Vgl. a.a.O. S. 126.

[6]A.a.O. S. 130.

[7]Vgl. J.R. Soggin, Königtum, S. 7ff.

[8]Vgl. besonders: G. Buccellati, Cities, S. 211; H. Tadmor, People, S.59ff; T. Ishida, Dynasties, S. 25, 171 ff; G. Wallis, Königsstädte. Vgl. auch W. Beyerlin, Königscharisma; B. lehnt zwar Alts These von der Erhaltung des Richtercharismas ab, arbeitet aber ansonsten ganz konsequent in dem von Alt gesteckten begrifflichen Rahmen. Auf die inhaltlichen Argumente der Kritik an Alt soll hier nicht eingegangen werden. Vor allem Ishida verweist auf die mehrfachen Versuche der Dynastiebildung im Nordreich.

Die Begrifflichkeit dieser Theorie erinnert an die Oppositionen der Prophetenforschung: "charismatisch - beweglich" steht hier gegen "dynastisch - gebunden", wie dort die "freie Prophetie" gegen die institutionell "gebundene Kultprophetie".

Für die Theorie Alts wird man allerdings sagen können, daß in ihr die Institutionalität des davidisch-judäischen Zweigs der israelitischen Monarchie keineswegs so negativ besetzt ist wie der entsprechende Sachverhalt in der Prophetenforschung.[1]

Für das Verständnis der Kategorien A. Alts ist vor allem Max Weber wichtig.[2] M. Weber hat nicht nur, wie A. Alt, eine soziologisch-historische Schau der israelitischen Verfassungsgeschichte entworfen[3], sondern auch in seinem grundlegenden Werk "Wirtschaft und Gesellschaft" einen begrifflichen Rahmen entwickelt, der in verblüffender Weise mit den Kategorien der Alt'schen Dualismustheorie zusammenzugehen scheint. Das "charismatische Führertum" Alts wäre bei M. Weber die "charismatische Herrschaft", deren Legitimitätsgeltung...auf der außeralltäglichen Hingabe an die Heiligkeit oder Heldenkraft oder die Vorbildlichkeit einer Person" beruht.[4] Die "dynastische Herrschaft"Alts wäre die "traditionale Herrschaft" M. Webers, deren "Legitimitätsgeltung...auf dem Alltagsglauben an die Heiligkeit von jeher geltenden Traditionen und der durch sie zur Autorität berufenen...." beruht.[5]

So sehr die Auffassungen Webers und Alts in mancher Hinsicht parallel gehen, so deutlich sind doch auch die Unterschiede. So spricht etwa Weber von einem "Erbcharisma",[6] was Alt als eine contradictio in se empfinden müßte.[7]

Der Hauptunterschied zu Alt liegt jedoch im Ansatz M. Webers. Weber unterscheidet seine "drei Typen reiner Herrschaft" nach ihrem je typischen Legitimationsanspruch. Weber weist darauf hin, daß keine Herrschaft sich

---

[1]Vgl. A. Alt, Staatenbildung, S. 63.

[2]Alt bezieht sich ausdrücklich auf M. Weber in: Staatenbildung, S. 11, Anm. 2.

[3]M. Weber, Judentum, vgl. bes. S. 22 ff.

[4]M. Weber, WuG, S. 124 u. 140 ff.

[5]A.a.O. S. 124, vgl. S. 130 ff.

[6]A.a.O. S. 144.

[7]Vgl. Alt, Staatenbildung, S. 6.

"mit den nur materiellen oder nur affektuellen oder nur wertrationalen Motiven ihres Fortbestandes" begnügen könne. "Jede sucht vielmehr den Glauben an ihre 'Legitimität' zu erwecken und zu pflegen."[1]
Von daher ergibt sich auch der gewichtigste Einwand gegen Alts Kategorien. Jeder Typ von Herrschaft, der "charismatische" wie der "dynastische", setzt den Glauben an seine Legitimität, wie das Wissen von den Kennzeichen dieser Legitimität voraus. Auch der überraschend auftretende charismatische Held ist angewiesen auf einen immer schon vorhandenen, allgemein gewußten Legitimationshintergrund, der ihn - den Held - überhaupt als solchen erkennbar macht. Am Beispiel gesagt: Sauls Handeln in der Stämmeaktion gegen die Ammoniter (1 Sam 11,1-11) setzt voraus, daß die Stämme Saul als den typisch handelnden charismatischen Führer erkennen und anerkennen können. D.h.: "Charismatisches Führertum" ist nach unseren bisher entwikkelten Kriterien institutionales Handeln; es setzt einen Typus von Handlung und Handelndem ebenso voraus, wie einen traditional gewußten Legitimationshintergrund.
Die "Verfestigung", die Stabilität oder Instabilität der Rollenbesetzung, ist kein entscheidendes Kriterium. Entscheidend ist vielmehr, daß der Typus des Handelns stabil ist.
Unter dieser Voraussetzung ist der Alt'sche Dualismus der beiden Reiche jedenfalls kein Dualismus zwischen institutionellem und nichtinstitutionellem Königtum. Es handelt sich allenfalls um zwei unterschiedliche institutionale Typen des Königtums in Israel.[2]

1.4 Ansatz und Methode einer Untersuchung zur Prophetie als Institution

Wir hatten uns für diesen ersten Teil unserer Arbeit die Aufgabe gestellt, aus dem - kritisch erschlossenen - Potential "atl. Soziologie" sowie den Lehnelementen aus der soziologischen Theorie Berger-Luckmanns die Hypothese eines Institutionenbegriffs zu erarbeiten (vgl. oben 1.1).
Die wichtigsten Merkmale dieses Begriffs, wie sie sich uns im Verlauf der Diskussion erschlossen haben, seien hier zusammengestellt:
1. Institution ist bestimmt als ein Ensemble typischer Akte, die von Ak-

---

[1] M. Weber, WuG, S. 122.

[2] Wie selbstverständlich geht T. Ishida, Dynasties, davon aus, wenn er als seine Fragestellung formuliert: "Did an institution such as a non-dynastic monarchy exist?" (S. 2).

teuren, für die eben jene Akte typisch sind ("reziproke Typisierung"), ausgeführt werden.
2. Institutionen sind zu institutionalen Welten zusammengeschlossen; die einzelnen Institutionen sind jeweils selbständig als bestimmte Typen von Handeln und ineinander "vernetzt" in den Reichweiten ihrer Akte.
3. Institutionen und institutionale Welten sind historische Größen, d.h.:
a. sie haben bestimmte historische Genesen,
b. sie sind von einer gewissen diachronen Stabilität (Dabei gilt, daß Institutionen zwar diachrone Phänomene sind, aber unter jeweils synchronen Verhältnissen erscheinen.),
c. sie sind den jeweils aktuellen - kontingenten - Geschehnissen ausgesetzt und nehmen unter dem Einfluß dieser Geschehnisse - synchron - bestimmte Gestalten an.
4. Institution bedingt Tradition. Wie Institutionen sind auch Traditionen historische Größen, die unter diachronen und synchronen Aspekt zu sehen sind.
Der hier entwickelte Begriff von Institution kann keinen höheren Anspruch erheben als den einer theoretischen Hypothese. Ob er sich in der exegetischen, historischen und darüber hinaus theologischen Arbeit bewährt, ist eine andere Frage. Für die exegetisch-historische Arbeit am AT stellt sich diese Frage zunächst so: Wie kann prophetisches Handeln als institutionales Handeln beschrieben werden?
Wenn für Institution gilt, daß sie als ein bestimmter Typus des Handelns unter diachronen und synchronen Aspekt zu beschreiben ist, so ergeben sich auch zwei Wege der Darstellung: ein - schwerpunktmäßig - diachroner und ein - schwerpunktmäßig - synchroner Darstellungsweg. Welcher der beiden Darstellungswege gewählt wird, ist u.E. nicht so sehr eine prinzipiell-theoretische als viel mehr eine wissenschaftspraktische Frage.
Der diachrone Darstellungsweg erfordert exegetisch-historische "Längsschnitte", m.a.W. eine breite und komplexe literarische Bezeugung ist zu bewältigen. Noch breiter und komplexer ist die atl. Forschungslage dazu. Der dabei erreichbare Grad an literarischer und historischer Genauigkeit kann und muß geringer sein.
Der synchrone Darstellungsweg erfordert einen exegetisch-historischen "Querschnitt". Dabei ist die literarische Bezeugung wie vor allem die Forschungslage weniger komplex, der Grad der literarischen und historischen Detailgenauigkeit höher.

Wir wählen den - schwerpunktmäßig - synchronen Darstellungsweg, und zwar werden wir im 2. Teil dieser Studie versuchen, einen historisch-exegetischen Querschnitt unter der Fragestellung der Institutionalität der Prophetie anzulegen. Der Gegenstandsbereich dieses Querschnitts ist das Hoseabuch. Einen besonderen Grund für diese Wahl gibt es nicht. Jedes andere "klassische" Prophetenbuch wäre prinzipiell ebenso geeignet. Wir sind im Laufe unserer vorbereitenden Studien allerdings immer mehr mit Hosea "aneinandergeraten". Es hat sich dabei herausgestellt, daß sich das Hoseabuch für den synchronen Darstellungsweg besonders eignet, ja geradezu auf diesen drängt. Seine Texte sind mit wenigen Ausnahmen auf einen gut eingrenzbaren Zeitraum zurückzuführen. Dieser Zeitraum ist das Ende des Nordreichs etwa ab 740 v. Chr.
Diese Zeit war, wie sich zeigen wird, hochbrisant. Alle Beteiligten waren in ihren jeweiligen Funktionen aufs Äußerste gefordert. Das synchronhistorische Moment ist deshalb besonders gut ausgeprägt und beobachtbar.

Diesem Moment gilt der Abschnitt 2.2. Wir werden das Hoseabuch auf seine Sicht der aktuellen geschichtlichen Lage untersuchen und zwar besonders mit Blick auf die institutionale Welt des Nordreichs in der zweiten Hälfte des 8. Jahrhunderts.
Der folgende Abschnitt 2.3 wendet sich der Rekonstruktion der Typik prophetischen Handelns zu. Auf dem Hintergrund einer - relativ grob gerasterten - Rekonstruktion des "Verfassungsentwurfes" des Hosea, d.h. seiner Gesamtsicht des institutionalen Beziehungsgefüges, werden wir uns dabei ausführlich um die im Hoseabuch bezeugten prophetischen Handlungsweisen sowie um deren traditionalen Begründungen bemühen. Daß es sich bei diesen Handlungsweisen um Typen handelt, muß im Rahmen der Möglichkeiten dieser synchron angelegten Studie solange Hypothese mit einem gewissen Wahrscheinlichkeitsgrad bleiben, wie komplementäre diachrone Rekonstruktionen weitgehend fehlen. Eine diachrone Rekonstruktion liegt vor in der oben erwähnten Studie K. Baltzers zur "Biographie der Propheten".[1]
Allerdings werden wir uns dadurch um einen möglichst hohen Wahrscheinlichkeitsgrad bemühen, daß wir immer wieder "diachrone Abstecher" unternehmen.

In den wortsemantischen, gattungsgeschichtlichen, besonders aber den traditionsgeschichtlichen Arbeitsweisen ist der diachrone Aspekt methodisch

---

[1] Es muß nicht hervorgehoben werden, daß wir vor allem ihrem Autor die hier verfolgte Problemstellung verdanken.

impliziert.
Der kurze Abschnitt 2.1 gilt der "Einübung" ins Hoseabuch und in seine Auslegungsprobleme anhand von Hos 1-3.

2. Die Prophetie Hoseas in Geschichte und institutionaler Welt Israels

2.1 Probleme der Auslegung des Hoseabuches (Hos 1-3)

Der folgende Abschnitt will keine eigenständige, in der Diskussion mit der Forschung erarbeitete Auslegung von Hos 1-3 sein. Es geht vielmehr um eine erste Annäherung an die Auslegung des Hoseabuches. Dabei wollen wir zwei Beobachtungen zur literarischen Technik und zum Inhalt diskutieren. Die Ergebnisse, die wir hier formulieren, sind vorläufig; sie werden sich im weiteren Verlauf unserer Exegesen zu bewähren haben. Deshalb verzichten wir auch weitgehend auf eine explizite Auseinandersetzung mit der gerade für diesen Textkomplex sehr voluminösen und zugleich disparaten Sekundärliteratur.[1]

Für Textgestaltung und Übersetzung haben wir uns in Zweifelsfällen den Entscheidungen H.W. Wolffs[2] angeschlossen.

2.1.1 Die figurale Sprache als Kriterium der Einheitlichkeit von Hos 1-3

Hos 1-3 ist keine literarhistorische Einheit. Darüber sind sich ältere und neuere Kommentatoren einig.[3]

Auch literarkritisch - d.h. nach textimmanenten Kriterien - lassen sich die Teilkomplexe von Hos 1-3 zum Teil recht deutlich abgrenzen.

Hos 1,2-9 erzählt über den Propheten (Er-Bericht), seine Frau und deren Kinder. Die Handlung ist von Jahweworten in Gang gesetzt und gehalten sowie gedeutet. Die Perikope ist dadurch als Erzählung einer Zeichenhandlung ausgewiesen.

In Hos 3,1-5 erzählt der Prophet (Ich-Bericht) über sein Verhältnis zu einer Frau. Die Handlung ist zunächst - wie in Hos 1,2 ff - von Jahwe in Gang gesetzt und gedeutet (3,1), dann vom Propheten ausgeführt und abschließend gedeutet (3,2 ff).

Zwischen beiden Texten finden wir einen Komplex von Jahweworten in der Ich-Form (Hos 2,4-25), sowie einen Abschnitt, in dem Sprecher und Angesprochene nicht eindeutig identifizierbar sind (2,1-3).

---

[1] Vgl. dazu den Überblick bei W. Rudolph, Hosea, S. 31 f.

[2] Vgl. H.W. Wolff, Hosea, z. St.

[3] Vgl. W. Nowack, Kleine Propheten, S. 9f, 12ff; K. Marti, Dodekapropheton, S. 13 f; H.W. Wolff, Hosea, S. 6 ff; W. Rudolph, Hosea, S. 35 ff.

Unsere Grobeinteilung Hos 1,2-9; 2,1-3; 2,4-25; 3,1-5 entspricht der H.W. Wolffs und W. Rudolphs. Beide Kommentatoren nehmen für 2,4-25 eine nochmalige Unterteilung vor (Wolff: 2,4-17.18-25; Rudolph: 2,4-15.16-25)[1].
Die nochmalige Unterteilung erscheint gerechtfertigt. Wir übernehmen die Lösung H.W. Wolffs, weil sie mit literarischen und gattungskritischen Erwägungen begründet ist[2], während Rudolph dem Text äußerliche, sachliche Kriterien anlegt[3].
Der Komplex Hos 1-3 läßt sich also nach literarischen (Wechsel von Erzählung und Rede, Wechsel der handelnden, bzw. redenden Personen, gattungskritische Erwägungen) Kriterien recht deutlich gliedern (zur literarhistorischen Einordnung siehe unten S. 63ff.)
Gleichwohl haben die Einzelabschnitte immer den Eindruck erweckt, zusammenzuhängen. Wodurch wird dieser Eindruck der "Einheitlichkeit" von Hos 1-3 hervorgerufen? Welcher Art ist diese Einheitlichkeit?
Alle Teilkomplexe von Hos 1-3 arbeiten, wenn auch in jeweils unterschiedlicher Form, mit dem Vergleich. Sie enthalten einen gewissen identischen Grundbestand an "Bildern" und "Sachen", auch die Deutungen bleiben - in einem gewissen Rahmen - identisch.
Das allen Teilkomplexen gemeinsame Bild ist die "Hure"
(1,2 אשת זנונים ; 2,7 כי זנתה אמם ; 3,1 אשה אהבת רע)
und ihre Kinder (1,3f.6.8f; 2,1; 2,6.25).
Wie dieser erste Überblick über die Stellen schon andeutet, sind die Einzelabschnitte an je verschiedenen Punkten des Bildzusammenhangs miteinander verknüpft: Das Hurenweib und seine Kinder; 1,2ff - 2,4ff; die Frau allein: 1,2 - 3,1ff; das Kind לא עמי : 1,8f - 2,1; die Kinder לא רוחמה und לא עמי : 1,6.8f - 2,25; der Name יזרעאל : 1,4 - 2,2.
Diese "gebrochene Identität" des Bildzusammenhangs in den Teilkomplexen von Hos 1-3 läßt zunächst vermuten, daß an dem Text mehr als nur eine Hand gearbeitet haben (siehe unten). Sie läßt aber auch eine Vermutung auf die Eigenart des literarischen Umgangs mit den Bildern zu: ihre Verwendung

[1] Wolff, Hosea, Rudolph, Hosea, jeweils z.St.

[2] Zu 2,4-17: eine "kerygmatische Einheit", in der "die Allegorie...konsequent durchgehalten" ist; die Redeformen gehören in ein "Rechtsverfahren wegen ehelicher Untreue"; 18-25 erscheint als "lose Reihung von Sprüchen"; Wolff, Hosea, S. 37 u. 57.

[3] Rudolph, Hosea, Inhaltsverzeichnis: 2,4-25 "Gericht und Heil", 4-15: "Strafgericht", 16-25 "Heilsbotschaft".

wirkt "spielerisch". Die Bilder können aufgegriffen werden an Punkten, an denen es im jeweiligen Zusammenhang tunlich erscheint. In den verschiedenen Zusammenhängen kommt jeweils ein anderer Aspekt des Bildzusammenhangs zum Zuge.[1]

Der "spielerische" Charakter der Bildverwendung soll zunächst an Hos 2,4-17 näher erläutert werden.

In diesem Text wirft Jahwe als redendes Subjekt einer Frau, die als Mutter apostrophiert ist, vor, sich wie eine Hure zu verhalten (2,4-6). Sie laufe Liebhabern nach, denn - so die Frau - diese "...spenden mein Brot und mein Wasser..."(7); Jahwe versperrt dieser Frau den Weg zu diesen Liebhabern (8); die Frau will sich zu ihrem "ersten Mann" zurückwenden, der ihr, ohne daß sie es wußte oder wissen wollte, "Korn, Most und Olivenöl" gab (9f).

In den folgenden Versen (11ff) ist dieser Bildzusammenhang fortgeführt, aber mit historisch-sachlichen Elementen durchsetzt. Jahwe "verwüstet ihre Weinstöcke und Feigenbäume" (14). Er macht "ihren Festen, ihren Neumonden und Sabbatfeiern...ein Ende.." (13), er "zieht sie zur Rechenschaft wegen ihrer Baalstage" (15).

In diesem Text sind - wir haben nur Beispiele gegeben - Elemente aus dem Bildzusammenhang "Hure", "Ehe", "Kinder" mit Elementen aus dem Sachzusammenhang "Israels Kult", "Fruchtbarkeit des Landes" kombiniert. Das hurerische Verhalten der ungetreuen Ehefrau und das Verhalten derer, die Baalsfeste feiern, Sexualriten vollziehen, sind unmittelbar parallelisiert und zwar derart, daß eine klare Trennung von Bild- und Sachhälfte nicht möglich ist. Bild und Sache "oszillieren".

Diese "Oszillation" ist auch an den übrigen Einzelabschnitten von Hos 1-3 zu beobachten. Die Kinder, die in 2,4-17 nur am Rande erscheinen, spielen in Hos 1,2-9 tragende Rollen. Im Deutewort Hos 1,9 wird der Kindesname לא עמי in eine theologische Aussage transformiert, die das Volk betrifft: כי אתם לא עמי . Der Sachverhalt der dieses Deutewort gerechtfertigt erscheinen läßt, ist nicht ausdrücklich benannt. Nur mittelbar - über das Deutewort zur Mutter - kann der Sachverhalt erschlossen werden: Hos 1,2 b: כי זנה תזנה הארץ מאהרי יהוה

Dasselbe gilt für das Kind לא רחמה und die Deutung seines Namens (Hos 1,6).

---

[1] Diese literarische Eigenart des Textes hat u.E. jener Teil der älteren Forschung zu wenig in Betracht gezogen, der sich zu sehr auf den biographisch-historischen Aspekt der "Ehe des Hosea" konzentriert hat. Vgl. dazu Referat und Diskussion bei Rudolph Hosea, S. 39 - 49.

Der Name des ersten Kindes יזרעאל (1,4) und die Sache, die mit ihm verknüpft ist, die דמי יזרעאל unterscheiden sich deutlich vom Vorwurf an die Mutter. Nicht der Fremdkult Israels ist im Blick, sondern das Verhalten eines bestimmten Königshauses in Israel. Eindeutig ist die Verbindung der "Hure" mit dem Sachverhalt des Fremdgötterkultes in Hos 3,1:

"Geh' nochmals, liebe ein Weib, das einen Freund liebt und Ehebruch betreibt, wie Jahwe Israels Söhne liebt, obwohl sie sich an andere Götter wenden und Rosinenkuchen lieben."

In Hos 3,4 kommen wiederum "Sachen" hinzu (שר, מלך), die Hos 3,1 nicht einschließt.

In dem Text Hos 2,1-3 sind zwar wesentliche Elemente des Bildzusammenhangs vorhanden: Die Namen der Kinder לא עמי und לא רחמה (2,1.3), das Stichwort יזרעאל (2,2). Der parallele Sachzusammenhang ist jedoch durch eine Reihe von Stichworten charakterisiert (בני יהודה/ישר", קבץ, שים ראש אחד), die wiederum nicht auf Fremdgötterverehrung und -kulte weisen, sondern wie 1,4 und 3,3 politische und institutionale Größen im Blick haben.

In den Texten von Hos 1-3 ist einem "gebrochen einheitlichen" Bildzusammenhang ein ebensolcher historischer Sachzusammenhang verbunden. Das besondere Merkmal dieser Verbindung ist die Oszillation zwischen Bild und Sache. Beide Hälften des Vergleiches sind sozusagen ineinander verzahnt.

Man kann diese literarische Technik der Darstellung sicher nicht "allegorisch" nennen, wenn man - wie auch in der atl. Diskussion üblich[1] - Allegorie als eine "Darstellung versteht, die in allen Einzelzügen bildlichen Sinn hat..."[2]. In Hos 1-3 wird auch nicht reine Fiktion mit der Realität in Beziehung gesetzt[3], sondern Geschehen mit Geschehen, wobei der jeweilige "Realitätsgehalt" nicht immer eindeutig feststellbar scheint. Die Ehe Hoseas mit dem "buhlerischen Weib" (Hos 1,2ff) und die Geburten und Namensgebungen der Kinder, die aus der Ehe hervorgehen, werden als Zeichenhandlung - als Geschehen also - erzählt. Den Geschehnischarakter einer Zeichenhandlung trägt auch der Ich-Bericht in Hos 3,1-5. In Hos 2,4ff wird der Leser unmittelbar Zeuge im "Verfahren" zwischen Jahwe und dem Weib. Entscheidend ist, daß die Figuren des fiktiven Geschehens und der

---

[1] Vgl. dazu Rudolph, Hosea, S. 40.

[2] L. Goppelt, Allegorie, Sp. 239.

[3] In diesem Sinne können wir den Vertretern der biographisch-historischen Deutung der "Ehe Hoseas" beipflichten.

historischen Sachverhalte zumindest partiell identische Züge tragen.

Wir möchten diese Art der Darstellung "figural" nennen. Wir lehnen uns damit an einen Begriff der antiken Rhetorik an, der auch in die patristische Literatur Eingang gefunden hat. In seiner Studie "Figura" hat E. Auerbach das figurale Denken und Reden wie folgt beschrieben: "...figura ist etwas Wirkliches, Geschichtliches, welches etwas anderes, ebenfalls Wirkliches, Geschichtliches darstellt und ankündigt. Das gegenseitige Verhältnis der beiden Ereignisse wird durch eine Übereinstimmung oder Ähnlichkeit erkennbar."[1]

In Hos 2,4ff und 1,2-9 stimmen die Figura des "buhlerischen Weibes" und das Verhalten Israels im Baalskult so weitgehend überein, daß jener Eindruck der "Oszillation" entsteht. In Hos 1,4; 2,2 und 3,5 kommen auf der Sachhälfte Elemente der institutionalen Ordnung hinzu. Die beiden Seiten des Vergleiches entfernen sich voneinander.

Als Ergebnis dieses Gedankenganges wollen wir festhalten: Der Komplex Hos 1-3 verdankt seine Einheitlichkeit einer bestimmten Art figuralen Denkens und Redens. Identisch - wenngleich nicht ungebrochen identisch - bleibt in allen Teilkomplexen die "Figur" des "buhlerischen (Ehe-) Weibes und ihrer Kinder". Daß zu dieser Figur verschiedene historische Sachverhalte in Beziehung gesetzt werden können, bleibt festzuhalten.

Auch auf der Ebene der Deutung sind wesentliche Differenzen zu vermuten. So lassen sich die apodiktische Feststellung von 1,9 ("Ja, ihr seid nicht mein Volk!") und die freundlichen Perspektiven von 2,16ff ("..ich rede freundlich zu ihr...") nicht ohne weiteres in Einklang bringen.

Wir werden dem figuralen Reden bei Hosea noch öfters begegnen (vgl. unten zu Hos 7,3-7; 9,1f; 12,4f); es scheint zu den besonderen Stilmerkmalen des Buches zu zählen.

Neben diesem literarischen Merkmal weist der Komplex Hos 1-3 auch ein inhaltliches Moment auf, das den Eindruck der Einheitlichkeit hervorruft: einen umfassenden Geschichtsentwurf.

2.1.2 Der Geschichtsentwurf in Hos 1-3

Wir gehen wieder von Hos 2,4-17 aus. Der Text zeigt das "buhlerische Weib" in verschiedenen Status.

1. Zunächst erscheint das Weib als die Hure, die unter der Anklage Jahwes

[1] E. Auerbach, Figura, S. 65.

- des "Ehemannes" - (2, 4.7) steht, die ihren "Liebhabern" nachläuft, um von ihnen - wie sie sagt - "mein Brot und mein Wasser, meine Wolle und meinen Flachs, mein Öl und meine Getränke" zu erhalten.
2. V.8 leitet die Darstellung eines neuen Status ein und zwar mit der Partikel לכן . Im Sinne des Prophetenspruchs heißt das: Jetzt erfolgt das "Urteil".
Jahwe verlegt der Hure den Weg zu ihren Liebhabern (V.8). Die Beschreibung dieses Status wird fortgeführt durch ein weiteres לכן (V.11). Jahwe entzieht dem Weib alle Früchte des Kulturlandes (V.11), er verwüstet Weinstöcke und Feigenbäume (V.14). Entzogen werden der Hure auch die Möglichkeiten zu kultischen Begehungen, durch die sich die Hure ihren "Dirnenlohn" (V.14), die Früchte des Kulturlandes,zu sichern vermeinte (V.13,15).
3. Die Beschreibung des dritten Status wird eingeleitet durch ein drittes לכן (V.16). Hier wechselt schlagartig das Vokabular. Jahwe "lockt" (פתה) das Weib, er "redet freundlich zu ihr" (דבר על לב).
Jahwe spricht in "Ausdrücke(n) der Liebessprache".[1]
Auch die lokale Perspektive wechselt, sie führt aus dem Kulturland hinaus: Jahwe wird "sie in die Wüste führen" - והלכתיה המדבר - (V.16a).
Das Stichwort "Wüste" fällt auch schon im Rahmen der Anklage (V.4-7): "damit ich sie nicht...mache wie die Wüste - שמתיה כמדבר - , wie das dürre Land - כארץ ציה -" (V.5).
Auch im zweiten Status spielt das Motiv "Wüste" eine Rolle; was im ersten Status drohende Möglichkeit war, erscheint nun als definitive Aussage: "Ich werde ihre Weinstöcke und Feigenbäume veröden lassen...zu Gestrüpp veröde ich sie - ושמתים ליער - ..." (V.14).
Terminologisch und damit inhaltlich hat sich das Bild von V.5 zu V.14 etwas verschoben. Hat V.5 mit dem Terminus מדבר die wasserarme Steppe vor Augen, so spricht V.14 von יער , dem unkultivierten, wildwachsenden Waldland.[2]
Das tertium comparationis der beiden Aussagen im Kontext von Hos 2,4-17 liegt darin, daß sie - gewissermaßen von zwei landschaftlichen Standpunkten aus - den Verlust des Kulturlandes und seiner Segnungen abbilden.

Dieser Verlust ist ambivalent. In V.16 wird die Wüste zum Ort der Gottesbegegnung Israels, der Begegnung im Guten. Wenn Israel das verwüstete

---

[1] W. Rudolph, Hosea, S. 75.
[2] Vgl. KBL 391.

Kulturland verläßt, verläßt es auch die Sphäre des ריב , des "Rechtsstreits" (V.4) mit seinem Gott.

Sein volles historisch-theologisches Gewicht erhält die "Wüste" in V.17:

"Dann gebe ich ihr von dort her (scil. von der Wüste her) ihre Weinberge und die Achorebene als Tor der Hoffnung, willig folgen wird sie dorthin, wie in den Tagen ihrer Jugend, wie damals, als sie aus dem Lande Ägypten heraufzog."

Durch das Stichwort "Wüste" zieht der Text die geschichtliche Linie in die Zeit von Exodus, Wüstenwanderung und Landgabe. Die Wüste, eben noch Bild der "Verwüstung" als Folge des Abfalls von Jahwe, wird hier zum Bild der alten Zeit, der Zeit des ungebrochenen Gottesverhältnisses, der Zeit der begründenden Heilstaten Jahwes an Israel. Zugleich eröffnet der Blick in die "Zeit der Jugend" die Perspektive in die neue Zeit hinein.

Aus Verwüstung und Wüste wird der Weg Israels, wie einst, durchs "Tor der Hoffnung" hindurch in eine neue Kulturexistenz führen.

Hosea bezieht die traditionelle Theologie von Exodus und Landgabe in sein Bilderspiel mit der "Wüste" ein und erreicht eine Aussage von zugleich bestürzender Aktualität und historisch-theologischer Tiefe.

Aus den drei Status des "buhlerischen Weibes" läßt sich ein vierstufiger Geschichtsentwurf herausschälen.

1. Die erste Periode ist die Idealzeit von Exodus, Wüstenwanderung und Landgabe. Der Text deutet nur sehr knapp an, was die wesentlichen Kennzeichen jener Zeit sind. Zwischen Jahwe und Israel wird nicht die Sprache des ריב , des Streites, sondern "Liebessprache" gesprochen. Israel "folgt willig" (ענה , wörtl. "antwortet"). Es ist die Zeit der Landgabe. Der Blick ist von der Wüste auf das Kulturland gerichtet. Jahwe ist der Begründer und Erhalter der Kulturlandexistenz.

2. Die zweite Periode des Geschichtsentwurfs entspricht dem ersten Status des Weibes. Das Weib hat Jahwe als den Begründer und Erhalter seiner Kulturlandexistenz vergessen, es läuft den Liebhabern nach. Von ihnen erhofft es sich - als Dirnenlohn - die Segnungen des Kulturlandes.

3. Die dritte Periode entspricht dem zweiten Status des Weibes. Es ist "Wüstenzeit" im Sinne von Verwüstung. Jahwe verödet das Kulturland und mit ihm entzieht er dem Volk auch die Grundlage seiner "Hurerei", die Kulte.

4. In der vierten Periode wird Israel aus der Verwüstung in die Wüste, den Ort der Restitution des Gottesverhältnisses geführt. Ein neuer Anfang ist in Sicht, der Blick durchs "Tor der Hoffnung" auf eine neue Kulturlandexistenz ist freigegeben.

Soweit der Geschichtsentwurf in Hos 2,4-17[1].
In diesen Entwurf lassen sich nun die übrigen Teilkomplexe von Hos 1-3 unschwer einordnen.
Hos 2,18-25 erschließt dem Blick durchs "Tor der Hoffnung" eine breite, ja universale Perspektive.
Die Negation Jahwes, die den vorhergehenden Abschnitt beherrschte, ist negiert: Israel tut kund: Nicht die Baale, sondern Jahwe! (V.18)
Topoi eines umfassenden kosmischen Friedensreiches klingen an; Jahwe schließt für Israel einen Bund mit der Schöpfung, die Kriege hören auf (V.20). Das Verhältnis Jahwes zu seinem Volk ist gekennzeichnet durch Begriffe, die Ordnung (צדק), Rechtlichkeit (משפט), Loyalität (הסד), Geborgenheit (רחמים) und Beständigkeit (אמונה), alles Qualitäten eines idealen Zusammenlebens, signalisieren (21f).
Horizont und Erwartung dieser Heilsworte sind weitgespannt, aber doch recht unbestimmt.
Um so bestimmter ist das zweite Heilswort im Kontext von Hos 1-3 orientiert. Hos 2,1-3 geht, wie 2,18-25, von der Negation der Negation aus: "Statt daß man zu ihnen (scil. den "Söhnen Israels") sagt: "ihr seid nicht mein Volk", wird man zu ihnen sagen: "Söhne des lebendigen Gottes". (V.1b)
Der folgende V.2 zeichnet nun einen vergleichsweise konkreten Vorgang: "Versammeln werden sich die Söhne Judas und die Söhne Israels miteinander. Sie werden sich ein gemeinsames Oberhaupt setzen...". Hos 2,1-3 sieht den Neubeginn mit einer Neuordnung der Herrschaftsverhältnisse verbunden.

Hos 3,1-5 hat die Zeit der "Verwüstung", die dritte der vier Perioden des Geschichtsentwurfes zum Gegenstand. Im Deutewort des Propheten (V.3f) ist die Rede von ימים רבים , einer langen, aber nicht immerwährenden Zeit. Diese Zeit ist bestimmt vom "Nicht-mehr-sein" (אין). Die Frau soll nicht mehr huren, ja überhaupt keinem Manne mehr angehören (לא תזני ולא תהיי לאיש), nicht einmal dem Propheten, der sie doch gekauft hatte. Der Prophet sieht auf Israel eine gott-lose Zeit zukommen. Dies führt in V.4 die mit אין gebildete Reihe fort. Die gott-lose Zeit ist eine Zeit ohne staatliche Herrschaftsordnung (אין מלך ואין שר), ohne öffentlichen und privaten Kult. Wie Hos 2,16f gibt schließlich 3,5 einen kurzen Blick frei auf den Neubeginn[2].

---

[1] Zu einem ähnlichen Schema - aufgrund des ganzen Hoseabuches - kommt E.H. Maly, Messianism, S. 216.

[2] Für die Zugehörigkeit von V.5 zu 3,1-5 vgl. H.W. Wolff, Hosea, S. 72f gegen Rudolph, Hosea, S. 87.

Schließlich die Einheit Hos 1,2-9: Sie gehört ganz in die Sphäre des ריב zwischen Jahwe und seinem Volk, steht also für die zweite der vier Perioden des Geschichtsentwurfs. Jahwe konstatiert in den drei Namen der Kinder (V.4.6.9) und den zugehörigen Deuteworten den Bruch zwischen ihm und seinem Volk.

In den beiden letzten Namen (לא רחמה, לא עמי) sind Anklage und Urteil, Tat und Tatfolge nicht differenziert. Es ist auch nicht nötig, es sind ja die Kinder der Hure. Im Deutewort zu יזרעאל (1,4), dem ersten der drei Namen, wird ein bestimmter Angeklagter genannt: בית יהוא ; die Vergehen sind inhaltlich angedeutet: דמי יזרעאל "die Bluttaten Jesreels"; ein Urteil wird gesprochen: והשבתי ממלכות בית ישראל "verabschieden werde ich das Königtum des Hauses Israel".

Soweit der Geschichtsentwurf in Hos 1-3.

Wir meinen, daß Hoseas Denken "durch den dynamischen Zug" nicht etwa nur "bereichert"[1] ist, sondern bestimmt. Dabei ist freilich unübersehbar, daß Hoseas eigene Zeit, die der Prophet durch eine tiefe Krisis des Gottesverhältnisses Israels bestimmt sieht, nicht nur quantitativ den meisten Raum in den Texten beansprucht. Das לא עמי ist die thematische Mitte von Hos 1-3. Von Hos 2,16 her findet sie ihren Ausdruck durch die "Konzeption des Verlöbnisses" (Herrmann). Diese Konzeption ist aber eben nicht "überzeitlich-geschichtslos"[2]. Das "Verlöbnis" wurde eingegangen (Hos 2,16), es wurde gebrochen (2,4ff), gelöst (2,8ff) und wird von neuem begründet werden. Von "Geschichtslosigkeit" wird also wohl nicht die Rede sein können. Im Gegenteil - mit H.W. Wolff wird man sagen können, daß "hier eine Wurzel der Apokalyptik und ihrer Periodisierung der Geschichte sichtbar" wird[3]. Ebensowenig wie die Konzeption Hoseas "geschichtslos" ist, ist die "überzeitlich". Die "Sache", um die es im Bild der Hurerei geht, hat in den folgenden Partien des Hoseabuches konkrete Namen: Orte, Gegenstände, verantwortliche Gruppen werden genannt.

"Durch die starke Betonung des Ortes und der Zeit bekennt sich der Prophet zu dem, was man die Faktizität der Geschichte genannt hat; daß eine Geschichtstradition nicht ohne Geschichtsfaktum entstehen kann, ist für ihn eine Selbstverständlichkeit"[4].

[1] S. Herrmann, Heilserwartungen, S. 111f.

[2] A.a.O., S. 107f.

[3] H.W. Wolff, Hosea, S. 78; vgl. auch E. Jacob, Prophet, S. 289.

[4] E. Jacob, Prophet, S. 288.

Diese "Faktizität" ist in der Konzeption von Hos 1-3 nicht nur zu vermuten, sondern mit Bestimmtheit anzunehmen. In Hos 1-3 kommt sie in zwei Aspekten zum Ausdruck: in der kultischen und theologischen Verirrung Israels und in der Frage der gegenwärtigen Herrschaftsordnung Israels.
Wir werden im folgenden Abschnitt 2.2 vor allem dem letztgenannten Aspekt der "Faktizität" der Geschichte Israels zur Zeit Hoseas nachgehen.
Er bildet einen Teil der synchronen Bedingungen des geschichtlichen Raumes, in dem Hosea gewirkt hat. In der Geschichtskonzeption von Hos 1-3 ist diese Faktizität gleichsam eingefangen als ein Teil der Geschichte Jahwes mit seinem Volk.
Es wird im letzten Abschnitt 2.3 zu verfolgen sein, daß und inwiefern, die Geschichtskonzeption zur "Amtsausstattung" und zum Selbstverständnis des Propheten gehört (vgl. besonders unten: "Gerichtstag am Jahwefest", S. 155ff).
Anhangweise wollen wir noch einmal auf die literar-historische Problematik von Hos 1-3 zurückkommen. Wir haben bereits auf die opinio communis der Forschung aufmerksam gemacht, derzufolge Hos 1-3 nicht einheitlich, d.h. in einem Wurf entstanden ist (vgl. oben S. 54). Weitgehend übereinstimmend wird die Meinung vertreten, daß Hos 2,4-17 der älteste der Teilkomplexe sei[1], ja sogar auf Hosea selbst zurückgehe.
Sehr umstritten in ihrer literarhistorischen Einordnung sind Hos 3,1-5 und 2,1-3. So hält Wolff im Gegensatz zu den meisten anderen Kommentatoren Kap. 3 für hoseanisch, ja er vermutet sogar: "Ursprünglich hat es wahrscheinlich die hoseanische Niederschrift von 2,4-17 abgeschlossen..."[2].

Völlig disparat sind die Meinungen zu Hos 2,1-3. Die Datierungsansätze reichen "vom Ende des Exils" oder später[3] bis zurück in die Tage Hoseas[4].

Recht einig wiederum ist man sich darin, daß die Zeichenhandlung Hos 1,2-9 erst nach Hosea entstanden sein könne, wobei allerdings der literarhistorische Abstand zu Hos 2,4ff nicht zu groß zu denken sei[5]. Ähnliches wird für Hos 2,18-25 geltend gemacht.

---

[1]Vgl. K. Marti, Dodekapropheton, S. 22; W. Nowack, Kleine Propheten, S.16; E. Sellin, Zwölfprophetenbuch, S. 19; H.W. Wolff, Hosea, S. 39; W. Rudolph, Hosea, S. 72.

[2]H.W. Wolff, Hosea, S. 74.

[3]K. Marti, Dodekapropheton, S. 20.

[4]Vgl. H.W. Wolff, Hosea, S. 29; ähnlich: W. Rudolph, Hosea, S. 56.

[5]Vgl. H.W. Wolff, a.a.O. S. 10f; W. Rudolph, a.a.O. S. 39.

Auf die Einzelerscheinungen kommt es uns hier nicht an. Wenn man jedoch - und wir halten dies für richtig und notwendig - ein literarhistorisches Wachstum für Hos 1-3 annimmt, so müssen auch jene beiden Momente der Einheitlichkeit des Gesamtkomplexes, die wir oben herausgearbeitet haben, eine Erklärung finden. Diese Momente liegen auf der literarisch-stilistischen und auf der inhaltlich-theologischen Ebene. Dabei ist zu beachten, daß beide Momente - insbesondere das inhaltlich-theologische des Geschichtsentwurfes - im ältesten Teilkomplex Hos 2,4-17 vollständig ausgebildet sind. In den späteren Teilkomplexen ist zu beobachten, daß jeweils Teilaspekte des figuralen Zusammenhangs wie des Geschichtsentwurfs besonders ausgearbeitet wurden.

Man wird diese Beobachtungen am ehesten mit der Annahme einer "Schule" erklären können, die hinsichtlich ihrer auf dem figuralen Reden und Denken basierenden literarischen Technik, wie hinsichtlich ihrer theologischen Denkinhalte in sich sehr geschlossen, wie wohl auch mit jenem "Hosea, dem Sohn des Beeri" (Hos 1,1 - Buchüberschrift!) eng verbunden war.

Diese Annahme impliziert allerdings auch den Verzicht darauf, die "ipsissima vox" des Propheten herauszupräparieren.[1]

Dem diametral gegenüber steht das Programm Ina Willi-Pleins in ihrer Studie "Vorformen der Schriftexegese innerhalb des Alten Testaments": "Ziel dieser Arbeit ist in den prophetischen Büchern primär die zumindest als Ideal vorstellbare Auffindung der 'ipsissima vox' des Propheten."[2] Wenn wir diesem Ideal nicht zu folgen vermögen, so heißt dies keineswegs, daß wir literarkritische und literarhistorische Arbeit per se verdächtigen oder für irrelevant halten. Im Gegenteil. Unsere Vermutung der "Schule" fordert sie geradezu. Willi-Pleins Studie ist wohl auch ein bedeutender Beitrag zur Erschließung der Arbeitsweise solcher "Schulen". Unsere kritische Frage gilt dem Vertrauen, das die Autorin in die Möglichkeit setzt, die Stimme des Meisters aus denen seiner Schule herauszufiltern.

Es wird von den hier entfalteten Voraussetzungen aus auch schwerer fallen, disparate Partien der Überlieferung des Hoseabuches durch den Rückgriff auf die individuelle Biographie des Propheten oder die Entwicklung seines persönlichen Denkens zu erklären.

---

[1]Sehr entschlossen leistet diesen Verzicht auch E.M. Good, Jacob Tradition, S. 138.

[2]I. Willi-Plein, Schriftexegese, S. 1.

Wir werden - insbesondere in der Auseinandersetzung mit Hos 12 (vgl. unten 2.3.3) - auf diese literarhistorische und zugleich institutionengeschichtliche Problematik zurückkommen.

2.2 Der Prophet in der Zeit des Verfalls

2.2.1 Problemstellung und Textauswahl

Wir haben uns für den folgenden Abschnitt die Aufgabe gestellt, die geschichtliche Lage Israels und seiner institutionalen Welt zur Zeit und aus der Sicht des Hoseabuches - den synchronen Aspekt - zu erarbeiten. Daraus ergibt sich die Frage, an welchen bestimmten Institutionen mit der Darstellung einzusetzen ist. Sowohl von den Problemstellungen der atl. Forschung wie von der Bezeugung in den Texten her, bietet sich dazu das Thema "Hoseas Stellung zum Königtum" an.

In der atl. Forschung sind die Stellungnahmen zu diesem Thema sehr scharf akzentuiert.

Es besteht nicht einmal völlige Übereinstimmung darüber, ob Hosea, wenn vom Königtum oder von Königen die Rede ist, überhaupt das menschlich-politische, und - wenn ja - das zeitgenössische Königtum im Blick hat.

So hat besonders H.S. Nyberg in seinen "Studien zum Hoseabuche" die Ansicht vertreten, bei den im Hoseabuch genannten מלכים handle es sich um "die in den verschiedenen Städten verehrten Beᶜalim", bei מלך um den kanaanäischen Gott[1]. Später hat H. Cazelles den Gedanken Nybergs aufgegriffen.[2] Für Hos 8,4.10 hat dieser Autor die Identität des Königs oder der Könige mit heidnischen Statuen vorgeschlagen.

Wir werden uns den Schlüssen der beiden Autoren nicht anschließen können. Hingegen werden wir der Beobachtung, von der aus beide zu den angedeuteten Schlüssen gelangen, nachgehen. Beide Autoren heben nämlich hervor, daß die jeweiligen Kontexte "durch und durch religiöser Natur sind" (Nyberg). Präziser noch stellt Cazelles den engen Zusammenhang von "idolatry" und den Aussagen zum Königtum in Kap. 8 fest.[3] Dieser Zusammenhang ist in verschiedenen Texten nicht von der Hand zu weisen; wir werden ihn unten ausführlich berücksichtigen (vgl. unten 2.2.3).

E. Sellin[4] extrapolierte die sicher zutreffende Beobachtung, daß Hosea - mehr als andere Propheten - mit Traditionen aus der ferneren Vergangen-

---

[1] H.S. Nyberg, Studien, S. 39, 55; an Texten berücksichtigt Nyberg: Hos 10,3; 13,10-11; 3,4-5; 5,12. Vgl. auch P. Humbert, La logique, S. 160 zu Hos. 10,5.

[2] H. Cazelles, Kings.

[3] A.a.O., S. 18f.

[4] E. Sellin, Orientierung.

heit Israels argumentiert, auch auf die Aussagen Hoseas zum Königtum. So kam er fast durchwegs zu der Annahme, Hosea wende sicht nicht an das zeitgenössische Königtum, sondern habe dessen Frühgeschichte im Auge. Wir halten diese Extrapolation in der von Sellin verfolgten Einseitigkeit nicht für vertretbar.

Die überwiegende Zahl der Forscher hält die Aussagen Hoseas zum Königtum für aktuell-politisch bezogen. Die Fragestellung, unter der das Problem von dieser Voraussetzung aus meist verhandelt wird, finden wir klassisch formuliert bei J. de Fraine "...une question importante se pose: la condamnation des prophètes, en particuliers celle d'Osée atteint-elle l'institution elle-même (scil. la royauté israélite), ou bien les répresentants individuelles?"[1] Mithin: Hat Hosea mit seinen scharfen Attacken gegen Könige und Königtum das Königtum als Institution Israels im Visier oder nur einzelne, aktuelle Vertreter dieser Institution?

Wir finden diese Fragestellung, die als Alternative formuliert ist und so auch alternative Antworten erheischt, in der Folgezeit vielfach wieder gestellt und je verschieden beantwortet.

Von dieser alternativen Fragestellung geht auch die einzige, im strengen Sinne einschlägige Studie zum Thema aus, A. Caquots Aufsatz "Osée et la Royauté": "Osée denonce-t-il la royauté dans son essence ou dans ses manifestations?"[2] Caquots Ergebnis, das hier vorweggenommen sei, ist recht eindeutig: "L'attitude de Osée envers la royauté est donc entièrement négative, il condamne radicalement l'institution, non le comportement de tel souverain, mais il ne juge que la r o y a u t é d'E p h r a i m."[3]

Womöglich noch radikaler urteilt W.H. Schmidt: "...er (scil. Hosea) ist wohl der schärfste Kritiker der Institution des Königtums überhaupt." Hoseas Ablehnung des Königtums als Institution sei vom selben "kritischen Grundmotiv" beherrscht wie 1Sam 8,11ff: "Nicht der König, sondern Gott allein ist der wahre Helfer und Retter..."[4]

---

[1] J. de Fraine, Royauté, S. 148; vgl. zu Hos S. 147-155; de Fraine hat die Literatur bis 1954 eingearbeitet.

[2] A. Caquot, Royauté, S. 124.

[3] A.a.O. S. 146.

[4] W.H. Schmidt, Kritik, S. 450; vgl. auch: K.H. Bernhardt, Königsideologie, S. 139ff; S. Herrmann, Heilserwartungen, S. 106; H.W. Wolff, Hosea, S. 295; F. Crüsemann, Widerstand, S. 89.

Nun gibt es auch Stimmen, die von der gleichen Fragestellung ausgehen, aber zum entgegengesetzten Ergebnis gelangen. Genannt seien zunächst E. Jacob[1] und vor allem W. Rudolph: "Die gelegentliche Kritik, die Hosea an den Königen übt, ist ebensowenig als eine prinzipielle Opposition zu verstehen, wie die Kritik des Propheten eine grundsätzlich antikultische Haltung ausdrücken will...der wahre Urheber der Sünde Israels ist nicht der König, sondern Kanaan...".[2]
Im Sinne der beiden letztgenannten Autoren votiert auch A. Gelston. Er erwägt jedoch über die alternative Fragestellung hinausgehend: "Or Hosea's stance may be based on a belief in the 'divine right' of the Davidic dynasty of Judah, coupled with a dismissal of the separate northern monarchy as apostate."[3] Im Ergebnis verneint Gelston die von ihm aufgeworfene Frage.[4]
Es erscheint uns notwendig, die alternative Fragestellung zur Diskussion zu stellen. Man kann sicherlich eine Institution bejahen, einzelne ihrer Vertreter hingegen ablehnen. So verfährt das deuteronomistische Geschichtswerk, wenn es in seinen Einleitungsformeln in den Königsbüchern die einzelnen Herrscher beurteilt, je nachdem ob sie "taten was gut war in den Augen Jahwes" oder ob sie "taten was böse war in den Augen Jahwes", dabei aber bis zum bitteren Ende und darüber hinaus am "Funktionieren der Nathanweissagung"[5] als solcher unerschütterlich festhält.
Es ist allerdings nicht ausgemacht, daß das Hoseabuch in den Kategorien des deuteronomistischen Geschichtswerkes denkt. Es könnte sich erweisen, daß die alternative und vor allem die auf das Königtum allein bezogene Fragestellung für die Komplexität der geschichtlichen und institutionalen Sachverhalte zu eng gefaßt ist.
Dafür spricht die Eigenart derjenigen Texte, die im Hoseabuch für das Königtum zur Verfügung stehen. Es handelt sich dabei um mehr oder minder kurze Bemerkungen, die jeweils Bestandteile größerer thematischer und argumentativer Einheiten sind. In diesen Einheiten bildet das Königtum nur ein - wenn auch gewichtiges - Element neben anderen.

---

[1] E. Jacob, Prophet, S. 283.
[2] W. Rudolph, Hosea, S. 244.
[3] A. Gelston, Kingship, S. 71; vgl. auch Caquot, a.a.O. S. 146.
[4] A. Gelston, Kingship, S. 85.
[5] K. Baltzer, Messias-Frage, S. 40.

Im einzelnen wollen wir dabei jene Texte und ihre Kontexte besprechen, die auf das gegenwärtige Königtum Israels beziehbar sind. Es sind dies: Hos 1,4; 5,1; 7,3-7; 8,4; 10,3f; 13,9-11; nicht jedoch: 2,1-3 und 3,1-5. Die beiden letztgenannten Texte sind auf die zukünftige Geschichte und Form der Herrschaftsordnung Israels orientiert.

2.2.2 Der Verfall der Herrschaftsordnungen im Nordreich

2.2.2.1 Die "Bluttaten Jesreels" - Hos 1,4

Das Jesreelwort Hos 1,4 nimmt im Zusammenhang von Hos 1,2-9 eine Sonderstellung ein. Wir hatten dies oben bereits angedeutet.
Das Wort differenziert Anklage und Urteil, nennt Ort und Vergehen und droht eine bestimmte Sanktion an. Auch eine Zeitrelation für das zu erwartende Geschehen ist angedeutet.
Wir stellen Text und Übersetzung voran (zur Begründung der Übersetzung siehe unten):

ויאמר יהוה אליו
קרא שמו יזרעאל כי־עוד מעט
ופקדתי את דמי יזרעאל על־בית יהוא
והשברתי ממלכות בית ישראל

"Da sprach Jahwe zu ihm (scil. Hosea):
Nenne ihn Jesreel! Ja, in kurzer Zeit,
das werde ich das Haus Jehu für die Bluttaten Jesreels
zur Rechenschaft ziehen,
da werde ich dem Königtum des Hauses Israel ein Ende machen."

Der kurze Vers bietet für sich genommen keine literarkritischen oder gattungskritischen Anhaltspunkte. Er ist ganz in den Erzählduktus der Einheit Hos 1,2-9 eingefügt.
Eine syntaktisch-formale Beobachtung ist hier zu beachten. Abgesehen von den einleitenden Verbalsätzen beginnt der Spruch mit einem Nominalsatz כי־עוד מעט- "ja, in kurzer Zeit". In den gängigen Übersetzungen werden nun die folgenden beiden Verbalsätze in "innerer Abhängigkeit"[1] von diesem Nominalsatz gesehen. Dies findet seinen Ausdruck in der Wiedergabe "da werde ich...". Die beiden w-qatal-Formationen (ופקדתי, והשברתי) legen in der Tat nahe, zwischen den Sachverhalten des Nominalsatzes und

[1] GesK § 112 oo.

der beiden Verbalsätze ein zeitliches Folgeverhältnis anzunehmen, das in der Zukunft liegt.
Die syntaktische Parallelität der beiden Formationen impliziert allerdings noch keine sinngemäße. M.a.W.: Es kann noch ein weiteres zeitliches Folgeverhältnis zwischen ihnen bestehen: Das והשברתי kann in der Folge des ופקדתי stehen. Eine Entscheidung für oder gegen diese Möglichkeit ist von inhaltlichen Erwägungen abhängig.
Wir setzen damit ein bei der Wurzel פקד . Die Grundbedeutung dieser Wurzel ist umstritten.[1] Wir halten allerdings die Kategorie der "Grundbedeutung" für sehr problematisch.[2] Wenn man darauf verzichtet, von einer Grundbedeutung auszugehen oder nach ihr zu suchen, sondern nach dem konkret-sachlichen Vorstellungshintergrund der Tätigkeit פקד fragt, trifft man zunächst auf einen bestimmten technischen Gebrauch des Verbums: Musterung und Zensus, die Bestandsaufnahme der wehr- bzw. steuerpflichtigen Männer des Volkes (Ex 30,12; Nu 1,44 u.ö.; Jos 8,10; 1Sam 11,8; 2Sam 24,2.4).[3] Die Partizipialbildung פקוד ebenso wie das Nomen פקיד bezeichnen einen, der mit der Tätigkeit פקד betraut ist - den zivilen oder militärischen Verwaltungsbeamten (Gen 41,34; Ri 9,28; 2Kön 11,15; 25,19 u.ö.).
Im Bereich von"Handel und Verkehr" begegnet der Terminus in ähnlicher Verwendung.[4] פקד bedeutet hier "ins Depot gehen, hinterlegen" (2Kön 5,24; Jer 36,20), vielleicht auch "zählen". Auch hier setzt die Tätigkeit פקד das geordnete Vorgehen, die gewissenhafte Bestandsaufnahme des anvertrauten Gutes voraus. Zusammen mit den nichthebräischen, semitischen Belegen (zumeist nominal) der Wurzel[5] scheint uns die Annahme berechtigt, daß mit der Tätigkeit פקד zunächst die Vorstellung einer verwaltungsmäßigen,

---

[1]Vgl. KBL S. 773: "vermissen, sich kümmern um". J. Scharbert, PQD, S. 222: "untersuchen, kontrollieren"; zum folgenden: W. Schottroff, pqd, ThAT II, Sp. 466ff.

[2]Siehe dazu G. Gerlemann, slm, ThAT II, Sp 922f. Wir schließen uns den methodischen Monita G.s an:"Statt mit Hilfe einer Abstraktion nach einer ...formalen Mindestbedeutung zu suchen...muß (man) die Grundbedeutung in dem tatsächlichen Sprachgebrauch suchen...wo ein klar profilierter Bedeutungsgehalt zum Vorschein kommt".

[3]Vgl. Schottroff, a.a.O. Sp. 473f.

[4]A.a.O. Sp. 474.

[5]A.a.O. Sp. 467ff.

gewissenhaften Bestandsaufnahme verbunden ist.[1]
Für unseren Text ergibt die u.E. mit פקד verbundene Vorstellung der "Bestandsaufnahme" einen guten Sinn. Jahwe macht die Bestandsaufnahme der דמי יזרעאל. Die hier und öfter (vgl. etwa Am3,2.14; Jer 23,2; bes. Hos 12,3)[2] belegte Verbindung der Wurzel mit der Präposition על mit folgender Person gibt der Bestandsaufnahme eine Richtung. Sie wird gegen jemand durchgeführt. M.a.W.: Es findet die Beweisaufnahme gegen jemand statt. Genau dies ist die Tätigkeit des Anklägers. Jahwe macht Bestandsaufnahme in Sachen דמי יזרעאל gegen die Jehudynastie. Die gewöhnliche Übersetzung von פקד על mit "ahnden" oder "heimsuchen"[3] bringt diese Vorstellung vom Handeln Jahwes u.E. nicht präzise genug zum Ausdruck. Sehr glücklich scheint uns hingegen die von H.W. Wolff für Hos 12,3 vorgeschlagene Übersetzung "zur Rechenschaft ziehen".[4]
Die Ahndung, das Urteil steht in der zeitlichen und sachlichen Folge von Beweisaufnahme (פקד) und Anklagerhebung (על). In Hos 1,4 ist diese Folge im zweiten mit w-qatal eingeleiteten Satz ausgesprochen:
"... השברתי - "da werde ich...ein Ende machen."
Die Sinnstruktur von Hos 1,4 entspricht der des "prophetischen Gerichtswortes".[5] Nur wird hier Anklage und Tatfolgebestimmung, bzw. Urteil gleichermaßen von Jahwe ausgesprochen. Er ist Ankläger und Richter in einer Person.
Für das weitere Verständnis des Textes scheint uns die Beantwortung zweier Fragen ausschlaggebend:
1. Was meint der Text mit den דמי יזרעאל, die der Jehudynastie zur Last gelegt werden?
2. Welche Größe trifft das Urteil? Ist die ממלכות בית ישראל in einem eingeschränkten Sinne (etwa nur die Jehudynastie) oder - in einem weiteren Sinne - die Königsherrschaft, das Königtum Israels?

---

[1] Diese Bestandsaufnahme kann den Charakter einer "Überprüfung" oder "Kontrolle" (Grundbedeutung Scharbert) annehmen, sie kann - im negativen Fall - dazu führen, daß etwas "vermißt" (Grundb. KBL) wird.

[2] Vgl. W. Schottroff, pqd, ThAT II, Sp. 477f.

[3] A.a.O. S. 479; die rechtlichen Konnotationen von (על) פקד werden unten S. 165ff ausführlich erörtert.

[4] H.W. Wolff, Hosea, S. 266.

[5] Vgl. C. Westermann, Grundformen, S. 93ff; H.J. Boecker, Redeformen, S. 151ff.

Zunächst zu den " דמי יזרעאל ".
Eine große Zahl von Kommentatoren bezieht die "Bluttaten" von Hos 1,4 auf die Vorgänge bei der Revolution Jehus, wie sie in 2Kön 9 und 10 berichtet sind.[1] In der Tat läßt sich aus dem Bericht des 2. Königsbuches eine lange Reihe brutaler Bluttaten des Usurpators und Dynastiegründers Jehu, Sohn des Nimsi, zusammenstellen. Nur - und dies ist gleich hinzuzufügen - sind jene Taten Jehus keineswegs auf Jesreel beschränkt gewesen. In Jesreel selbst sind zunächst zwei "Bluttaten" Jehus lokalisiert: die Morde an Joram, dem letzten Omriden (2Kön 9,24) und an dessen Mutter, der einstigen tyrischen Prinzessin und Frau Ahabs, Isebel (2Kön 9,30-37).
Alle anderen Bluttaten, die Jehu im Zuge seiner Machtübernahme für nötig hielt, sind nach 2Kön 9f nicht in Jesreel begangen worden. Den mit den Omriden gegen die Aramäer verbündeten König von Juda ließ er "auf der Höhe von Gur bei Jibleam" (2Kön 9,27)[2], also bereits im Bereich des samarischen Berglandes, überfallen. Der König starb in Megiddo. Weitere Morde an judäischen Verbündeten der Omriden berichtet 2Kön 10,12ff. Auch sie sind im samarischen Bereich lokalisiert. Am grausamsten hat Jehu in Samaria gehaust. Dort ließ er "70 Söhne" des Königs (2Kön 10,6ff) niedermetzeln.

Zweimal ist im Zusammenhang von 2Kön 9f der "Machtwechsel" resümiert:
2Kön 10,11: "Jehu erschlug alles, was übrig war vom Hause Ahab in Jesreel - alle seine Großen, seine Verwandten und seine Priester - so, daß er keinen Entronnenen übrig ließ."
2Kön 10,17: "Und er kam nach Samaria und erschlug alle Übriggebliebenen von Ahab in Samaria..."
Was hier auffällt, ist die Übereinstimmung der Vorgänge und die Differenz der Orte Jesreel und Samaria. Wir werden darauf zurückkommen.
Der Deutung der"Bluttaten Jesreels" auf den Staatsstreich Jehus stehen noch weitere Tatbestände entgegen. Vor allem: Die Berichte des 2. Königsbuches stellen das Vorgehen Jehus als Vollzug eines Jahweurteils dar (2Kön 9,6ff.36; 10, 17.30 u.ö.). Jehu war ein durch den Propheten Elia legitimierter König (2Kön 9,1-14). Er hat dem Baalskult in Samaria samt dessen Funktionären den Garaus gemacht (2Kön 10,18ff).

---

[1] Wolff, Hosea, S. 19; Rudolph, Hosea, S. 19; A. Weiser, ATD 24, z.St.; Robinson-Horst, HAT 14, S. 8; H. Greßmann, SAT II,1, z.St.; Nowack, Kleine Propheten, z.St.; vgl. auch: J. Rieger, Bedeutung, S. 78; J. Vollmer, Rückblicke, S. 102.

[2] Tel Bel'ame bei Jenin, vgl. KBL 359.

So muß man doch wohl fragen: Wußte Hosea "überhaupt um die prophetische Designierung Jehus..., um seinen 'Eifer für Jahwe'...?"[1] M.a.W.: Wie paßt die harsche Anklage, das scharfe Urteil Hoseas über die Jehudynastie (!) mit der - mit Einschränkungen - positiven Beurteilung Jehus (!) in einer prophetischen Tradition des 9. Jahrhunderts zusammen?
Und schließlich: Zwischen dem Staatsstreich Jehus und dem Text Hos 1,4, der die Jehudynastie noch am Ruder sieht, liegen mindestens 100 Jahre.[2]

An Erklärungsversuchen für diese Schwierigkeiten mangelt es nicht.
H.W. Wolff meint, die Distanz zwischen Hosea und seinen Vorläufern betonend -, Hosea habe "ihnen (scil. den prophetischen Traditionen des 9. Jahrhunderts) gegenüber ein neues freies Wort zu sagen".[3] W. Rudolph sieht das Urteil Hoseas durch dessen "feineres sittliches Empfinden" bestimmt.[4]
In diesem Erklärungsversuch mag auch die bekannte "Duhm-Wellhausen'sche Denkfigur" (vgl. oben 1.3.1) durchschimmern, derzufolge der Schritt von der vorklassischen zur klassischen Prophetie ein qualitativer Schritt in Richtung auf eine höhere Moralität darstellt. Mit diesem Hinweis soll dieser Erklärungsversuch nicht a limine abgewiesen werden. Die Erinnerung an Jehus (Un-)taten kann in der Zeit Hoseas durchaus noch lebendig gewesen und auf die gesamte Dynastie übertragen worden sein; auch die Beurteilungsmaßstäbe können sich geändert haben. Nur: Warum haben sie sich geändert? Warum hört der Text ausgerechnet jetzt die Stunde der Jehudynastie, wenn nicht sogar des israelitischen Königtums überhaupt schlagen? Erfordert ein "neues, freies Wort" nicht eben auch eine neue Situation?
An diesem Punkt setzt der Erklärungsversuch A. Caquots ein. Er schlägt für das Jesreelwort einen aktuellen Anlaß vor (nicht ohne die Verbindung mit dem Jehustaatsstreich ausführlich erwogen zu haben[5]): den Mord an

---

[1] H.W. Wolff, Hosea, S. 19.

[2] Vgl. M. Noth, GI, S. 225; O. Eißfeldt, Einleitung, S. 519.

[3] H.W. Wolff, a.a.O. S. 19; die hier von Wolff vertretene Distanz zwischen Hosea und seinen prophetischen Vorläufern steht in einem gewissen Gegensatz zu Wolffs institutionen-geschichtlicher Grundposition - vgl. Wolff, Heimat, S. 243.

[4] W. Rudolph, Hosea, S. 51f. Ganz ähnlich urteilen H. Greßmann, SAT II,1, S. 362 und A. Weiser, ATD 24, S. 7.

[5] A. Caquot, Royauté, S. 127f.

Sacharja, dem letzten Nimsiden (2Kön 15,8ff) durch den Usurpator Shallum (746/5).[1] Caquot führt aus: "Les succès de Jérobam II avaient dû renforcer ces prétentions (scil. "dynastiques des Nimsides") et fortifier le loyalisme. Quand Zacharie périt sous les coups de Shallum et que s'ouvre pour le Nord le temps des troubles, la désillusion s'empare des esprits. Il est concevable, qu'Osée ait été emporté par elle."[2]
Unter Berücksichtigung von Hos 1,5, einem Vers, der an dieser Stelle nicht "in situ", aber wohl hoseanisch ist[3], geht Caquot noch einen Schritt weiter. Er faßt die Rede vom "Zerbrechen des Bogens" metaphorisch. Der Bogen, der hier gebrochen werden soll, ist nicht etwa nur - so die vorherrschende Deutung -[4] die Heeresmacht Israels, sondern sein "Lebensnerv".[5] M.a.W.: "... le meutre de Zacharie a été pour le royaume d'Israel le commencement de la fin."[6]
Caquots Deutung des Jesreelwortes Hos 1,4 läßt dieses, wie Caquot selbst einräumt, zu einem "vaticinium ex eventu" werden.[7] Nun schließen sich die Deutungen Wolffs u.a. und die Deutung Caquots, der übrigens in K. Marti einen Vorläufer hat[8], keineswegs aus. Eine Synopse Jehus mit seiner Dynastie ist denkbar. Beide Deutungen jedoch unvermittelt nebeneinander bestehen zu lassen, scheint uns unbefriedigend, zumal auch Caquot mit seinem sehr bestimmten historischen Fixpunkt der allgemeinen Redeweise des Textes nicht ganz gerecht werden kann.
Wir meinen, man kann noch ein Stück weiter kommen, wenn man den Begriff דמים genauer unter die Lupe nimmt. Auch die Verbindung dieses Begriffs mit dem Namen "Jesreel" müßte noch präziser untersucht werden. "...דם... (ist) in erster Linie Bezeichnung für einen gewaltsamen Tod..", resümiert das TWAT,[9] die Bedeutung des Stichwortes im Bereich von Ethik

[1]Zur Datierung vgl. M. Noth, GI, S. 228.
[2]A. Caquot, a.a.O., S. 128.
[3]Vgl. H.W. Wolff, Hosea, S. 20f.
[4]Vgl. Wolff, Hosea; Rudolph, Hosea, jeweils z.St.
[5]A. Caquot, Royauté, S. 130; vgl. den Sprachgebrauch in Hos 7,16.
[6]A. Caquot, ebd.
[7]A.a.O. S. 129.
[8]K. Marti, Dodepropheton, S. 17f.
[9]B. Kedar-Kopfstein, Art דם, TWAT II, Sp. 256; vgl. neuerdings auch H. Christ, Blutvergießen, S. 64.

und Recht. Im Falle von Hos 1,4 hat דמים sicherlich eine eingeschränktere Bedeutung. Ob man nun Wolff u.a. oder Caquot folgt: die דמי יזרעאל signalisieren Bluttaten im Zusammenhang mörderischer Staatsaktionen. Für diesen Verwendungsbereich von דם wollen wir drei weitere Belege kurz darstellen:

2Sam 16,7f: Schimi, ein "Sippengenosse" Sauls, flucht David:

...צא צא איש הדמים האיש הבליעל;
השיב עליך יהוה כל דמי בית שאול אשר מלכת תחתו
ויתן יהוה את המלוכה ביד אבשלום בנך

"Hinaus! Hinaus! 'Bluthund' und Mann Belials!
Als Jahwe alle Bluttat am Hause Sauls,[1] nach dem du König warst, über dich gebracht hat, da gab Jahwe das Königtum in die Hand Abschaloms, deines Sohnes...".

Der "Sippengenosse Sauls sieht die prekäre Situation, der sich David nach dem Putsch seines Sohnes Abschalom gegenübersieht, als eine Folge derjenigen דמים , die einst am Hause des Königs Saul, zumindest in Davids Interesse, verübt worden sind (vgl. 2Sam 3,1-5;4;). David ist in den Augen Schimis der Mörder der Saulsdynastie. Diese דמים fallen nun - und damit läßt 2Sam 16,8 dieselbe Denkstruktur erkennen wie das Jesreelwort - auf den König zurück. Seine, Davids, מלוכה ist zu Ende.

Um den Sauliden Schimi dreht sich auch der zweite Beleg für die in Rede stehende Verwendung von דמים : 1Kön 2,8f. M. Noth sieht in 1Kön 2,5-9 einen "vordeuteronomistischen Nachtrag", der "die Absicht gehabt haben... (dürfte), Salomo dadurch zu entlasten, daß die harte Beseitigung seiner Gegner wenigstens teilweise auf einen Ratschlag seines sterbenden Vaters zurückgeführt wird."[2] Damit ist die Szene des Textes im wesentlichen bereits skizziert und interpretiert. Der sterbende David kommt seinem Sohn und Nachfolger gegenüber noch einmal auf Schimi zurück. Er erinnert an die Begebenheit von 2Sam 16,7f und fährt fort: "Nun aber laß ihn nicht ungestraft; denn du bist ein weiser Mann und weißt wohl, was du ihm tun sollst, und du wirst seine grauen Haare mit Blut (בדם) in die Unterwelt hinabfahren lassen". Salomo hat sich also des - für die Anerkennung der Legitimität der davidischen Herrschaft offenbar immer noch gefährlichen - Sauliden gewaltsam zu entledigen. Die Bluttat ist hier von der Warte der

---

[1]Die Konstruktusverbindung ist gen.objektivus, GesK § 128h.

[2]M. Noth, Könige, S. 9.

regierenden und die Herrschaft sichernden Partei aus gesehen. Von dieser Warte aus ist die Bluttat Ausfluß vornehmster Herrschertugend, der Weisheit (כי איש חכם אתה). Im gleichen Zusammenhang steht auch der dritte einschlägige Beleg: 1Kön 2,5ff: Den Hintergrund bildet hier der Mord Joabs, des altgedienten Generals Davids, an Abner, eines ehemaligen Truppenführer Sauls, der zu David übergelaufen war (vgl. 2Sam 3,27). Vermutlich stand bei dieser blutigen Affaire das Verhältnis der Davidsdynastie zu den nördlichen Reichsgebieten auf dem Spiel (vgl. 2Sam 3,27ff). Jedenfalls rät der alte König seinem Sohn in Bezug auf Joab:

ועשית כחכמתך ולא תורד שיבתו בשלם שאל

"Tu nach deiner Weisheit und laß sein graues Haar nicht in Frieden in die Unterwelt fahren!" (1Kön 2,6). Es könnte hier statt לא...בשלם auch, wie in 1Kön 2,9, בדם stehen. Dies bestätigt 1Kön 2,28ff, die "Vollzugsmeldung" von 1Kön 2,6: Salomo läßt Joab töten. Und noch mehr wird hier deutlich. Der alte General war nicht nur in die Machtkämpfe der Frühzeit Davids verstrickt, sondern auch in die Wirren bei und nach dem Abtreten Davids (1Kön 2,28; vgl. 1Kön 1,19).

Welche Bedeutung haben die hier zusammengestellten Belege für die Verwendung von דם in Hos 1,4? Sicherlich reichen sie nicht aus, eine Sonderbedeutung von דם für den politischen Bereich zu postulieren, zumal die Belegstellen einem eng begrenzten Textbereich entnommen sind. Hingegen können die Beispiele illustrieren, daß Bluttaten auf den höheren Ebenen der Macht nicht durchwegs so verpönt sind, wie sich dies für den allgemeinrechtlichen Gebrauch des Terminus sagen läßt (vgl. etwa Ex 22,1; Dtn 22,8). Eine Bluttat konnte als Akt der Staatsraison, als Ausfluß königlicher Weisheit dargestellt werden.

דמים dieser Art waren auch die Taten Jehus. Der Bericht 2Kön 9f billigt das Vorgehen des Usurpators zumindest was Joram und Isebel angeht. Die übrigen politischen Morde Jehus werden indifferent erzählt.

Für die דמים in Hos 1,4 wäre auf Grund dieser Überlegungen ein weiterer Spielraum gewonnen.

Wir wissen keine Einzelheiten über die Herrschaftspraxis der Nimsiden nach Jehu, insbesondere nicht über die lange Regierungszeit Jerobeams II. Wir wissen allerdings, daß der Nachfolger dieses Königs, Sacharja, Opfer eines blutigen Staatsstreiches geworden ist (2Kön 15,8f). So liegt die Frage nicht fern: Was mag sich unter den "Großen" am Hofe Jerobeams II abgespielt haben, als die Nachfolgefrage akut zu werden begann, als der offensichtlich schwache Sacharja den Thron bestiegen hatte? Sollten die Kämpfe um die Nachfolgepositionen weniger hart gewesen, alte Rechnungen weniger kompromißlos beglichen worden sein, als beim Herrscherwechsel von David zu Salomo, von Joram zu Jehu (vergleichbare Vorgänge überliefern 1Kön 16,8-13, 2Kön 11)? So können die דמים des Jesreelwortes schlagwortartig die Machtkämpfe gegen Ende der Regierungszeit Jerobeam II, während der sechsmonatigen Regentschaft Sacharjas und bei dem folgenden Staatsstreich Shallums bezeichnen. Unter der בית יהוא sind sicherlich nicht nur Angehörige der engeren Königsfamilie, sondern der Hof im weiteren Sinne (vgl. 2Kön 10,11), ja der machthabende Teil der Oberschicht zu verstehen.

In unseren Überlegungen hat bisher ein wesentlicher Punkt noch keine Rolle gespielt: Die Frage nach der Bedeutung des Namens יזרעאל in der Verbindung דמי יזרעאל .[1]
Zweierlei ist für unseren Zusammenhang bemerkenswert:
1. Zunächst bezeichnet יזרעאל eine Region des alten israelitischen Stammlandes (Jos 19,18; vgl. 2Sam 2,9). In diese Region gehört auch der Ort יזרעאל.
2. Dieser Ort wurde spätestens von Ahab zu einer königlichen Residenz neben Samaria, der Neugründung Omris, ausgebaut.[2]
Das Nebeneinander von "Jesreel" und "Samaria" war uns bereits im Bericht über den Staatsstreich Jehus aufgefallen. A. Alt hat für dieses Nebeneinander eine Erklärung vorgeschlagen, die bis heute Gültigkeit beanspruchen darf:

> "Wenn Jesreel...nach Volkstum und Rechtsordnung auf israelitischem, Samaria hingegen auf kanaanäischem Boden lag, so bietet sich für das Nebeneinander der Residenzen an beiden Orten eine sehr einfache historische Deutung an, nämlich die, daß mit jeder den besonderen Ansprüchen und Bedürfnissen einer der beiden großen Gruppen gedient werden sollte, aus denen die Bevölkerung Israel bestand."[3]

In Jesreel als Residenzstadt war also die Königsmacht in und über das nordisraelitische Stammland und dessen Bevölkerung repräsentiert, die mit dem tatsächlichen Machtbereich der Nordreichdynastien keineswegs identisch waren.
Diesem Sachverhalt würde der Terminus exakt entsprechen, mit dem in

---

[1]Vgl. zum folgenden: BHH II, Sp. 857.
[2]Vgl. A. Alt, Samaria, S. 259ff; B.D. Napier, Jezreel.
[3]A. Alt, Samaria, S. 265.

Hos 1,4 der Ortsname יזרעאל zusammensteht: ממלכות בית ישראל - "das Königtum des Hauses Israel".
Welche Vorstellung steht hinter dem Ausdruck ממלכות בית ישראל?
בית ישראל kann zunächst ganz allgemein die Gesamtheit der Stämme Israels bedeuten, so etwa: Ex 16,31; 40,38; Lev 10,6; Num 20,29 und insbesondere Jos 21,45. In Kontexten, die das Aufkommen des Königtums, insbesondere die Rivalität der beiden ersten Könighäuser, der Sauliden und Davididen, voraussetzen, kann dieser Einheitsaspekt verloren gehen. בית ישראל ist dann Terminus für die Bewohner des nördlichen Teiles Gesamtisraels (2Sam 1,12; 6,5.15; 12,8; 16,3; 1Kön 12,21; 20,31; vgl. Jer 3,18; Ez 37,15ff).[1]
Für die Verbindung der Wurzel מלך mit בית ישראל sind vor allem zwei Belege interessant: 2Sam 16,3 und Hos 5,1. Der Kontext von 2Sam 16,3 führt - vgl. oben - in die Zeit des Abschalomaufstandes. Der flüchtige David trifft auf einen Knecht eines Sauliden, der mit seiner Tributladung für das "Haus des Königs" (לבית המלך - -16,2) unterwegs ist. Von diesem erfährt der bedrängte König: היום ישיבו לי בית ישראל את ממלכות אבי "Heute wird das Haus Israel das Königtum meines Vaters mir zuwenden."
Der Satz besagt: Die Königsherrschaft Davids über Israel steht zur Disposition der בית ישראל . David und Abschalom sind Träger der Königswürde, die die בית ישראל zu vergeben hat. Hier ist an den Vertrag zu denken, den David mit den "Ältesten Israels" geschlossen hatte, und kraft dessen ihm die Königsherrschaft übertragen wurde (2Sam 5,1ff; für Juda: 2Sam 2,4). Das "Vertragskönigtum"[2] ist wesentlich dadurch gekennzeichnet, daß der König, bzw. die Dynastie und deren Herrschaftsbereich und Bevölkerung staatsrechtlich grundsätzlich selbständige Größen sind.

Auch Hos 5,1 trennt die beiden Größen. Der Text nennt drei Autoritäten Israels nebeneinander: בית המלך, בית ישראל,[3] כהנים.
Wenn wir den Terminus ממלכות בית ישראל auf diesem Hintergrund richtig sehen, so legt sich für den Namen יזרעאל eine Deutung nahe,

---

[1] Vgl. dagegen prophetische Belege, die den Einheitsaspekt wieder hervorheben: Jes 5,7; Jer 24,26 u.ö.

[2] Vgl. G. Fohrer, Vertrag, besonders S. 21f.

[3] Neuere Kommentatoren verstehen unter בית ישראל die "Sippenhäupter" Israels, vgl. H.W. Wolff, Hosea, S. 123; W. Rudolph, Hosea, S. 116; vgl. dazu ausführlich unten "Verfassungsentwurf" 2.3.1.

die ihn ebenfalls auf diesem Hintergrund sieht: Wenn Hosea "Jesreel" sagt, dann meint er die בית ישראל unter einem König, repräsentiert durch den Namen der Residenz auf dem Boden des israelitischen Stammlandes.
Nun steht dieser Annahme eine gewisse Schwierigkeit entgegen. Man geht nämlich im allgemeinen davon aus, daß es nach der Zeit der Omriden keinen sicheren Beleg mehr für Jesreel als Residenzstadt gibt.[1] Aber selbst wenn eine "größere Wahrscheinlichkeit dafür (spricht), daß Jehu und seine Nachfolger nur noch in Samaria residierten"[2], so könnte doch das Jesreelwort als Beleg dafür gelten, daß die Residenzfunktion Jesreels im Bewußtsein der Nachwelt gegenwärtig blieb. Noch ein weiteres Hoseawort kann unsere Auffassung des Symbolnamens יזרעאל stützen: Hos 2.2. Der Abschnitt Hos 2,1-3 faßt eine wie immer vorzustellende Neuordnung der Herrschaftsverhältnisse Gesamtisraels ins Auge. In diesem Zusammenhang fällt der Ausruf:

כי גדול יום יזרעאל

"Ja, groß ist der Tag Jesreels!" (2,2b).

Nun mag es wohl sein, daß in diesem Ausruf die (theologische) "Etymologie" von יזרעאל - "Gott sät" - mitklingt (vgl. Hos 2,24f).[3] Es kann jedoch u.E. kein Zweifel darüber bestehen, daß יזרעאל hier auch, ja vorwiegend als Ortsname steht. Dafür sprechen zunächst die Aktionsverben des Kontextes, von denen zwei als Verben der Bewegung aufzufassen sind (עלה ni. קבץ 2,2a). Bewegung erfordert einen Ort als Raum, Ziel oder Ausgangspunkt.
Dafür sprechen auch die mehrfach belegten Verbindungen von יום mit einem bestimmten Ortsnamen (z.B. ימי הגבעה Hos 9,9; 10,9; יום מסה Ps 95,8; יום ירושלים , Ps 137,3). Die Belege verbinden mit dem "Tag von..." ein bestimmtes herausragendes Ereignis an einem bestimmten Ort, einen Ort und ein Ereignis, denen über die schlichte Faktizität hinaus eine besondere theologische Bedeutung zukommt. Welche Bedeutung kommt dem יום יזרעל zu?
Blicken wir auf das Jesreelwort Hos 1,4 zurück. Hos 1,4 kündigt unter dem Symbolnamen das Ende der - von "Bluttaten" gezeichneten - ממלכות בית ישראל an. Hos 2,2 blickt unter demselben Stichwort auf die Restitution der Herrschaftsverhältnisse in ganz Israel. Jesreel wäre damit - in

---

[1]Vgl. A. Alt, Samaria, S. 292; B.D. Napier, Jezreel, S. 378

[2]A.a.O. S. 293.

[3]Darauf legen besonders H.W. Wolff, Jesreeltag S. 171; ders. Hosea, S. 32 und K. Marti, Dodekapropheton, S. 21 Wert.

der Spannung von Hos 1,4 zu 2,2 gesehen - der Symbolname für die Herrschaftsordnung Israels hinsichtlich ihres tiefsten Scheiterns aber auch hinsichtlich einer kommenden glanzvollen Restitution.
Wir sind damit in der Lage, auf die oben gestellten beiden Ausgangsfragen zu antworten.
Das Königtum des Hauses Israel ist von den blutigen Auseinandersetzungen um die ausgehende Jehudynastie bestimmt. Die Konsequenz: Es geht mit eben diesem Königtum als Herrschaftsform, nicht etwa nur der Dynastie zu Ende.

Diese radikale Konsequenz ist nur dann verständlich, wenn die Verhältnisse ein so exzessives Ausmaß angenommen haben, daß sie die Funktionsfähigkeit der ממלכות als solcher in Frage gestellt haben.
Wir können aus den Nachrichten des zweiten Königsbuches (2Kön 15,8-31) entnehmen, daß seit dem Tode Jerobeams II. (746) bis zum Ende des Nordreiches (721) von fünf Herrscherwechseln vier durch blutigen Staatsstreich vonstatten gingen. Die דמים waren mit dem Ende der Jehudynastie also mitnichten beendet. Das Königtum Israels trat damit vielmehr in eine länger als zwanzig Jahre währende Agonie ein. Der literarhistorische Ort von Hos 1,2-9 (vgl. oben 2.1.2) macht es wahrscheinlich, daß das Jesreelwort bereits auf diese und ihre Verhältnisse zurückblickt, und von dieser Warte auch das Ende der Jehudynastie beurteilt.

2.2.2.2 "... alle ihre Könige fallen..." - Hos 7, 3-7

Darüber, daß der Text Hos 7, 3-7 die zerrütteten Verhältnisse in den herrschenden Kreisen des Nordreichs reflektiert, besteht kein Zweifel.

Leider aber scheint der Zustand der Überlieferung des Textes mindestens so korrumpiert, wie die Zustände, über die er berichtet.
Schwierigkeiten machen in V.4a: כלם מנאפים und כמו תנור בערה מ אפה ; der gesamte V.5a, sowie der Anfang von V.6 כי קרבו , um nur die wichtigsten Stolpersteine des Textes zu nennen.
Wer zu diesen Stellen in Kommentaren und Artikeln Rat sucht, sieht sich eher neuer Verwirrung gegenüber, als daß er Klärung fände. Besonders auffällig ist dies bei V.5; von neun konsultierten Autoren[1] werden auch neun

[1] B. Duhm, Anmerkungen, S. 25; W. Nowack, Kleine Propheten, S. 46; van Hoonacker, Les douze, S. 71; E. Sellin, Zwölfprophetenbuch S. 79; Robinson/Horst HAT 14 z.St.; Th.H. Gaster, Notes, S. 78f; W. Rudolph, Hosea, S. 146; A. Szabo, Problems, S. 513; I. Willi-Plein, Schriftexegese, S. 157f; 275.

mehr oder minder unterschiedliche Textgestalten und damit Übersetzungen angeboten:

MT: יוֹם מַלְכֵּנוּ הֶחֱלוּ שָׂרִים חֲמַת מִיָּיִן

B. Duhm: "...am Tage ihres Königs machen sie die Fürsten betrunken..."

Nowack: "Sie machten den König krank, die Fürsten von Weinglut..."

van Hoonacker: יוֹם מַלְכֵּנוּ הֵחֵלּוּ שָׂרִים..
"Au jour de 'notre roi' les princes ont commencé à s'échauffer par le vin."

Sellin: הֵם מַלְכָּם הֹהרו שרים
"Sie machen ihren König entbrennen, die Generale von Weinglut."

Robinson/Horst: הם מַלְכָּם החלו
"Sie machen ihren König krank..."

Gaster: יֵחַם מַלְכֵּנוּ ההלו שרים
"Unser König ist erhitzt..."

Wolff: "Den Tag ihres Königs, beginnen die Fürsten damit, daß sie sich vom Wein erhitzen..."

Rudolph: "Am Tage ihres Königs machten sie schwach die Fürsten, daß sie glühten vom Wein...."

Szabo: "On the day of our king the princes become sick because of the beat of the wine..."

Willi-Plein: יום מלכם החלו שרים חמת מיין (משך ידו את לצצים)
"Am Tag ihres Königs sind die sarim geschwächt von Weinglut, seine (scil. des Königs) Hand zieht die Verschwörer heran."

Eine ähnliche Synopse wäre unschwer auch zu כי קרבו (V.6) zu erstellen. Zu dieser Textstelle hat nun allerdings schon Nowack bemerkt, sie spotte jeder Erklärung.[1] Wir meinen, daß diese Bemerkung auch auf V.5a und andere Einzelheiten des Textes ausgedehnt werden kann (z.B. die Übersetzung des Pt. polel[2] לצצים V.6). Ja, wir meinen, man kann angesichts des ziemlich offenkundigen Versagens der textkritischen Arbeitsweise im Zweifel sein, ob überhaupt wesentliche Textverderbnisse vorliegen.

---

[1]W. Nowack, Kleine Propheten, S. 46.
[2]So bestimmt KBL[3].

Es könnte doch auch sein - und wir werden an anderen Texten des Hoseabuches weitere Indizien dafür sammeln (vgl. unten zu Hos 9,7f, S. 155) -, daß der Text so brachylogisch konstruiert ist, daß er sich in seinen Einzelheiten dem Verständnis des Nicht-Zeitgenossen schlicht entzieht. Die Annahme von Textverderbnissen wäre dann nichts anderes als ein Alibi unseres Unverständnisses.
Wir ziehen daraus die Konsequenz, soweit irgendmöglich, die massoretische Textüberlieferung bestehen zu lassen und damit auch Leerstellen in Text und Übersetzung in Kauf zu nehmen.
In einem Falle sehen jedoch auch wir die Möglichkeit und die Notwendigkeit einer Emendation des mass. Textes:

In V.4 lesen wir statt des massoretischen ...תנור בער הם אפה...
...תנור בערה מ אפה...

Die Emendation läßt sich gut begründen: 1. Der Konsonantenbestand bleibt unangetastet. 2. Die Lesung תנור בער liegt nahe, da תנור ansonsten grundsätzlich maskulin gebraucht wird.[1] 3. Das bei dieser Operation gewonnene הם paßt zum Numerus von ישמזור (V.3) und כלם (V.4).
Unter dieser Voraussetzung werden wir uns an die Rekonstruktion der Sinnstruktur des Textes aus seiner überlieferten Gestalt machen.
Dabei sollen uns die Beobachtungen zustatten kommen, die wir zur figuralen Sprache Hoseas gemacht haben (vgl. oben S. 57).
Unser Text enthält nämlich einen bestimmten Bildzusammenhang, der zunächst durch das Stichwort כמו תנור - "wie ein Backofen..." (V.4a, vgl. 6a,7a) signalisiert wird. Dieser Bildzusammenhang steht zu einem bestimmten Sachzusammenhang in Parallele, der das Verhalten einer nicht näher bestimmten Mehrzahl von Menschen (V.3: 3.c.pl im Verb; V.4a,7a: כלם ; V.4b 'הם') im Umkreis ihrer Könige und שרים zum Gegenstand hat. Dabei sind Aussagen zum Bild- und zum Sachzusammenhang über den ganzen Text hin eng verflochten.[2] Wir werden zunächst versuchen, Bild- und Sachzusammenhang zu entflechten und in einer Übersicht zusammenzustellen (dabei sind u.E. nicht klärbare Passagen eingeklammert [ ]).

---

[1]Vgl. W. Rudolph, Hosea, S. 147; H.W. Wolff, Hosea, S. 135.

[2]Ein "Ineinander von Bild und Deutung" konstatiert Willi-Plein, Schriftexegese, S. 156.

	Bildaussagen	Sachaussagen
(3)		ברעתם ישמחו מלך ובכחשיהם שרים In ihrer Bosheit machen sie den König fröhlich und in ihren Lügen die šarim
(4)		[כלם מנאפים Sie alle sind Ehebrecher?]
	כמו תנור בער הם אפה ישבות מעיר מלוש בצק עד המצתו Wie ein brennender Backofen sind sie, der Bäcker hört auf zu schüren vom Kneten des Teigs bis zu seiner Säuerung.	
(5)		יום מלכ[נו ההלו שרים חמת מיין משך ידו את לצצים
(6)		כי קרבו]
	כתנור Wie ein Backofen	
		לבם בארבם (sind) ihre Herzen in ihrem Hinterhalt
	כל הלילה ישן אפהם die ganze Nacht schläft ihr Bäcker בקר הוא בער כאש להבם am Morgen brennt er wie loderndes Feuer	
(7)		כלם יחמו Sie alle sind erhitzt
	כתנור wie ein Backofen	
		ואכלו את שפטיהם כל מלכיהם נפלו אין קרא בהם אלי Sie fressen ihre Richter alle ihre Könige sind gefallen, es ist keiner unter ihnen, der mich anruft.

Beginnen wir mit dem Bildzusammenhang. Es ist deutlich, daß der Text nicht nur den brennenden Backofen als solchen, sondern denselben in verschiedenen Stadien seiner Funktion zeigt.[1] Zunächst (V.4b) ist die verhalten glimmende Glut des Ofens im Blick, die entsteht, wenn der Bäcker nach dem Anheizen des Ofens, dem Feuer keine weitere Nahrung mehr gibt, den Teig knetet und ihn säuern läßt, um dann die Fladen an die Wände des heißen, aber nicht hell brennenden Ofens zu klatschen und backen zu lassen. V.6b bringt einen anderen Aspekt zur Geltung: das lodernde Aufflammen des Feuers, wenn der Bäcker am frühen Morgen neu anheizt oder der Restglut neue Nahrung gibt.

In jenem Kontrast zwischen verhaltener Glut und hellem Feuer scheint die Spitze des Bildzusammenhangs von Hos 7, 3-7 zu liegen.

Was entspricht dem auf der Seite des Sachzusammenhangs? Das Verhalten der handelnden Subjekte wird im Text mit Vokabeln belegt, die Bosheit (רעה), Lüge (כחש) und Hinterhältigkeit (ארב) hervorheben. Diese boshafte, lügnerische Hinterlist ist offensichtlich zu Gange an frohen Festen am Königshof, vielleicht am Krönungstag (V.5 יום המלך vgl. 1Sam 11,15; 1Kön 1,40.55; 2Kön 11,14; Jes 9,2), wenn alles vom Wein erhitzt ist (vgl. V.3 und - soweit ersichtlich - V.5).

Niemand nimmt diese Hinterlist zunächst wahr, bis sie ebenso überraschend und schlagartig ausbricht, wie das neu entfachte Feuer im Backofen auflodert (V.6).

In V.6 scheinen Bild- und Sachzusammenhang besonders eng verzahnt. Ein Indiz dafür könnte das Nomen אפהם sein. Nach massoretischer Vokalisierung ist אֹפֵהֶם - "ihr Bäcker" zu lesen. Schwer verständlich daran ist das Suffix der 3.m.pl. an אֹפֶה -warum "ihr Bäcker"? Man hat das Problem zu lösen versucht, indem man zu אַפְּהֶם -"ihr Grimm"- umvokalisiert hat.[2] Nun - es paßt beides: der Bäcker hat seinen Platz im Bildzusammenhang (vgl. V.4), der "Grimm" (אף) fügt sich gut zu den Vokabeln, mit denen das Verhalten der handelnden Subjekte gekennzeichnet ist. Vielleicht liegt in der Tat - wie Rudolph vermutet [3]- ein "Wortspiel" mit אפה und אף vor.

---

[1]Vgl. schon B. Duhm, Anmerkungen, S. 25; H.W. Wolff, Hosea, S. 159 mit landeskundlicher Literatur.

[2]H.W. Wolff, a.a.O. S. 136.

[3]Rudolph, Hosea, S. 149.

Das weitere bedarf keines Bildes mehr:

ואכלו את שפטיהם כל מלכיהם נפלו

Zunächst fällt der Wechsel von der vorhergehenden Formation x-yiqtol zur Formation w=qatal auf. Beide Formationen haben hier die Funktion, generelle Sachverhalte auszudrücken.[1] Auch die Schlußaussage, der Nominalsatz - Partizip אין קרא בהם אלי, konstatiert einen Zustand.[2] Überhaupt erzählt der Text keinen Vorgang, jedenfalls keinen einmaligen, progresshaften. Verbalsätze (V.3,4,7) sind mit Nominalsätzen (V.4a, 6b, V.7b) zu einer Schilderung verwoben, die nur ein Interesse zu haben scheint: auszumalen, "wie es zugeht".

Wo geht es so zu? Mit welcher Besetzung wird so gespielt? Der Ort scheint einigermaßen deutlich: der Königshof, die Hauptstadt; auch die Gelegenheit: יום המלך, sei dies nun "die Jahresfeier der Krönung oder der Geburtstag des Königs oder sonst ein Staatsfeiertag".[3] Deutlich sind auch die mehr passiven Teilhaber der Szene: מלך ... ושרים (V3), bzw. שפטיהם und מלכיהם (V.7). Wer aber sind die handelnden Subjekte, deren Verhalten dem des Backofens gleicht? Gewiß - es mögen "Verschwörer" sein.[4] Nur - <u>wer</u> sind diese Verschwörer? Wolff zieht die "Priester" (vgl. Hos 6,9) in Erwägung. Auszumachen sei dies aber nicht. Der Text nennt keine bestimmten, handelnden Subjekte. Bei Hosea ist dies kein Zufall. In diesem Buch fallen - abgesehen von der Überschrift (1,1) und dem Jesreelwort (1,4) - an keiner Stelle bestimmte Namen, etwa der eines Königs oder hohen Beamten. Hosea nennt Gruppen der führenden Schichten, Priester, שרים, Könige.

Wer also sind die handelnden Subjekte in Hos 7,3-7? Wenn man allein die Szene, die der Text ausmalt, zur Antwort auf die Frage heranzieht, kann es sich nur um Leute handeln, die Zutritt zum engeren Kreis um den König haben, um Angehörige der führenden Schicht, aus der auch eben jene שרים und מלכים stammen, von deren Ende unser Text spricht. Mit einem Wort: Die Führungsschicht verzehrt sich selbst.

Die historische Stunde dieser Staatskrise, - besser gesagt - Staatspara-

---

[1] H. Irsigler, Einführung, S. 160.

[2] Vgl. H.W. Wolff, Hosea, S. 144; R. Meyer, Gram III, § 101.

[3] Rudolph, a.a.O. S. 149.

[4] A.a.O. S. 150, nur daß man schwerlich das Hapaxlegomenon לצצים als sicheren Beleg dafür heranziehen kann.

lyse, läßt sich recht genau angeben. Im Anschluß an A. Alt[1] hat sie H.W. Wolff - den Textkomplex Hos 5,8 - 7,16 als "kerygmatische Einheit"[2] voraussetzend - bestimmt: "Es ist der Zeitpunkt des Jahres 733, in dem Tiglat-Pileser III. von Norden her in den obersten Jordangraben eingefallen war..."[3]. Eine Folge dieses Einfalls war der Zusammenbruch der syrisch-ephraimitischen Koalition und damit das Ende von König Pekach, der "von seinen eigenen Leuten gestürzt (wird)...". Eben dieser Umsturz stehe dem Propheten in Hos 7,7b vor Augen, zumal "der Ausdruck 'a l l e ihre Könige fallen' besser verständlich" werde "als bei jedem der drei vorherigen Königsmorde in den zwölf voraufgehenden Jahren..."[4]
Dieser historischen Ortung des Textes kann sicherlich zugestimmt werden. Nur - es scheint Hosea nicht um diesen einen Königsmord allein zu gehen. Er ist nur einer in einer ganzen Reihe und nur ein - wenn auch herausragendes - Symptom der allgemeinen Krise der Herrschaftsordnung des Nordreichs.
In diesem Zusammenhang fällt auch die Wortwahl auf: ואכלו את שפטיהם
Das Verbum אכל kann auch im Bildzusammenhang des תנור und seines Feuers gesehen werden.[5]
Der Herrschaftsapparat verzehrt sich selbst. Wie gesagt, Hosea scheint am Typischen, ja Unausweichlichen des Geschehens interessiert zu sein. Noch in einer anderen Hinsicht könnte dies gelten. Der abschließende Nominalsatz, dessen konstatierender Charakter offenkundig ist, stellt die Vorgänge in einen weiteren Bezug: Die Verbindung zu Jahwe ist abgerissen. Dies scheint dem Text wichtigstes Symptom und Begründung der Vorgänge gleichermaßen zu sein.
Mit dem Zusammenhang von "Staatskrise" und "religiöser Krise" werden wir uns im folgenden beschäftigen.

---

[1] A. Alt, Hosea, 5,8.

[2] H.W. Wolff, Hosea, S. 138.

[3] A.a.O. S. 140.

[4] Ebd.

[5] "Verzehrendes Feuer" - vgl. Ex 3,2; 23,25, Lev 6,3; Zeph 1,18; Sach 9,4.

2.2.3 Das Kalb und die Könige
Der Zerfall der Legitimität und das Ende des Nordreichs

Hosea hat im Jesreelwort (Hos 1,4) und im Bildwort vom Backofen (7,3-7) die Krise, ja die Auflösung der Herrschaftsordnung Israels festgestellt und beschrieben. Verbunden waren diese Beschreibungen mit Hinweisen auf die "religiöse Krise". Israels Herrschaft, das Königtum und die es umgebende führende Schicht sind nicht mehr im Sinne Jahwes legitim.
Es sind vor allem drei Texte, in denen die Illegitimität der Könige Israels zur Sprache kommt:[1]

Hos 8,4: "Sie machen Könige, aber nicht von mir,
sie bestellen שׂרים , doch ohne daß ich es weiß."

Hos 10,3: "Ja, jetzt sprechen sie: Wir haben keinen König,
denn Jahwe fürchteten wir nicht,
und der König - was tut er für uns?"

Hos 13,11: (Jahwe spricht selbst)
"Ich gab dir einen König in meinem Zorn
und nahm ihn weg in meinem Grimm."

Vor allem der zuletzt zitierte Text war es, der W.H. Schmidt und andere vor ihm zu dem Schluß veranlaßten, das Königtum sei in Hoseas Augen eine Institution, die als solche "ohne oder gar gegen Gottes Willen eingeführt ist."[2]
Ausgangspunkt unserer Diskussion ist die folgende Beobachtung: Die drei zitierten Polemiken gegen die nichtlegitime Herrschaft stehen in engem Zusammenhang gegen einen ebenfalls nichtlegitimen Kult in Israel. Eine hervorragende Rolle spielt dabei der עגל , der "Jungstier", das "Kalb" (Hos 8,5; 10,5; 13,2).
Konnte das heißen: Wenn die Könige und die שׂרים[3] nicht von Gnaden Jahwes sind, von wessen Gnaden sind sie dann, etwa von Gnaden des עגל und seines Kultes?
In welchem Sinne immer die Legitimitätsproblematik in der Krisenzeit des

---

[1] Zu Text und Übersetzung der Zitate siehe unten 2.2.3.2.

[2] W.H. Schmidt, Kritik, S. 450.

[3] Wir verzichten hier und im folgenden auf eine Übersetzung des Begriffs und damit auf eine institutionale Bestimmung der so genannten Funktionsträger. Ausführlich diskutieren werden wir sie unten, 2.3.1.

späten Nordreichs darzustellen sein wird - der zu beobachtende Zusammenhang scheint für sie signifikant zu sein.
Wir werden ihm in zwei Arbeits- und Überlegungsgängen nachgehen. In einem ersten Durchgang 2.2.3.1 werden wir die historische Bedeutung, den religionsgeschichtlichen Charakter des nordisraelitischen Stierkultes, insbesondere aber die Stellung Hoseas zu diesem Kult untersuchen.
Auf Grund der Ergebnisse des ersten Arbeitsganges wird im zweiten (2.2.3.2) die Signifikanz des עגל und seines Kultes für die Legitimitätsfrage anhand der drei Texte Hos 8, 1-14; 10,1-8; 13,1-11 zu entfalten sein.

2.2.3.1 Das Stierbild in Israel

2.2.3.1.1 Zur Geschichte des עגל im Zeugnis des AT

Ein Blick ins Lexikon zeigt, daß der Terminus עגל in einer Reihe von Belegen eine ganz bestimmte, eng begrenzte Bedeutung hat: Er meint einen "Jungstier als Kultbild".[1] Es ist, soweit wir sehen können, communis opinio der neueren Forschung, daß dieser "Jungstier" in den überlieferten atl. Belegen auch historisch und örtlich ein ganz bestimmtes Kultbild meint: Das Kultbild des Heiligtums von Bet-El, möglicherweise auch das von Dan. Jedenfalls gilt dies für die folgenden Belege: 1Kön 12,28.32; 2Kön 10,29; Hos 10,5[2].
So sicher der Bericht 1Kön 12,25-32 eine spätere, tendenziöse Bearbeitung erfahren hat[3], die die kultpolitischen Maßnahmen Jerobeams I. als dessen "Sünde" (d.h. Einrichtung eines nichtjahwistischen Kultes) darzustellen bestrebt ist, so wenig kann doch die historische Richtigkeit des Berichts in Zweifel gezogen werden: Jerobeam hat in Bet-El (und Dan?) einen Kult eingerichtet, dessen materiales Zentrum ein stiergestaltiges Bild war. Über Reichweite und Charakter dieser Maßnahme besteht keine völlige Klarheit. H. Motzki hält die Angaben über das Bild in Dan für unhistorisch.

---

[1] KBL S. 679.

[2] Vgl. W. Zimmerli, Bilderverbot, S. 250; J. Debus, Sünde, S. 35-47; M. Noth, Könige, S. 281ff; H. Motzki, Stierkult, S. 474-477; K. Jaros, Die Stellung, S. 366ff.

[3] Judäischen und/oder jerusalemer Ursprungs? vgl. J. Debus, a.a.O. S.41.

"Lediglich die Erhebung Bethels zum Zentralheiligtum des Nordreichs, der dort befindliche Stier, Priester, die keine Leviten waren und eventuell das Herbstfest im 8. Monat können als historisch angesehen werden."[1]

Unstrittig ist auch, soweit wir sehen, daß zwischen dem Bericht von 1Kön 12 und der Erzählung vom "Goldenen Kalb" Ex 32 (vgl. dazu Dtn 9, 16.21 und die späteren Summarien Ps 106, Neh 9) ein enger Zusammenhang besteht. M. Noth hat die Ansicht vertreten, Ex 32 setze "die Maßnahme Jerobeams als gegeben voraus" und müsse "von 1Kön 12,28b in irgendeiner Weise abhängig sein".[2] Demgegenüber gewinnt seit W. Beyerlins Untersuchung die umgekehrte Sicht an Boden: Die Erzählung vom Goldenen Kalb sei in der in Ex 32,1-6 verarbeiteten Tradition dem Bericht von 1Kön 12,28 überlieferungsgeschichtlich zumindest gleichzuordnen, und zwar habe diese Tradition "den spätestens unter Jerobeam praktizierten Stierkult zu Bet-El von seinem Ursprung her erklären wollen".[3] Demnach wäre Ex 32 nichts anderes als eine in ihrer vorliegenden Gestalt im gleichen Sinne wie 1Kön 12 tendenziös bearbeitete Kultätiologie des Stierkultes von Bet-El. Im gleichen Sinne - wenn auch mit anderen Argumenten - äußern sich W. Zimmerli und H. Motzki.[4] Wenn wir uns den letztgenannten Autoren anschließen, so hat dies für die Einschätzung des Heiligtums von Beth-El besonders folgende Konsequenz: Sein Kult ist religionsgeschichtlich mindestens ebenso gut begründet wie der jerusalemer Ladekult.[5]

Noch einen Schritt weiter geht H. Motzki: Er spricht sich "für die Frühdatierung der Aaroniten und damit des bethelschen Stierkultes in die vorstaatliche Zeit"[6] aus. Damit wäre die "Erhebung Bethels zum königlichen Heiligtum" durch Jerobeam I. eine restaurative Maßnahme.[7]

All diesen Überlegungen liegt ein breiter Konsens darüber zugrunde, daß der Kult von Bet-El in vorstaatlicher wie zur Zeit des Nordreichs seinem

---

[1] H. Motzki, Stierkult, S. 476.

[2] M. Noth, Könige, S. 284; Vgl. schon, ders. Exodus, S. 202; ders., Überlieferungsgeschichte, S. 158.

[3] W. Beyerlin, Sinaitradition, S. 147, Vgl. O. Eißfeldt, Lade, S. 296.

[4] W. Zimmerli, Bilderverbot, S. 252; H. Motzki, Stierbild, S. 478.

[5] W. Zimmerli, a.a.O. S. 251.

[6] H. Motzki, Stierbild, S. 479; vgl. auch M. Noth, Könige, S. 289.

[7] H. Motzki, a.a.O. S. 485.

Selbstverständnis nach ein jahwistischer Kult gewesen ist.[1] Diese Annahme wird u.E. vor allem dadurch wahrscheinlich, daß weder in der Elijaüberlieferung noch bei Amos der Gott von Bet-El polemisch erwähnt wird. Elija polemisiert und agiert auf breiter Front gegen den Baalskult und andere Fremdgötter (1Kön 18f; 2Kön 1,1-8). Das Reichsheiligtum von Bet-El spielt bei alledem keine Rolle.

Amos polemisiert zwar mit scharfen Worten gegen die Opferzeremonien, insbesondere gegen deren Teilnehmer und Funktionäre, aber eben "nicht gegen die Kulteinrichtungen",[2] geschweige denn gegen den dort verehrten Gott oder dessen Repräsentanz, den עגל (vgl. Am 4,4f; 5,5f; 7,10-17).

Ja, noch nicht einmal "bei der Revolution des Jehu, die von den konservativen Rekabiten und prophetischen Kreisen getragen, bzw. unterstützt wurde, und der darauf folgenden Kultussäuberung, wird Bethel"[3] erwähnt.

So mag das Reichsheiligtum des Nordreichs (Am 7,13; כי מקדש מלך היא - "Ja, hier ist das königliche Heiligtum") den Jahweverehrern bis in die Zeit des Amos, also bis zur Mitte des 8. Jahrhunderts, aus mancherlei Gründen verdächtig gewesen sein, der Gott dieses Heiligtums und seine Repräsentanz waren es bis dahin nicht.

Dieser Schluß ist e silentio gezogen. Er kann entscheidend gestützt werden durch die Kultformel, die in der gesamten Überlieferung mit dem עגל verbunden ist: 1Kön 12,28b: הנה אלהיך ישראל אשר העלוך מארץ מצרים
Ex 32,4: אלה אלהיך ישראל אשר העלוך מארץ מצרים

Die Formel steht in den beiden Belegen im Plural.

Wenn diese Formel in die Tradition der Kultätiologie gehört, dann ist sie wohl "der Kultruf"[4] des Jungstierbildes. Als solcher ist sie ursprünglich im Singular zu denken.[5] So gesehen ist dieser Kultruf jedoch höchst orthodox. Ein so prädizierter Gott ist mit keinem anderen Gott unter den

---

[1] H. Motzki, a.a.O. S. 476; Zimmerli, Bilderverbot, S. 250ff; Für einen Baalskult hält ihn - ohne Begründung - G. Östborn, Jahwe, S.15. Eine Repräsentanz des Mondgottes vermutet L.R. Bailey, Calf. Die neu erschienene Monographie D. Kinet, Baãl und Jahwe, geht auf den Kult von Bet-El nicht ein.

[2] H.W. Wolff, Amos, S. 260.

[3] H. Motzki, a.a.O. S. 477.

[4] W. Zimmerli, Bilderverbot, S. 250.

[5] H. Motzki, Stierkult, S. 479; W. Zimmerli, a.a.O. S. 250, Anm. 17; M. Weippert, Gott und Stier, S. 104; vgl. die singularische Formulierung Neh 9,18. Wenn die Notiz Ri 2,1-5 eine Kultätiologie für Bet-El darstellt, so spielt auch in ihr die Exodustradition die entscheidende Rolle; vgl. K. Galling, Bethel, S. 30.

Göttern, die in Israel je eine Rolle gespielt haben, verwechselbar. Er ist der Gott des Exodus.

Es liegt selbstverständlich in der polemischen Tendenz der Geschichte vom Goldenen Kalb wie des Berichts von Jerobeams Kultgründung, die Blasphemie hervorzuheben, die darin besteht, die Zentralaussage israelitischer Theologie mit einem oder gar zwei Jungstierbildern zusammenzubringen. Die Schärfe der Polemik ist es allerdings auch, die für den modernen Historiker Zeugnis sein könnte für die ursprüngliche Orthodoxie des nordisraelitischen Reichskults in seinem zentralen Theologumenon. Anstoß der späteren Polemik konnte nicht der inhaltliche Aspekt dieser Theologie sein, sondern eben nur der Jungstier.

Einem besseren Verständnis der Kontroverse um den Jungstier soll die folgende religionsgeschichtliche Zwischenüberlegung dienen.

2.2.3.1.2 Religionsgeschichtliche Aspekte des Stiers als Gottessymbol und Kultbild

Kaum eine Figur - abgesehen von den Gestirnen - war in den Kulten des Alten Orients von Ägypten bis in den Iran vom 4. Jahrtausend bis in die römische Zeit hinein als kultische Figur so verbreitet wie der Stier.[1]

Der Stier war nicht nur international verbreitet, sondern auch vielgestaltig und polyvalent. So kann der folgende Überblick, den wir vor allem im Anschluß an M. Weipperts Aufsatz "Gott und Stier" zu geben versuchen, nur einige wenige Linien der Phänomenologie des Stierbildes nachzeichnen. Als Grundlinie kann wohl dies gelten: "Treten Tiere in religiösem Kontext auf, so spielen sie in Mesopotamien und Syrien gewöhnlich die Rolle von Trägern oder Begleitern der im übrigen anthropomorph dargestellten Gottheit."[2]

Als literarisches und ikonographisches Epitheton ist der Stier im kanaanäischen Bereich besonders in Ugarit nachzuweisen. In den mythologischen Texten aus Ugarit trägt der Götterkönig El neben anderen den Namen "ṯr'l" - "Stier El".[3] Ikonographisch ist das Epitheton durch die sogenannte Hör-

---

[1] Vgl. den summarischen Überblick bei W.v.Soden, Art. Stierdienst, RGG[3] IV, Sp. 372f.

[2] M. Weippert, Gott und Stier, S. 97.

[3] W.H. Schmidt, Königtum, S. 23Anm6; Weippert a.a.O. S. 102; H. Gordon, Textbook S. 501f.

nerkrone manifestiert, wie sie etwa der thronende El aus dem Sanktuar des westlichen großen Tempels von Ugarit trägt.[1]
Fest ist auch die Verbindung der Stiergestalt und seiner Symbole mit dem syrischen Baal. In der ugaritischen Mythologie kann Baal mit einem Stier verglichen werden oder in Stiergestalt agieren.[2] Die Hörnerkrone ist auch bei Baalsdarstellungen aus dem syrischen Raum nachweisbar.[3]
Besonders interessant ist für uns hier eine bei O. Keel wiedergegebene Siegelabrollung aus Tell Mardikh (Abb. 1).[4] Sie zeigt eine Figur des gehörnten Baal mit erhobener Keule. Daneben ist ein kleines Postament, möglicherweise ein Altar, mit den Umrissen eines ruhenden Stiers zu erkennen. Diese mittelbronzezeitliche Siegelabrollung aus dem alten Ebla vereinigt zwei verschiedene - wenn auch eng aufeinander bezogene - Verwendungen der Stiergestalt. Diese fungiert in Gestalt der Hörnerkrone als ein Epitheton des anthropomorphen Gottes. Die Darstellung des Gottes mit seinen Insignien (Keule und Hörnerkrone) bietet gewissermaßen eine auf äußerste Kürze reduzierte "Theologie" des Baal. Der auf dem Postament ruhende Stier hingegen - der vor ihm stehende Beter spricht dafür - könnte das Kultbild sein. (Keel spricht neutraler vom "Kultsymbol".[5]) Diese Stiergestalt wäre damit als Kultgegenstand die unmittelbare materiale Repräsentanz des menschengestaltigen Gottes. Auch der Stier allein als Kultbild ist ikonographisch belegt (Abb. 2).[6]
Der Grad der Wahrscheinlichkeit dieser Hypothese läßt sich beträchtlich erhöhen durch den Grabungsfund aus dem sogenannten "Orthostatenheiligtum" des spätbronzezeitlichen Hazor. Man hat im Allerheiligsten dieses Tempels eine kleine bronzene Stierstatuette gefunden, die - den Fortsätzen an den Hufen nach zu urteilen - auf einem Podest fest angebracht war (Abb. 3).[7]

Im Hof desselben Tempels - allerdings ein Stratum tiefer - wurden die

---

[1]ANEP Abb. 493.

[2]W.H. Schmidt, a.a.O. S. 6 Anm. 9; K. Jaros, Die Stellung, S. 353ff.

[3]Vgl. etwa ANEP Abb. 490.

[4]O. Keel, Bildsymbolik, S. 192, Abb. 290.

[5]Ebd.

[6]A.a.O. S. 212, Abb. 318. Die Abb. zeigt ein hethitisches Orthostatenrelief des 15. Jh.a. aus Aladscha Hüyük.

[7]Y. Yadin, Hazor, S. 94f, Tafel XXb; ders., Hazor III-IV, Plate CCCXLI (Abb. 3).

Fragmente eines Steinreliefs (Abb. 4) gefunden,[1] das einen aus dem syrischen Raum wohlbekannten Bildtypus (Abb. 5)[2] zeigt: Auf einem Stier steht eine menschliche Figur, die ein Schwert oder einen Stock in der Hand hält sowie ein Emblem, das kreisumschriebene Strahlenkreuz, auf der Brust trägt. Das Strahlenkreuz ist ein Astral - möglicherweise das Sonnensymbol und weist die dargestellte menschliche Figur als den Gott des Heiligtums aus. Y. Yadin kommt zu dem Schluß: "... it (scil. die Figur) narrows down the posibilities of identification of the Orthostat Temple's deity. The emblem and the bull together indicate that it must be Hadad, the stormgod, whatever his actual name was in Hazor."[3] Der Typus "Gott auf dem Stier" ist nicht der einzige ikonographische Typus des syrischen Wettergottes mit dem Stier als Symbol. Daneben spielt auch der Typus "Stier am Halfter" (Abb. 6)[4] eine Rolle.

Für uns ist zunächst wichtig, daß wir hier - in situ eines Heiligtums - unsere Vermutung zu der Siegelabrollung aus Tell Mardikh bestätigt sehen: Es finden sich im Orthostatentempel von Hazor die bildliche Darstellung des Gottes und seiner theologischen "essentials" - das Kultsymbol, und die unmittelbare materiale Repräsentanz des Gottes - das Kultbild. Die Relation der beiden Elemente untereinander und zum verehrenden Menschen kann aus der Bildanordnung des Siegels von Ebla deutlich werden:

Der abgebildete Beter verehrt deutlich den Gott; zwischen beiden - dem Beter und dem Gott - steht die Repräsentanz des Gottes, das Kultbild.[5]

Zurück zum Stier von Bet-El. Man tendiert in jüngerer Zeit dazu, ihn im

---

[1]Yadin, Hazor, S. 83-85, Tafel XXa; ders. Hazor III-IV, Plate CCCXIV (Abb. 4).

[2]Vgl. ANEP, Abb. 500, 501, 531. Die Belege stellen Hadad dar. Vgl. auch A. Vanel, Dieu de l'Orage.
Unsere Abb. 5, die aus H. el Safadi, Entstehung, Tf. II*, 1 entnommen ist, zeigt ein frühes Exemplar des Typus.

[3]Y. Yadin, Hazor, S. 95.

[4]Abb. aus H. el Safadi, Entstehung, Tf. XXII*, 155. Die Abb. zeigt ein syrisches Rollsiegel aus dem II. Jahrtausend v.Chr. Vgl. auch: A. Moortgart, Rollsiegel, S. 50ff, Nr. 523.

[5]Einen ähnlichen Doppelaspekt des Stierbilds formuliert - ebenfalls ausgehend von dem Rollsiegel aus Ebla - K. Jaroš: "Das Stierbild zwischen Beter und Gottheit ist einerseits Zeichen der Repräsentanz des Gottes für den Menschen und andererseits ein Zeichen, dessen, was der Mensch von dem Gott erwartet: Fruchtbarkeit." K. Jaroš, Die Stellung, S. 360.

1

2

3

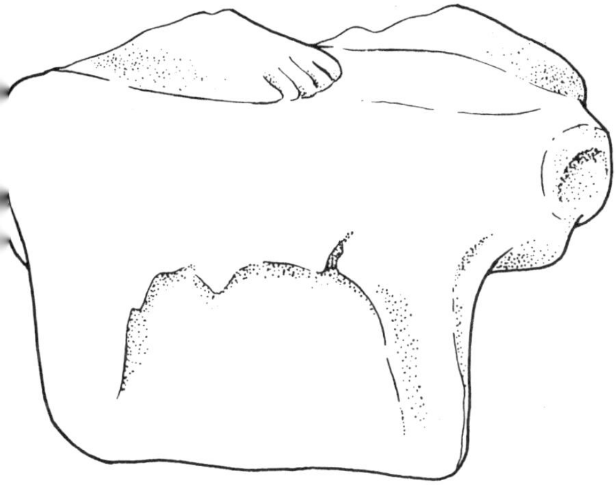

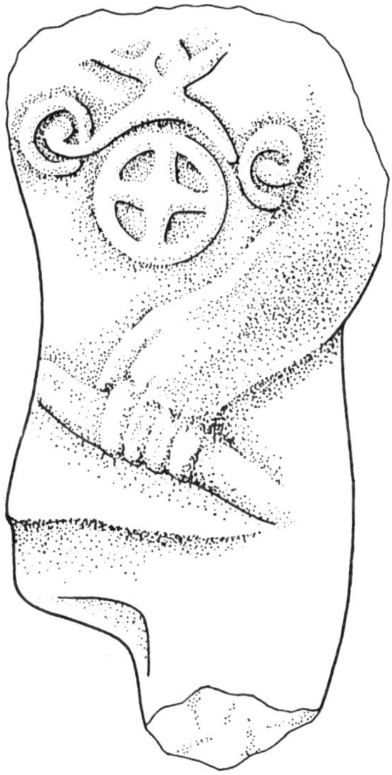

4

5

6

Anschluß an den Bildtypus des "Gottes auf dem Stier" zu interpretieren.[1] Nach M. Noth spricht "mindestens die überwiegende Wahrscheinlichkeit dafür..., daß die 'Kälber' Jerobeams nur als Postamente eines nicht abgebildeten Gottes verstanden werden sollten."[2]
Der Gott wird damit unmittelbar über dem Stier präsent gedacht.[3] Diese Interpretation ist mit dem oben an Hand des Siegels aus Ebla und des Orthostatentempels von Hazor entwickelten Modells prinzipiell vereinbar. Das Modell mit seinen beiden konstitutiven Elementen der Bildhaftigkeit des Gottes (Kultsymbol/Kultbild) kann auch auf das Stierbild von Bet-El angewandt werden. In der bildlichen Darstellung des Gottes auf dem Stier kommen bestimmte theologische Momente zum Ausdruck: Die Präsenz, die "Kraft und Herrschaft" des Gottes (so für El[4]), Leben und Fruchtbarkeit im Falle Baals.[5] Auch bestimmte Eigenschaften Jahwes können in das Stierbild aufgenommen werden.
Damit verbunden, aber in ihrer Funktion zu unterscheiden, sind die Kultbilder, die auch für Bet-El bezeugt sind (מסכה , vgl. Hos 8,4b;13,2). Wie wäre nun die Verbindung Jahwes mit dem Stierbild als Kultsymbol und Kultbild religionsgeschichtlich zu denken?
Es ist zunächst denkbar, daß das Heiligtum von Bet-El erst durch die kultpolitischen Maßnahmen Jerobeams sein theologisches Gesicht und Gewicht gewann, die ihm für die Dauer des Nordreichs eigneten. Jerobeam und seine geistlichen Berater hätten damit nicht nur einen klugen und für den Bestand des Reiches notwendigen Schachzug getan, - vergleichbar der Überführung der Lade nach Jerusalem durch David. Die Erhebung des traditionsreichen Lokalheiligtums zum Reichsheiligtum und seine Ausstattung mit dem Stierbild hätte ein theologisches Datum gesetzt, dessen Bedeutung in der bewußten Verbindung des Stiersymbols mit dem Gott des Exodus liegt.

---

[1] Der Vorschlag O. Eißfeldts, der die Analogie zu einer Stierstandarte aus Mari zieht, hat sich, wohl zu Recht, nicht durchgesetzt, O. Eißfeldt, Lade, S. 301. Neuerdings spricht sich K. Jaroš, Die Stellung, S. 368, wieder für den Vorschlag Eißfeldts aus.

[2] M. Noth, Könige, S. 283; Vgl. H.Th. Obbink, Jahwebilder, S. 267ff; Zimmerli, Bilderverbot, S. 251; Weippert, Gott und Stier, S. 103.

[3] Dies entspricht der "Präsenztheologie" der jerusalemer Lade. Vgl. W. Zimmerli, Bilderverbot, S. 249 ff, mehr dazu oben 2.2.3.2.2.

[4] W.H. Schmidt, Königtum, S. 6.

[5] O. Keel, Bildsymbolik, S. 192ff.

Demgegenüber scheint es uns jedoch historisch wahrscheinlicher, eine theologische Kontinuität von der vorstaatlichen Zeit in die Königszeit hinein anzunehmen. J. Debus rechnet u.E. zurecht mit der Möglichkeit, "daß auch andere Gottessymbole - also z.B. das Stierbild; oder Mazzeben und Ascheren, die aus der kanaanäischen Umwelt in die Jahwereligion aufgenommen worden waren - unangefochten neben der Lade verehrt werden konnten."[1]

Für Bet-El präzisiert H. Motzki: "Den Namen Beth-El, 'Behausung des El', nach zu schließen, war die heilige Stätte in kanaanäischer Zeit dem El geweiht...Offenbar liegt aber dem Stierkult der israelitischen Religion ein Assimilationsprozeß zugrunde, der von der kanaanäischen Elverehrung ausgehend über das Stadium der Väterzeit schließlich mit der Konsolidierung des Jahwismus in einer Verschmelzung Els mit Jahwe gipfelte."[2] Dabei scheint uns der Hinweis Motzkis auf die Bileamsprüche von besonderem Gewicht zu sein. Es heißt dort in einer offensichtlich festen Redewendung in Num 23,22 und Num 24,8 nahezu gleichlautend:

אל מוציאם (מוציאו) ממצרים כתעפת ראם לו

"El, der sie (ihn) aus Ägypten geführt hat, ist wie das Horn des Wildstiers für ihn."

Im Zusammenhang ist El, der Wildstier, der Gott des Exodus ein Gott, der Israel-Jakob vor seinen Feinden und Verfolgern verteidigt. Num 24,8 fährt fort: "Er wird die Völker, seine Verfolger, verzehren, und ihre Gebeine zermalmen...". Der El, von dem hier die Rede ist, ist kaum "der Freundliche, El, der mit Gemüt", der "deus otiosus" von Ugarit.[3] Es ist genuin der Gott des Exodus, von dem es im Mirjamlied heißt: "...Roß und Streitwagen warf er ins Meer" (Ex 15,21).

Die beiden Zitate aus den Bileamsprüchen zeigen so u.E. mindestens dies: das Wesen des Gottes vom Exodus und das Stierprädikat waren sich nicht immer so fremd, wie es die prophetische Literatur vermuten läßt.[4]

Ein Stierbild aus Symbol und Kultbild Jahwes scheint uns so durchaus im Bereich der Wahrscheinlichkeit.

Ein letztes soll hier zur Sprache kommen: Ein Vergleich des Gottes des Exodus, wie er in den Bileamsprüchen prädiziert und möglicherweise in

---

[1] J. Debus, Sünde, S. 43.

[2] Motzki, Stierbild, S. 484.

[3] W.H. Schmidt, Königtum, S. 7f.

[4] J. Hempel, Jahwegleichnisse, S. 25f.

Betel verehrt wurde, mit dem El von Ugarit macht wahrscheinlich, daß nicht etwa nur die Jahwereligion "kanaanisiert" wurde, sondern daß auch umgekehrt Elemente kanaanäischer Religion und Theologie auf palästinensischem Boden "jahwisiert" wurden. Dies zu betonen scheint uns besonders im Zusammenhang des Stiers von Betel wichtig.[1] Kein Zweifel: so international und polyvant das Stierbild im Alten Orient als theologisches Epitheton und als Kultbild ist, - in der engeren Umwelt Israels ist es vorwiegend von dem "nordsyrisch-nordmesopotamisch-kleinasiatischen Gewitter- und Vegetationsgott"[2] besetzt.

Dennoch stellt sich das Urteil Noths über das Heiligtum von Betel auf einen Standpunkt, der so - wie gleich zu zeigen sein wird - erst seit Hosea formuliert ist. Noth hält es für "offenkundig", daß mit der "Verbindung des Gottes Israels mit dem Stier als Symbol der Kraft und Fruchtbarkeit" ... "eine akute 'Kanaanisierung' der Gottesverehrung Israels erfolgt war...". Ihr sei "durch die offiziellen Schritte Jerobeams kräftig Vorschub geleistet"worden.[3]

2.2.3.1.3 Hosea und der Kult von Bet-El

Hoseas "Kultkritik" zielt sehr viel weiter, als nur auf den Stier von Bet-El. Hosea konstatiert eine tiefgreifende Krisis des Gottesverhältnisses Israels.

Das Hoseabuch bietet dafür eine breite Symptomatik.[4] Israel feiert Baalsfeste (2,15), geht der sakralen Prostitution nach (4,14), bringt Opfer auf den Höhen und unter Bäumen, errichtet Altäre und Mazzaben und schließlich: es stellt "Bilder" her (Hos 4,17; 8,4ff: עצבים 10,2: מסכה). Hoseas Bestandsaufnahme ist ebenso umfassend wie sein Resümee: Israel ist nicht

---

[1] O. Keel, Jahwevisionen, S. 43 präzisiert für die Bilderproblematik: "Alles was man bis heute als Jahwebild interpretiert hat, ist typisch kanaanäischer Machart. Wenn solche Figurinen in einem israelitischen Stratum gefunden werden, können sie...höchstens kraft einer 'interpretatio israelitica' zu Jahwebildern geworden sein..."

[2] O. Keel, Bildsymbolik, S. 192. O. Keel, Jahwevisionen, S. 43 hat im Zusammenhang von "Leerem Thron und Bilderverbot" den Schluß nahegelegt, daß es "keine genuin jahwistische Ikonographie" gegeben habe. Ob und in welcher Hinsicht der Stier ein genuines Jahwebild gewesen ist, könnte u.E. noch diskutiert werden.

[3] M. Noth, Könige, S. 284.

[4] Vgl. dazu den Überblick bei H.G. May, Fertility Cult.

mehr Jahwes Volk (vgl. Hos 1,8f). Auch Hoseas Stellung zum Kalb von Bet-El steht in dieser umfassenden Perspektive.
Um dieser Perspektive noch etwas näher zu kommen, scheint es notwendig, sie aus der negativen Kurzformel des לא עמי in ein ausgeführtes theologisches Problem umzusetzen. Den Ansatz dazu soll wiederum die programmatische Spruchsammlung Hos 2,4-17 bieten.
Jahwe führt ein Verfahren gegen seine ungetreue Frau - Israel. Der Gegenstand des Verfahrens ist Israels Anhänglichkeit an die "Liebhaber". Nach Hos 2,10.15 (und weiterhin 2,18; 13,1) sind diese Liebhaber "Baale".

Der eigentliche theologische Konflikt scheint jedoch in der Frage zu bestehen, wer Israels Existenz im Kulturland garantiert. Dieser theologische Konflikt ist für Israel nicht neu. Um genau dieselbe Frage geht es in der sogenannten "Dürreerzählung" in der Elijatradition 1Kön 17f (1Kön 17,1-6; 18, 1-2a.17-18a.41-46)[1]. Ihren spezifischen Charakter als Konflikt zwischen Jahwe und Baal erhält die Dürreerzählung durch die Verbindung mit der Karmelgeschichte.[2] Das Ergebnis der beiden Erzählzusammenhänge ist in zweifacher Weise zu formulieren: Jahwe erweist seine Macht positiv dadurch, daß er für Regen sorgt und der Dürre ein Ende macht (1Kön 17,41ff-Schluß der "Dürreerzählung"), negativ dadurch, daß er Baal und seine kultischen Repräsentanten als nichtig erweist (Karmelgeschichte).
Beides ist zusammengefaßt in dem Ausruf des Volkes: יהוה הוא האלהים - "Jahwe, er ist der Gott!" - (1Kön 18,39). Das "Hinken des Volkes nach beiden Seiten" (1Kön 18,21) hat damit ein positives Ende gefunden. Israel ist gewissermaßen nach der richtigen Seite umgefallen.
Zu einem genau entgegengesetzten Ergebnis gelangt - bei vergleichbarer Problemlage - das Hoseabuch: Israel ist nach der falschen Seite umgefallen. "Israel hat sich in Baal verschuldet" (Hos 13,1b). Was in der Nordreichsprophetie des 9. Jahrhunderts noch ein Konflikt mit offenem Ausgang, ja mit der Möglichkeit einer positiven Lösung war, ist für Hosea im 8. Jahrhundert negativ entschieden.
Von Hoseas Angriff ist auch Bet-El betroffen. Dies geht hervor aus Hos 4,4-19. Der Text ist zunächst dadurch ausgezeichnet, daß er eine be-

---

[1] O.H. Steck, Elija-Erzählungen, S. 9-31;78-83.
[2] A.a.O. S. 81f.

stimmte Gruppe in Israel für dessen theologische Krise verantwortlich macht: die Priester. Sie haben das "Wissen" von Gott abgelehnt und vergessen (4,6). So kommt der "Hurengeist" (4,12) über das Volk. Als Orte, an denen dieser "Hurengeist" herrscht, sind die alten benjaminitischen Heiligtümer Gilgal und Bet-El (in der polemisch-herabsetzenden Form בית און) namhaft gemacht. Hos 4,15, wo diese Namen fallen, ist in Textüberlieferung und Inhalt so schwierig, daß sein Wortlaut mit Sicherheit wohl kaum mehr aufzuklären ist.[1] Das Stichwort זנה beherrscht den Kontext des Verses. An Israel wird die Mahnung gerichtet:
ואל תבאו הגלגל ואל תעלו בית און - "Geht nicht nach Gilgal, und kommt nicht nach Bet-awän!" Über den Heiligtümern soll der Name Jahwes nicht im Schwur genannt werden:
ואל תשבעו חי יהוה
Was bedeutet es für das Heiligtum, unter ein derartiges Verdikt zu geraten? Dazu soll noch einmal die Stellung der Vorgänger Hoseas zu den genannten Orten rekapituliert werden.
Bei den Propheten des 9. Jahrhunderts fehlt jede Polemik sowohl gegen Gilgal als auch gegen Bet-El. Aus 2Kön 2,2f und 1Kön 13, 11f geht mit Sicherheit hervor, daß Bet-El Sitz von Propheten und "Prophetenscharen" war. Auch die hervorragenden Gestalten Elija und Elischa kommen mit dem Ort in Berührung (2Kön 2,2f).[2]
Nirgends wird Bet-El im Zusammenhang des Konflikts genannt, den Elija und seine Nachfolger mit Vertretern und Anhängern der Baalsreligion auszufechten hatten. Dieser Konflikt konzentriert sich - lokal und institutionell - auf die Königsresidenzen. Die Dürreerzählung nennt die omridische Residenz Jesreel (1Kön 18,46), die Jehuerzählung spielt zunächst in dem königlichen Heerlager Ramot Gilead (2Kön 9,1), später in Jesreel (9,16), schließlich in Samaria (10,10ff).
Der Befund entspricht den bevölkerungs- und herrschaftspolitischen Verhältnissen im Nordreich, die zur Religionspolitik der Omriden, besonders Ahabs geführt hat. Es ging in dieser Politik eben darum, "nicht nur dem israelitischen, sondern auch dem kanaanäischen Bevölkerungsteil des Nordreichs Rechnung zu tragen".[3] Dabei könnte dem Dualismus der omridischen

---

[1] Vgl. die Textanmerkungen z.St. bei H.W. Wolff, Hosea; W. Rudolph, Hosea.
[2] Vgl. dazu und zu Gilgal K. Galling, Bethel, S. 143ff.
[3] O.H. Steck, Elija-Erzählungen, S. 66.

Residenzen[1] auch ein Dualismus der Reichsheiligtümer entsprochen haben. So hat sich wohl die Ausübung des kanaanäischen Kultes auf den von Ahab in Samaria errichteten Baalstempel (1Kön 16,32; 2Kön 10,18ff) konzentriert, während der jahwistische Reichskult der ממלכות בית ישראל sich im מקדש מלך zu Bet-El abgespielt haben dürfte.
Wir wissen nicht, welches Schicksal der Baalskult von Samaria nach der Zerstörung seiner Kultstätte durch Jehu gehabt hat. Bet-El jedenfalls ist nach dem eindeutigen Zeugnis von Am 7,10-17 israelitisches Reichsheiligtum geblieben, und zwar auch in den Augen des Propheten Amos. Er beruft sich vor dem "Priester von Bet-El" Amazja auf einen Auftrag Jahwes (Am7,15b): לך הנבא אל עמי ישראל - "Geh, tritt als Prophet hin vor mein Volk Israel!". Amos geht nach Bet-El. Hier ist offenbar der Ort, im Auftrag und Namen Jahwes vor das "Volk Israel" zu treten, nicht in Samaria, Jesreel, Gilgal, Dan oder an irgendeinem anderen Ort. Grundsätzlich also scheint die Stellung Bet-Els als Reichsheiligtum bei Amos unangefochten. Umso schärfer sind die Konflikte konturiert, die sich im Rahmen dieses Grundsatzes entfaltet haben: Wer "vertritt" Jahwe in diesem Heiligtum: das Königshaus und sein Priester oder unmittelbar beauftragte Prophet (Am 7,10-17)?[2] Sind die Wallfahrten nach Bet-El und Gilgal sowie ihre Riten nichts anderes als פשע , d.h. "Aufruhr gegen Jahwe" (Am 4,4f)?[3]
Amos bestreitet Bet-El bereits die Funktionen als Jahweheiligtum, noch nicht seinen Charakter im Grundsatz. Hosea hat diesen Rubikon überschritten. Die oben besprochene Stelle Hos 4,15 - terminologisch vielleicht noch in den Bahnen des Amos[4]- verbietet das Ausrufen des Namens Jahwes an diesem Ort. Der Zusammenhang dieser Stelle mit dem Wort gegen die Priester (Hos 4,4ff) läßt vermuten, daß bei Hosea ein ähnlicher institutionaler Konflikt im Hintergrund steht wie in der Amazjaszene bei Amos (vgl. dazu unten 2.3.3.3.3.) Grundsätzlich ist der Konflikt jedoch dort "umgekippt", wo Hosea zwischen Bet-El und Jahwe keinen Zusammenhang mehr sieht, - weder positiv noch negativ.

---

[1]Vgl. dazu oben S. 77f.

[2]Vgl. auch Am 5,4f; H.W. Wolff, Amos, S. 280.

[3]H.W. Wolff, a.a.O. S. 258.

[4]Vgl. Wolff, Hosea, S. 113-Am 5,5.

Am deutlichsten kommt dies wohl in Hos 10,5[1] zum Ausdruck:

(5a) לעגלות בית און יגורו שכן שמרון

"Die Kälber von Bet Awän verehren die Einwohner Samarias."

Der Satz macht deutlich: es stimmt nichts mehr. Bet-El ist Bet Awän, statt des "meines Volkes Israel" bildet der שכן שמרון, das Volk des Stiers (5b), die Gemeinde. H.W. Wolff hält dafür, daß Hosea mit שמרון nicht "an die Landschaft Samarien" denkt, sondern an die "repräsentativen Kreise der Königsstadt".[2] Diese haben sich des Heiligtums bemächtigt. Das Reichsheiligtum der Größe "Israel" hat als solches zu bestehen aufgehört. Der "Stadtstaat Samaria" hat "Israel" verdrängt. Dies kommt auch zum Ausdruck in der zunächst überraschenden Wortwahl von Hos 8,5: זנח עגלך שמרון - "Verstoßen ist dein Jungstier, Samaria".[3] Stand in Samaria der Jehudynastie ein Stierbild? Noth u.a.[4] vermuten dies. Samaria ist jedoch ansonsten nicht als Standort eines solchen Bildes bezeugt. So werden wohl die im Recht sein, die "auch hier an das von Jerobeam I. errichtete Kultbild...denken..."[5]. Der Stier in Bet-El ist in den Augen Hoseas der Stier Samarias.

Der entscheidende Punkt scheint uns jedoch der zu sein: Bei aller Polemik gegen die Wallfahrts- und Opferpraxis in Bet-El, scheint Amos Jahwe noch für den "Kultherrn" von Bet-El zu halten. Immerhin ergeht noch von ihm der - wenn auch polemisch verfremdete - Kultbescheid (Am 5,21f). Bei Hosea sind es עגלות, denen die Verehrung gilt (Hos 10,5).

Unter dem religionsgeschichtlichen Aspekt, den wir oben entfaltet haben, bedeutet dies zunächst, daß die Repräsentanz an die Stelle des Repräsentierten getreten ist. Der Stier hat aufgehört, als theologisches Epitheton und kultische Repräsentanz des Gottes vom Exodus zu dienen. Er ist selbst Gegenstand des "Gottes-Dienstes" geworden. Der Kult von Bet-El ist gott-los geworden.

In diesem Kontext kann auch Hos 13,1ff gestellt werden:[6] In Hos 13,4

---

[1]Vgl. unten 2.2.3.2.2.

[2]H.W. Wolff, Hosea, S. 179, vgl. S. 228.

[3]Vgl. die ausführliche Untersuchung des Textes unten 2.2.3.2.1.

[4]M. Noth, GI, S. 212.

[5]H.W. Wolff, Hosea, S. 180; vgl. W. Rudolph, Hosea, S. 164.

[6]Vgl. die ausführliche Untersuchung des Textes unten 2.2.3.2.3.

stellt sich Jahwe in einer Kurzform der Einleitungsformel des Dekalogs vor: ואנכי יהוה אלהיך מארץ מצרים (4a).
Vgl. Ex 20,2: אנכי יהוה אלהיך אשר הוצאתיך מארץ מצרים...
Die Formel steht in offensichtlichem Gegensatz zu dem in den Einzelheiten schwer deutbaren Gerichtswort Hos 13,1-3. Zunächst heißt es dort:
ויאשם בבעל.. (13,1b) "Ephraim" wurde schuldig durch Baal"; und weiter: ויעשו להם מסכה (13,2a) - "sie machten sich ein Gußbild" -
עגלים ישקון (13,2b) - "Stierbilder küssen sie".[1]
Die Anklage ist nach der inhaltlichen Struktur der ersten beiden Gebote des Dekalogs in seiner vorliegenden deuteronomistisch überarbeiteten Fassung (Ex 20,3-5) aufgebaut.[2] Im Spiegel der Anklageform kombiniert Hosea das Fremdgötterverbot (Ex 20,3 לא יהיה לך אלהים אחרים על פני - Hos 13,1b ויאשם בבעל וימת) mit dem Bilderverbot (Ex 20,5 לא תעשה לך פסל... - Hos 13,2a... ויעשו להם מסכה).
Die Anklage und der scharfe Kontrast zur Selbstvorstellung Jahwes in Hos 13,4 lassen die theologische Lagebeurteilung Hoseas deutlich werden: Allgemein ist sie zunächst so zu formulieren: Der in Israel verehrte Gott ist nicht Jahwe, der Gott des Exodus. Schon dies trifft den Kult von Bet-El in seinem Zentrum. Dazu kommt die Argumentation mit dem Bilderverbot: Die Verehrung des oder der Stiere hat nichts mit diesem Gott zu tun. Kultsymbol und Kultbild von Bet-El ist vom Epitheton und Repräsentanten des Gottes vom Exodus zum "Götzen" depraviert. Dies unterstreicht die "rationalisierende Argumentation" in 13,2ß מעשה חרשים כלם (scil. die Götzen) alle"-, die zu einem Standardargument atl. Götzenpolemik wird.[3]
Man hat versucht, die Wendung Hoseas gegen das Stierbild als einen gewissermaßen spontanen Anwendungsfall des Bilderverbots zu verstehen. So W. Zimmerli: "Was in früheren Generationen - bis hin zu Amos - unverfäng-

---

[1]Es ist wohl berechtigt, die Stichworte von Hos 13,2 מסכה und עגלים auf das Stierbild von Bet-El zu beziehen. Als מסכה wird das "Goldene Kalb" auch in Ex 32,4.8 (vgl. Dtn 9,16; Neh 9,18; Ps 106 19) bezeichnet. Unter den עגלים ist nicht das (oder die) zentrale(n) Kultbild(er) zu verstehen, sondern "das vielfach wiederkehrende Muster kleiner Bronzestatuetten" (Wolff, Hosea 292, vgl. 178f), hergestellt für den privaten Gebrauch.

[2]Vgl. zum folgenden: W. Zimmerli: Zweites Gebot, S. 238-246.

[3]Vgl. Hos 8,6; zum Problem der "Götzenpolemik": H.D. Preuss, Verspottung, S. 280ff.

lich zu sein schien, enthüllt sich dem auf die innere Liebesbeziehung Israels zu seinem Gott dringenden Propheten Hosea als abscheulicher Verstoß gegen das Gebot der Bildlosigkeit des Jahwedienstes."[1] Uns will scheinen, daß die Wendung Hoseas gegen die Bilder nicht Ursache, sondern Folge seines Urteils über den Kult von Bet-El ist.[2] Dieses Urteil aber scheint uns wesentlich bestimmt durch folgende Einschätzung:
Die Kultgemeinde von Bet-El ist nicht mehr der עם ישראל . Es dominiert der שכן שמרון , das Volk des Stiers. Bet-El ist als Reichsheiligtum nicht mehr das Heiligtum des Volkes Jahwes. Der Gott Israels, der Gott des Exodus hat Bet-El verlassen. Diejenigen, die ihm zugehörig sind, haben ihn vergessen. Die legitime Beziehung zwischen Staatsgott und Staatsvolk ist zerbrochen.
In Bet-El zurückgeblieben ist der Götze Stier. Angesichts der Polyvalenz des Stiersymbols - es war eben auf Jahwe und Baal anwendbar - dürfte es nicht leicht fallen, zu entscheiden, bis zu welchem Grad dieses Symbol die "Baalisierung" der bet-eler Theologie signalisiert.[3] Die Affinität dieses Symbols zu Baal eröffnet diese Möglichkeit nach zwei Seiten: für den שכן שמרון , die Kultgemeinde von Bet-El, einerseits und für die theologische Polemik des Hosea andererseits.

---

[1]W. Zimmerli, Bilderverbot, S. 253.

[2]Auf breiter Basis hat O. Keel, Jahwevisionen, S. 37-45 das Bilderverbot als eine Folgeerscheinung erklärt. Die Voraussetzung des Bilderverbotes seien zunächst das "kultursoziologische Substrat" (S.44) einer fehlenden Jahwe-Ikonographie, sodann der Ausschließlichkeitsanspruch Jahwes. Beide Momente verdichteten sich erst dann zu einer "bewußten Ablehnung" von Götterbildern, als Jahwe in Konkurrenz zu Göttern mit ausgeprägter Ikonographie trat. Demnach wäre das Bilderverbot gewissermaßen eine Entdeckung der theologischen Jahweapologeten in ihrem argumentativen Kampf gegen nicht-jahwistische Götter und Theologien.

[3]Vorsichtig formuliert H.W. Wolff: "...wo doch für Hosea Jungstierkult Baalsdienst bedeutet (13,1f)." Hosea, S. 182.

2.2.3.2 Der Zerfall der Legitimität der Herrschaftsordnung

2.2.3.2.1 "Sie machen Könige, aber nicht von mir..." - Hos 8,1-14

Die für unseren Zusammenhang zentralen Aussagen finden sich in Hos 8,4f:

הם המליכו ולא ממני השירו ולא ידעתי
כספם וזהבם עשו להם עצבים למען יכרת

זנח עגלך שמרון חרה אפי בם
עד מתי לא יוכלו נקין

Zunächst einige Bemerkungen zum Text. Nach formal-sprachlichen Kriterien gehören die Verse 4f zusammen, V. 4a wird eingeleitet durch ein betont vorangestelltes הם .
Das pluralische Subjekt erscheint wieder in den Afformativen der Verben המליכו und השירו ; es wird aufgenommen in den Suffixen an כספם und זהבם , im Afformativ des im Verbums עשו , sowie in der Verbindung להם. V.5 nimmt das Subjekt von V.4 auf in der Verbindung בם und im Verbum יוכלו.
Syntaktisch bietet V.4a Schwierigkeiten. Der Halbvers besteht aus vier Sätzen, die je paarweise parallel sind. Unproblematisch erscheinen die beiden Vordersätze הם המליכו und השירו [1]: "Sie machen Könige" und "sie machen šarim". Unklar jedoch ist der syntaktische Bezug der beiden Nachsätze. Der Nominalsatz ולא ממני kann als unvollständiger Nominalsatz aufgefaßt werden. Es fehlt ein zweites Glied - das Subjekt. Was wäre zu ergänzen? Aus dem Kontext ergeben sich zwei Möglichkeiten. Zunächst kann an ein bestimmtes Subjekt gedacht werden - also etwa: מלכיהם - "ihre Könige" - oder הם- "Sie" -. Es kommt aber auch ein Infinitiv in Frage[2] - also etwa: הַמְלִיךְ - "Königsmachen". Die beiden Möglichkeiten ergeben zwei in ihrer Akzentsetzung unterschiedliche Sinnzusammenhänge:
Wäre als bestimmtes Subjekt מלכיהם zu ergänzen, so wäre die ganze Phrase so zu verstehen:
"Sie machen Könige, und/aber ihre Könige sind nicht von mir."
Wäre als Infinitiv "Königsmachen" hinzuzudenken, so wäre die ganze Phrase so zu verstehen:
"Sie machen Könige, - aber (sie tun dies) nicht von mir."

---

[1] Die Erklärung der Form als Hif. von שׂרר kann als gesichert gelten; vgl. Rudolph, Hosea, S. 157.

[2] Vgl. R. Meyer, Gram.III, §§ 90, 102,2.

Im ersten Falle liegt der Akzent auf der Qualifikation der Personen, die Könige werden, sie sind "illegitim". Im zweiten Falle liegt der Akzent auf dem Handeln der Personen, die Könige machen, das Handeln dieser Personen ist "illegitim".
Ganz ähnlich stellt sich das Problem für den zweiten Nachsatz ולא ידעתי .
Für diesen Verbalsatz fehlt das Objekt. Wen oder was kennt/weiß Jahwe nicht? Sind es die śarim, die durch "sie" bestellt werden, oder sind es Akt und Umstände der Bestellung?
Wir meinen, daß der Kontext für beide Nachsätze die jeweils zweite der genannten Möglichkeiten nahelegt.
V. 4b und 5b (und darüberhinaus V.9 המה עלו) machen Aussagen über das Handeln jener Subjekte, die in V.4a durch הם eingeführt worden waren. Um "sie" und ihr Handeln geht es also wohl auch in den beiden Nachsätzen von V.4a. Der ganze Halbvers ist als direkte Rede aufzufassen. Dafür spricht das Suffix der 1. Person an ממני und das "Ich" als Subjekt des Verbalsatzes ולא ידעתי .
In V.5 schaltet sich ein zweites Subjekt אפי ein. Das Suffix der 1. Person an diesem Subjekt, sowie das Suffix der zweiten Person an עגלך machen V.5 - wie schon V.4 - als direkte Rede - doch wohl Jahwes - erkennbar.

Schwierig ist weiterhin das einleitende זנח . Eine Änderung des Konsonantenbestandes etwa zu אזנח[1], ist willkürlich. So bleiben als Möglichkeiten das Partizip Passiv זָנֻחַ oder der Imperativ זְנַח . Eine sichere Entscheidung ist nicht möglich. Wir halten das Passiv für wahrscheinlicher. Der Kontext spricht überwiegend von Sachverhalten. Ein Appell scheint weniger am Platze[2]. Nicht ohne weiteres unterzubringen ist auch der kurze Satz לְמַעַן יִכָּרֵת in V.4b. Wörtlich ist zu übersetzen "damit zerschlagen wird". Das Subjekt ist offen. Denkbar und wahrscheinlicher ist die Beziehung auf "ihr Silber und ihr Gold".
Zu übersetzen wäre demnach Hos 8,4f:
"Sie machen Könige, aber (sie tun es) nicht von mir.
Sie bestellen śarim, doch ohne daß ich (ihr Tun) weiß.
Aus ihrem Silber und ihrem Gold verfertigen sie sich Götzenbilder,
damit (es) zerschlagen wird.
Verstoßen ist dein Jungstier, Samaria.

---

[1] J. Wellhausen, Kleine Propheten, S. 120.

[2] Mit W. Rudolph, Hosea, S. 157, gegen Wolff, Hosea, S. 169.

Es glüht mein Zorn gegen sie.
Wie lange sind sie unfähig zu Reinheit?"

Könige, śarim und die Götzenbilder, besonders der Jungstier, sind hier als Hervorbringungen ein- und desselben Handelns dargestellt, des Handelns jener Subjekte, die V.5a kurz "Samaria" nennt. Der Akzent liegt auf dem Handeln jener Subjekte.

Man wird von daher vorsichtig sein müssen, die Intention der Aussage in einer "condamnation de la royauté"[1] zu sehen. Verurteilt wird weder der König, noch die śarim als solche; verurteilt wird auch nicht, daß "sie" Könige und śarim einsetzen; verurteilt wird, daß "sie" dies ohne Jahwe tun.

Der Text gibt auch keinen Hinweis darauf, welche Umstände die Einsetzung der Könige und śarim illegitim erscheinen lassen. Immerhin ist es wahrscheinlich, daß die Akteure - Gold und Silber steht ihnen zur Verfügung - mit jenen herrschenden Kreisen des Nordreichs identisch sind, über deren Zustände Hos 1,4, das Jesreelwort, und Hos 7,3-7, das Bildwort vom Backofen ins Bild setzten.

Nun stehen die verse Hos 8,4f nicht allein. Sie stehen vielmehr im Kontext der größeren Überlieferungseinheit Hos 8,1-14.[2] In diesem Kontext ist dann auch ihre Problematik zu sehen.

Den Auftakt bildes das "Drohwort"[3] Hos 8,1-3. Wir gehen hier auf die Mehrzahl der Probleme die dieser Spruch aufwirft[4], nicht ein. Unumgänglich ist jedoch die Frage, an wen das Drohwort gerichtet ist und von wem es ausgeht. Es setzt ein mit einer anonymen Aufforderung: "An deinen Mund das Horn", gefolgt von der Feststellung "Wie ein Geier über dem Haus Jahwes". Die enklitischen Personalpronomina der 1. Person in V.1b, besonders aber V.2a (לי יזעקו -"zu mir schreien sie.") legen es nahe, Jahwe als den Sprecher zu denken, und zwar für den gesamten Zusammenhang der Verse 1-3. Er wendet

---

[1] A. Caqout, Royauté, S. 138.

[2] Vgl. H.W. Wolff, Hosea; W. Rudolph, Hosea; A. Weiser, ATD 24; jeweils z.St.; anders etwa: K. Marti, Dodekapropheton, S. 61ff; J. Wellhausen, Kleine Propheten, S. 119ff.

[3] H.W. Wolff, Hosea, S. 171.

[4] Ist dieser Halbvers der früheste prophetische Beleg einer Bundestheologie? Vgl. dazu L. Perlitt, Bundestheologie, S. 146ff.

sich wohl an den Propheten.[1] Der Prophet soll Alarm blasen, weil das "Haus Jahwes" bedroht ist.
Der Terminus בית יהוה meint hier mit wenigen anderen Belegen (Hos 9,15; Jer 12,7, Sach 9,8) nicht den Tempel, sondern Jahwes Land - das Land in dem Israel lebt. Der "Geiergleiche", der über diesem Land drohend schwebt, wird allgemein auf die permanente assyrische Invasionsgefahr bezogen.[2]
Die Begründung des Drohworts (1bf יען !) drängt eine verzweigte Argumentation auf äußerste Kürze zusammen: לי יזעקו - "sie schreien zu mir". Das Verbum זעק meint zunächst den Hilfeschrei des durch irgendeine akute Not bedrängten Einzelnen (vgl. Ex 2,23; 1Sam 4,13; 5,10), dann aber besonders den Schrei des durch fremde Völker bedrohten Volkes zu Jahwe (Ri 3,9.15; 6,6; 10,10.14; 1Sam 7,8f; Jer 11,11f u.ö.). In diesen deuteronomistischen Belegen des Richterbuches und der Samuelüberlieferung beantwortet Jahwe den Hilfeschrei des Volkes mit der Einsetzung eines Retters, der Israel aus der akuten Bedrängung befreit. Um einen Hilfeschrei in diesem Sinne handelt es sich wohl auch in Hos 8,2.[3]
Jahwe hört den an ihn gerichteten Hilferuf nicht. Der Appell "Wir kennen dich" (2b) bleibt ungehört, ja er scheint selbst in den Begründungszusammenhang aufgenommen, der ausläuft in den lapidaren Satz: "Israel hat Gutes verstoßen" (3a) und die ebenso lapidare Feststellung "ein Feind wird ihn verfolgen" (3b).
Zu dem Drohwort stehen die folgenden Verse (4-14) in Relation.[4] Sie zählen Tatbestände auf, die den allgemeinen Satz "Israel hat Gutes verstoßen" Stück um Stück belegen und die Bedrohung durch den "Feind" auf diese Tatbestände hin qualifizieren. V.6 nimmt noch einmal das Thema "Stierbild" auf (vgl. V.5).[5] Es wird als menschliches Machwerk dargestellt, das nicht Gott sein kann. Sein Schicksal ist besiegelt: כי שבבים יהוה עגל שמרון - "Ja, in Trümmer geht der Jungstier Samarias". Darauf folgt ein zweiglied-Weisheitsspruch, der den "unlöslichen Zusammenhang von gegenwärtiger Tat

[1] Anders H.W. Wolff a.a.O. S. 170; Wolffs Vorschlag, im Angeredeten einen "militärischen Befehlshaber" zu sehen, setzt ein sehr kompliziertes Szenarium voraus.

[2] Vgl. die Kommentare.

[3] Anders H.W. Wolff, a.a.O., S. 177.

[4] Vgl. H.W. Wolff, Hosea, S. 171.

[5] Wir halten uns im folgenden an die von H.W. Wolff vorgeschlagene Textgestalt; vgl. H.W. Wolff, a.a.O. S. 168ff.

und künftigem Ergehen"[1] betont:

"Ja, sie säen Wind und mähen Sturm,
Ein Halm ohne Sproß bringt kein Mehl, -
Bringt er doch, so werden es Fremde verschlingen." (V.7)

Israel bringt nichts Gutes hervor - es trägt die Folgen. Dabei leitet der letzte Satz ("Fremde werden es verschlingen") aus der weisheitlichen Bildrede zum nächsten Sachverhalt über:

"Verschlungen ist Israel,
Jetzt sind sie unter den Fremdvölkern
Wie ein wertloses Ding.
Ja, sie sind nach Assur hinaufgezogen.
Ein Wildesel bleibt für sich - sie spenden Liebesgeschenke.
Selbst wenn sie Liebesgeschenke empfangen unter den Völkern
Will ich sie nun zusammentreiben,
Daß sie sich unter der Last der Könige der Fürsten winden." (VV.8-10)

Der in den Einzelheiten sehr schwierige Text hat jedenfalls das Verhältnis Israels zu den Völkern und zwar besonders zur Großmacht Assur zum Thema.

Der historische Hintergrund sind die wechselnden - teils freiwilligen, teils erzwungenen - Bündnisse des späten Nordreichs mit den umgebenden Mächten. Hier könnte die "Unterwerfung unter die Großmacht (scil. Assur) durch Hosea ben Ela im Jahre 733..."[2] im Blick sein. V.10 zeigt die Konsequenz dieser Unterwerfung; sie führt in völlige Abhängigkeit und Deportation. Hosea sieht damit nicht mehr voraus, als von der neuassyrischen Annexionspolitik zu erwarten war. Diese Politik verlief nahezu schematisch. Sie führte von der Vassalität zur Unterwerfung, zur Annexion des Staatsgebietes und schließlich zur Deportation der Bevölkerung.[3] Für das Nordreich war die Vassalität zum Neuassyrischen Reich spätestens seit 738 gegeben.[4] Nachdem der Auflehnungsversuch der "syrisch-ephraimitischen Koalition" gescheitert war, begannen die Assyrer mit der Annexion israelitischen Territoriums (733).[5]

Die Verse 11-13 kehren zur Thematik des Kultes zurück. Es wird u.a. konstatiert: (11a) "Ja - Ephraim vervielfacht die Altäre...". Es sind jedoch

---

[1]Wolff, Hosea, S. 182.

[2]A.a.O. S. 183.

[3]Vgl. dazu H. Donner, Israel, S. 2ff.

[4]Vgl. M. Noth, GI, S. 237ff; M. Haran, Rise, S. 294; früher datiert S. Herrmann, GI, S. 301ff.

[5]Vgl. J. Begrich, Krieg; H. Donner, a.a.O. S. 59ff; vgl. auch unten S. 125.

"Altäre zum Sündigen". Dagegen gilt Ephraim die "Weisung" Jahwes wie etwas "Fremdes". Die Konsequenz wird in einer Aussage angedeutet, die unten (vgl. 2.3.2.2.3) noch Gegenstand ausführlicher Erörterung sein wird: "Sie werden nach Ägypten zurückkehren" (V.13). Eine neue Unterdrückung in fremden Lande steht bevor.
Der abschließende V.14 prangert den Ausbau der Städte und ihrer Paläste in Israel und Juda an - eine Thematik, die bei Amos ausführlich erscheint (Am 6,8; 3,12 vgl. unten 2.3.3.3.1).
Auch Städte und Bauwerke stehen unter der Bedrohung: "Ich werde Feuer in seine Städte senden, und es wird seine Wohnburgen fressen."
Soweit der Überblick über die inkriminierten Tatbestände und deren Konsequenzen. Er zeigt, daß die Wendung Hoseas gegen Könige, śarim wie gegen den "Jungstier" keineswegs isoliert zu sehen sind. Das Handeln Israels ist in einem weiten Spektrum im Blick. Dabei wird in allen Bereichen des Spektrums - innere Herrschaftsordnung, Außenpolitik, Kult und Lebensgestaltung - ein gemeinsamer Faktor bedacht: der Bruch mit Jahwe.
Von besonderem Interesse ist dabei, daß das Volk von sich aus diesen Bruch offenbar nicht realisiert. Dafür spricht die Hinwendung an Jahwe in Notschrei und Appell (8,2).
In engster Verbindung zum Bruch mit Jahwe steht die - wohl schon unmittelbar gegenwärtige - Bedrohung des Landes durch die Assyrer.
Endogene Krisen und exogene Bedrohung werden zu einem synchronen Horizont zusammengesehen. Der Text qualifiziert den Zusammenhang nicht ausdrücklich.
Hoseas Formulierung ist von apodiktischer Kürze:
(V.3) זנח ישראל טוב אויב ירדפו
"Verstoßen hat Israel Gutes, ein Feind wird ihn verfolgen."

2.2.3.2.2 "Wir haben keinen König..." - Hos 10,1-8

Inhaltlich stehen sich Hos 8,1-14 und Hos 10,1-8 recht nahe. Hier wie dort geht es um die "Altäre Ephraims" (Hos 8,11-10,1f.8), den König (8,4a-10,3f.7), den Jungstier (8,5f - 10,5f), den Tribut an Assur und die drohende Deportation (8,9f - 10,6).
Der Abschnitt ist als ein in sich geschlossener Sinnzusammenhang anzusehen.[1] Dies ergibt sich u.E. zweifelsfrei aus den Rahmenversen 1f und 8.

[1] Vgl. H.W. Wolff, Hosea, S. 223; gegen Rudolph, Hosea, S. 190.

Das Thema dieser Verse ist die Existenz Israels im Kulturland. Das üppige Leben im Lande läßt Israel Altäre und Mazzeben bauen (1b). Diesen Altären droht, wie dem gesamten Kulturland die Verwüstung (2b/8).[1]

(1) "Ein üppiger Weinstock ist Israel.
Dementsprechend bringt es Frucht -
entsprechend der Menge seiner Früchte
hat es den Altären viel zugewandt,
entsprechend der Schönheit seines Landes
hat es die Mazzeben schön gemacht."

(2) "Es hat sein Herz trügerisch gemacht.
Jetzt sind sie schuldbeladen.
Er aber wird ihre Altäre zerbrechen,
zerstören ihre Mazzeben."

...

(8) "Vernichtet werden die Höhen des Frevels, Israels Sünde.
Dornen und Disteln werden auf ihren Altären wachsen.
Sagen werden sie zu den Bergen: Bedeckt uns!
Und zu den Hügeln: Fallt über uns zusammen!"

Der Standort des Sprechers ist durch עתה (V.2a) syntaktisch genau markiert. Was die Situation bis zu diesem Standort gekennzeichnet hat, ist in Nominalsätzen (1a) bzw. perfektiven Verbalsätzen (zweimal mit der Formation x-qatal, V.1a; einmal qatal V.2a) notiert.[2] Was "jetzt" gilt (עתה יאשמו 2a) ist durch die Formation x-yiqtol als genereller Sachverhalt markiert, was eintreten wird, steht als x-yiqtol/yiqtol-x (V.2b), bzw. w-qatal (V.8). Mit diesem "Jetzt" des Sprechers sind auch die folgenden Verse (3-6) eingeleitet, die es mit den Königen, dem Stierbild und dem Verhältnis zu Assur zu tun haben.

V.3f wendet sich einer Bestandsaufnahme des Königtums zu:

(3) כי עתה יאמרו אין מלך לנו
כי לא יראנו את יהוה והמלך מה יעשה לנו

(4) דברו דברים אלות שוא כרת ברית
ופרח כראש משפט על תלמי שדיי

(3) "Ja, jetzt sprechen sie: wir haben keinen König.
Denn wir fürchteten Jahwe nicht -
Und der König, was wird er für uns tun?"

---

[1] Zum Text vgl. Wolff a.a.O. S. 221f.

[2] Eine Ausnahme dieser Regel bildet allenfalls das yiqtol ישוה, es könnte sich jedoch bereits um einen Vorblick handeln (1a).

(4) "Worte machen, lügnerische Eide, Vertrag schließen. ..."[1]

Inhaltlich weist der Text eine Spannung auf. Es wird zunächst konstatiert (Nominalsatz!): "Wir haben keinen König." Ein Rückblick, eingeleitet wohl durch kausales כי , "Denn wir fürchteten Jahwe nicht" schließt sich an, darauf und hier liegt die Spannung, setzt ein mit der Formation w=x-yiqtol-LF konstruierter Verbalsatz fort: "Und der König, was wird er für uns tun?" Haben sie nun einen König oder nicht? Die Spannung ist lösbar, wenn man dieses Zitat der "vox populi" als Momentaufnahme einer jener vielen Herrscherwechsel nach 745 versteht.

Wir halten es für unwahrscheinlich, daß das Wort "als vom Propheten erwartetes künftiges Wort des Volkes" aufzufassen sei.[2] Das "Jetzt" von V.3 entspricht genau dem des Sprechers in V.2 - es bezeichnet den "gegenwärtigen Augenblick".[3]

Die Frage richtet also auf den - wieder einmal - neuen König. Was ist von ihm zu erwarten, "was wird er für uns tun?"

Zu erwarten sind "politische Absprachen". So ist das דברו דברים zunächst - im Anschluß an Jes 8,10 ("Haltet Rat und er wird vereitelt werden, trefft Absprachen, es wird nicht zustande kommen...) - erklärbar. Die Formulierung bei Hosea läßt zunächst offen, ob es sich um innenpolitische oder - wie in Jes 8,10 - um internationale Absprachen handelt.

Hingegen verweisen die Termini אלה und ברית u.E. durchaus präzise auf den internationalen Vertrag - den Vassalitätsvertrag. Im AT ist diese Be-

---

[1] V.4b scheint uns nicht mehr übersetzbar (vgl. J. Wellhausen, Kleine Propheten, S. 17 und 125). Wolffs Vorschlag (Hosea, S. 221) "so sproßt das Recht wie Gift in den Furchen der Ackerflur" scheitert u.E. an der Wortstellung des Konsonantentextes. כראש und die Phrase על תלמי ist durch משפט getrennt, so daß schwerlich eine konstruktus-ähnliche Verbindung angenommen werden kann. Rudolphs Vorschlag (Hosea, S. 193) ist u.E. ebenfalls nicht zu rechtfertigen. כראש heißt "wie Gift" nicht "wie durch ein Gift". Die althergebrachte Konjektur משפה für משפט in Anlehnung an Jes 5,7 ist willkürlich; vgl. schon Marti, S. 79.

[2] Wolff, Hosea, S. 227.

[3] Vgl. KBL 747. Wolff, Hosea, S. 226, weist auf den Unterschied zwischen den Belegen עתה +Pf (Hos 7,2;8,8) und den Belegen עתה +Impf (Hos 10,2.3) hin. עתה +Impf könne nicht auf die Gegenwart bezogen werden. Ein w=x-yiqtol als Ausdruck für einen generellen Sachverhalt der Gegenwart oder Zukunft scheint jedoch durchaus möglich, vgl. Hos 7,7; unten 2.2.2.2; vgl. H. Irsigler, Einführung, S. 160.

griffskombination in Ez 17,18 eindeutig auf einen derartigen Vertrag bezogen.[1] Es entspricht dem babylonischen riksu u mamitu - Termini technici der Staatsverträge.[2]

Wenn wir demnach die "Absprachen" auf die internationale Vertragspolitik des Nordreichs beziehen, so gibt es in den letzten Jahrzehnten des Reiches Israel insgesamt fünf bezeugte historische Haftpunkte:[3]

1. Der Vassalitätsvertrag Menachems mit Tiglat-Pileser (2Kön 15,19 ff),[4]
2. Israelitische Tribute an Tiglat-Pileser während dessen Feldzug zum Wadi el Arisch im Frühjahr 734,[5]
3. Die "syrisch-ephraimitische Koalition" gegen Tiglat-Pileser (733),
4. Der Vassalitätsvertrag Hosea ben Elas nach dem Zusammenbruch der Koalition und dem Sturz König Pekachs sowie der Annexion der nördlichen und westlichen Reichsgebiete,[6]
5. Die Einstellung der Tributzahlungen an Salmanassar V. und die verschwörerische Kontaktaufnahme mit Ägypten, die zur Einnahme Samarias und zum Ende des Nordreichs führt (2Kön 17,4ff).

Es sind also in mindestens zwei Fällen Vertragsbrüche israelitischer Könige verbürgt. Den katastrophalen Gang der Dinge konnten weder Verträge, die gehalten wurden, noch Vertragsbrüche aufhalten.

Hos 10,4 überliefert die Frage der "vox populi": "Was tut der König für uns?" Die Antwort: eben dies, was alle Könige jener Zeit taten oder zu tun gezwungen waren. Es ist - wenn wir recht sehen - nicht die Absicht des Textes, ein bestimmtes Ereignis zu kommentieren, sondern gerade das herauszustellen, was für alle Nordreichskönige typisch war. "Jetzt" ist auch von einem neuen König nichts anderes zu erwarten. Auffällig ist wiederum, daß die Begründung für das Geschehen weniger bei den Königen selbst gesucht wird, als im Verhalten des Volkes. "Sie" bekennen: "Wir haben Jahwe nicht gefürchtet".

---

[1] Vgl. dazu W. Zimmerli, Ezechiel I, S. 384f.

[2] Vgl. V. Korosec, Staatsverträge, S. 21ff; K. Baltzer, Bundesformular, S. 26; M. Weinfeld, Art. ברית TWAT I, Sp. 784f.

[3] Wir legen die Darstellung S. Herrmanns, GI, S. 301-313 zugrunde.

[4] Vgl. ANET, S. 282f.

[5] Vgl. S. Herrmann, GI, S. 306; A. Alt, Tiglat-Pileser.

[6] Vgl. A. Alt, System; 2Kön 15,29f; 17,3.

Die folgenden Verse 5f eröffnen einen neuen Themenkreis: Ereignisse um das Stierbild von Betel.

לעגלות בית עון יגורו שכן שמרון
כי אבל[1] עליו עמו וכמריו עליו
יגילו על כבודו כי גלה ממנו
גם אותו לאשור יובל מנחה למלך ירב
בשנה אפרים יקח ויבוש ישראל מעצתו

Zunächst zu V.5: Schwierigkeiten bereitet schon die Feststellung der Satzstruktur. Uns erscheinen folgende Einzelsätze bestimmbar:

לעגלות בית עון יגורו שכן שמרון (5a)

In V.5b können die beiden כי als strukturierende Elemente angesehen werden:

כי אבל עליו עמו... ($5b\alpha$)

...כי גלה ממנו ($5b\beta$)

Unklar ist zunächst der Bezug der Suffixe von עליו und עמו . Um wen "trägt sein Volk Trauer"? Die Versionen[2] setzen in V.5 statt עגלות (MT), einer fem.pl. Form, die masc. sg. Form עגל voraus. Damit wäre auch für die masc. Suffixe ein eindeutiger Bezug gewonnen, wodurch diese Möglichkeit an Wahrscheinlichkeit gewinnt.[3]

Die Syntax- und Bezugsprobleme werden noch diffiziler in den bisher noch unberücksichtigten Worten und Wortgruppen in V.5b:

וכמריו עליו יגילו על כבודו

Zunächst fordert יגילו ein Subjekt. Im Text, wie er vorliegt, steht dafür das Nomen כמריו zur Verfügung.[4] Es ergäbe sich daraus zunächst der Satz: וכמריו...יגילו . Daran anzuschließen ist ohne syntaktische Probleme על כבודו . Schwer unterzubringen ist allerdings das zweite עליו [5]. על ist in Verbindung mit גיל eine höchst ungebräuchliche Präposition (in

---

[1]Denkbar ist eine Haplographie des י, so daß יאבל Impf. zu lesen wäre, vgl. W. Nowack, Kleine Propheten, z.St.

[2]Vgl. Apparat BHS: LXX, Theodotion, Peschitta.

[3]Vgl. H.W. Wolff, Hosea, S. 222; anders W. Rudolph, Hosea, S. 195. R. beläßt עגלות als Abstraktum "Kalberei".

[4] כמריו als zweites Subjekt zu יאבל zu ziehen, scheint uns nicht möglich. כמריו fordert Plural auch am Verb; - gegen Marti, Dodekapropheton, z.St.

[5]Rudolph, a.a.O. S. 196 faßt עליו als selbständiges Verb in Analogie zu arab. ʿwl "klagen".

der Regel steht ב, wenn der Adressat des "Jubels" gemeint ist).
Von allen denkbaren Möglichkeiten scheint es gleichwohl die sinnvollste, וכמריו עליו יגילו על כבודו zu einem Satz zusammenzufassen, und zwar so, daß sich die Suffixe der 3. masc. sg. auf den עגל beziehen.
Nach Aufnahme der Ergebnisse unserer textkritischen und syntaktischen Diskussion stellt sich der Text folgendermaßen dar:

לעגל בית און יגורו שכן שמרון
כי יאבל עליו עמו
וכמריו יגילו על כבודו
כי גלה ממנו

Das inhaltliche Problem des Textes besteht darin, die mit den Verben גור, אבל und גיל gemeinten Tätigkeiten richtig zu erfassen.
Die Situation, in der diese Tätigkeiten vorzustellen sind, ist im Schlußsatz כי גלה ממנו präformiert: der כבוד des עגל ist entschwunden. Genauer gesagt: er ist "deportiert". Dies expliziert in aller Deutlichkeit V.6a:

גם אותו לאשור יובל מנחה למלך ירב [1]

"Auch ihn (scil. den Jungstier) selbst - nach Assur wird man ihn bringen als Geschenk für den Großkönig."
Steht der Text von V.5 in diesem Sinnzusammenhang, so wird die Tätigkeit, die besagte Verben wiedergeben, von einem Verlust bestimmt, sei es vom Verlust des כבוד oder des עגל selbst. Dazu paßt vor allem das Verbum אבל. Wenn אבל von Personen ausgesagt ist, so meint es in Qal und Hi "trauern" und zwar im Sinne der Totentrauer: "in Trauer sein", d.h. die Trauerzeit mit den dazugehörigen Bräuchen einhalten.[2]
Daneben jedoch ist eine breite Belegung zu verzeichnen, die אבל als Reaktion auf nationale Notstände vielfältiger Art ausweist (vgl. Ex 33,4; Num 14,39; 1Sam 6,19; 1Sam 15,35; Esr 10,6; Neh 1,4; Am 5,16; Jes 3,25f; Jer 6,26; 14,2; Klgl 1,4; Ez 7,26f; Jo 1,9f). Solche Notstände können sein: Kriegerische Bedrohung durch fremde Völker (Ex 33,4; Jer 6,26), Verlust von Männern durch Krieg oder Unglücksfall (Num 14,39; 1Sam 6,19; Jes 3,25f), Naturkatastrophen (Jer 14,2; Joel 1,9f).

---

[1] Der Text bedarf keiner Korrektur; es handelt sich um eine unpersönliche Passivkonstruktion, in der "das Objekt der aktivischen Konstruktion... im Akkusativ untergeordnet" ist. Vgl. GesK §121, a/b, Beispiele!

[2] Vgl. A. Baumann, Art. אבל TWAT I, Sp. 46ff.

Die trauernden sind meist ein Kollektiv: das Volk (העם , Ex 33,4; Num 14,39; 1Sam 6,19;), "ihre (scil. der Stadt) Tore" (Jes 3,26), Jerusalem/ Juda (Jer 6,26; 14,2). Auch bestimmte Amtsträger oder herausragende Persönlichkeiten können "in Trauer" um Tempel, Land und Volk sein (Ez 7,26; Jo 1,9f; 1Sam 15,35; Esr 10,6; Neh 1,4).
Trauert das "Volk" der " שכן שמרון ", in diesem Sinne um den Jungstier?

Die beiden anderen Verben גור und גיל gehören nicht ins Wortfeld von אבל.
גור meint "verehren" - vom Menschen zu Gott - und kann in enger Verbindung zu ירא "fürchten" stehen (vgl. Ps 22,23f; 33,8). Nach Ps 22,23f sind die יראי יהוה die Gemeinde, der קהל , in dessen Mitte der Name Jahwes kundgetan wird, wo er verehrt wird (גור). Analog kann Hos 10,5 verstanden werden. Der שכן שמרון zu Bet-El ist das Volk, die Gemeinde des עגל. Dabei wird man גור - wie ירא - nicht ausschließlich in einem technisch-kultischen Sinne verstehen können; die Verehrung schließt auch - wie der Kontext von Ps 33,8 (Schöpfertaten Jahwes) das Vertrauen auf die Macht des Verehrten ein.
Ein kultischer terminus technicus ist allem Anschein nach גיל[1]. Er signalisiert in der Regel freudige Akklamation. Die Kombination des גיל der "Götzenpriester" mit der Trauer des Volkes ist so nicht ohne weiteres verständlich. Man kann in Hos 10,5 גיל als "Verbum anceps" verstehen, so daß das Verbum hier - und nur hier! - nicht Jubel sondern "Klagegeschrei" bedeutet.[2] Man kann auch "bittere Ironie"[3] annehmen oder - wie in vielen Kommentaren - den Text zu ילילו - "sie klagen" ändern. Sicherheit wird kaum erreichbar sein. Wir meinen, daß das Moment der Trauer des Volkes um das Entschwinden des כבוד bzw. des עגל für den Sinnzusammenhang des Textes entscheidend ist. Von daher bestimmt sich auch die Bedeutung des Verbums גיל im gegenwärtigen Zusammenhang.
Kultgemeinde und Priester (הכמריו - Hosea verweigert den Titel כהן [4]) von Bet-El trauern um ihr Idol.
Worin besteht nun näherhin der Notstand?

---

[1]Näheres dazu vgl. unten 2.3.2.3.2.

[2]So W. Rudolph, Hosea, S. 196.

[3]So H.W. Wolff, Hosea, S. 228.

[4]Vgl. ebd.

Man hat den כבוד des Stierbildes als den Tempelschatz[1] oder den goldenen Überzug des Stierbildes[2] erklärt, die als Tribut abzuführen waren (vgl. 2Kön 18,15). Nun kann כבוד sicherlich Reichtum als materielles Gut (vgl. Gen 31,1 Ri 18,22 כבוד) bedeuten; auch die Pracht eines Gegenstandes kann damit bezeichnet sein (Jes 22,18).
Es erscheint uns allerdings sehr fragwürdig, ob der כבוד des Stierbildes in diesem Sinne im Blick ist. Der Text spricht von der "Verehrung" des Stierbildes. Kann man im Ernst annehmen, daß die Klage des Volkes allein dem Tempelschatz oder den materiellen Attributen des Stierbildes gilt?

Wir haben oben bereits angedeutet, daß mit dem Stierbild aller Wahrscheinlichkeit nach eine Präsenztheologie ähnlich der der Lade verbunden war.[3]

Könnte der Terminus כבוד in Hos 10,5 mit dieser Vorstellung in Verbindung stehen? Schon J. Wellhausen hat auf die Parallelität des Satzes כי גלס ממנו mit den Formulierungen von 1Sam 4,21f hingewiesen, "wo die Schwiegertochter des Eli sagt, nachdem die Lade Jahwes in Feindeshand gefallen ist: גלה כבוד מישראל ".[4] Die Formulierung steht im Kontext einer etymologischen Tradition in der Ladeerzählung.[5] Die Lade ist in dieser Erzählung des 1. Samuelbuches der Ort des ישב הכרבים , des "Kerubenthroners" (4,4), von ihr werden schreckliche Wirkungen auf den Feind erwartet (4,7f), der Verlust bewirkt unter den Israeliten Tod und Verzweiflung, über die Philister, die sie sich angeeignet haben, bringt sie den "Todesschrecken" (5,11).
Der Verlust des כבוד bedeutet den Verlust der machtvollen und schützenden Gegenwart des Kerubenthroners.[6]
Es fällt freilich nicht leicht, für die Auffassung des כבוד als machtvolle Gegenwart Gottes aus den breiter belegten Verwendungsbereichen des

---

[1]W. Rudolph, a.a.O. S. 196.

[2]E. Sellin, Zwölfprophetenbuch, S. 104.

[3]Vgl. oben 2.2.3.1.2.

[4]J. Wellhausen, Kleine Propheten, S. 125.

[5]Vgl. F. Schicklberger, Ladeerzählungen, S. 38ff; zu כבוד S. 209f.

[6]Nicht genau ist C. Westermanns Übersetzung "dahin ist die Herrlichkeit Israels" für "...מישראל " (Art. kbd, THAT I, Sp. 799. Der Vorschlag J. Maiers, Ladeheiligtum, S. 48, כבוד bedeute hier "einfach 'Ehre'" setzt, wenn nicht den sprachlichen, so doch den sinngemäßen Bezug auf Israel voraus.

Terminus präzise Analogien zu benennen.[1] Am ehesten wiederzufinden wäre dieses Verständnis in den Prädikationen des מלך הכבוד in Ps 24, 7-10. Dieser מלך הכבוד ist prädiziert als יהוה עזוז וגבור und גבור מלחמה (Ps 24,8). Die Funktion der Lade in der Erzählung des 1. Samuelisbuches und des מלך הכבוד in Ps 24,7f sind durchaus vergleichbar.
Welche Konsequenzen hat ein analoges Verständnis von כבוד in Hos 10,5? Die Trauer des Volkes gilt dem Entschwinden der schützenden Macht seines Gottes. Im Volk tritt neben die Einsicht von V.3 "Wir haben keinen König!" die noch viel weitergehende Erkenntnis: Wir haben keinen Gott, unter dessen Schutz wir uns stellen könnten.
Dabei sind beide Einsichten noch "vorweggenommen". Denn noch gibt es Könige in Israel, wenn auch nur solche, die "Worte machen". Das yiqtol יובל (6a) läßt offen, ob die Deportation des Stierbildes schon im Vollzug begriffen ist oder noch bevorsteht (imperfektiver Aspekt!).
Für den Sprecher ist der Bankrott von Königen und Kalb allerdings "jetzt" schon gleichermaßen offenkundig. Die Könige sind zu keiner Politik mehr fähig, die diesen Namen verdient. Der Gott des עגל vermag sein Volk, seine Priester, ja nicht einmal sein eigenes Kultbild mehr zu schützen.

Die folgenden Verse 6**b**.7 bringen keinen neuen Gesichtspunkt mehr zur Sprache.

V.6b "Schmach nimmt Ephraim auf sich,
schämen muß sich Israel מעצתו."[2]

Rätsel gibt hier מעצתו als Begründung für die Schande Ephraim-Israels auf. Nach der Vokalisierung des MT ist zu übersetzen "wegen seines Planes". Führt man den Konsonantentext nach MT auf die Wurzel "planen, Rat halten" zurück, so könnte hier das vergebliche Lavieren der königlichen Politik (vgl. V.4) im Blick sein.[3] Uns scheint dies die beste Lösung zu sein. Es ist allerdings nicht die einzig mögliche Deutung des Konsonantentextes. Interpretiert man das Wort im Gefolge Rudolphs[4] als עצה, "nomen unitatis" zu עץ "Holz", oder ändert man gar im Sinne Wellhausens[5] zu עצב "Götze",

---

[1] Vgl. C. Westermann, Art. kbd, THAT Sp. 801ff; R. Rendtorff, Offenbarungsvorstellungen, S. 28-32.

[2] Text und Übersetzung nach H.W. Wolff, Hosea, S. 221f.

[3] So auch H.W. Wolff, a.a.O. S. 228.

[4] W. Rudolph, Hosea, S. 196.

[5] J. Wellhausen, Kleine Propheten, S. 125.

dann liegt der Grund für die Schande Israels in seinem (hölzernen) Stierbild.
Der weitere Kontext (V.3-6) läßt beide Interpretationen grundsätzlich zu. Möglicherweise ist die zweifache Deutbarkeit von מעצתו (עצה - "Rat halten"/Holzstück) sogar beabsichtigt.
Dafür könnte V.7 sprechen:

נדמה שמרון מלכה   כקצף על פני מים

Wer ist מלכה , "ihr König"?
Ist es der irdische König, der nach dem Scheitern seiner Politik wie ein Zweig auf dem Wasser treibt oder ist es das hölzerne Stierbild, das sich damit bloßes Stück Holz decouvriert? Wiederum ist beides denkbar.
Im "Jetzt" des Sprechers sind beide - König und Reichsgott - gleichermaßen depotenziert. Die Pläne des Königs sind ebenso nichtig wie die vermeintliche göttliche Macht des Jungstiers.
"Vernichtet ist Samaria - sein König wie ein Zweig auf dem Wasser" (V.7).

Die tragenden Säulen der Staatlichkeit des Nordreichs sind nur noch Ruinen ihrerselbst.
Hos 10,1-8 stellt dar, wie sich das Volk, insbesondere die einflußreichen Schichten (שכן שמרון), der Katastrophe seiner Institutionen im Horizont der assyrischen Bedrohung bewußt zu werden beginnt. Israel resigniert über seinen Königen und betrauert im depotenzierten Reichsgott seine eigene Katastrophe. Der Weg in die Verwüstung (V.8) ist vorgezeichnet.

2.2.3.2.3 "Ich gebe dir einen König in meinem Grimm und nehme ihn in meinem Zorn." - Hos 13,1-3.9-11

Die beiden Texte Hos 13,1-3 und 9-11 sind Teil einer größeren thematischen Einheit. Diese Einheit umfaßt nach neueren Kommentaren[2] Hos 13,1-14,1.
In der Beurteilung der textkritischen und literarischen Fragen des schwierigen Textes können wir uns weitgehend H.W. Wolff anschließen.[3]

---

[1]Ptz. ni דמה , vgl. GesL S. 164.

[2]Robinson/Horst, HAT 14, S. 49; H.W. Wolff, Hosea, S. 285ff; W. Rudolph, Hosea, S. 241.

[3]H.W. Wolff, a.a.O. vgl. dagegen zu V.10.

(1) "Als Efraim redete - Schrecken -,
überragend war er in Israel,
da wurde er schuldig durch Baal und kam zu Tode
(2) Jetzt aber fahren sie fort zu sündigen,
machen sich ein Gußbild aus ihrem Silber nach Art
der Götzenbilder - Handwerkerarbeit ist das Ganze!
Zu sich selbst sprechen sie: Die Menschen opfern,
küssen Kälber.
(3) Darum werden sie sein wie Morgennebel,
wie der Tau, der früh vergeht,
wie die Spreu, die von der Tenne verweht wird,
wie der Rauch, (der) aus der Luke (zieht).
...
(9) Ich habe dich vernichtet Israel - ja, wer ist unter deinen Helfern![1]
(10) Wo ist denn dein König, daß er dir helfe
und alle deine śarim und deine šoptim,
von denen du sagtest:
Gib mir König und śarim!?
(11) Ich gebe dir einen König in meinem Grimm
und nehme ihn in meinem Zorn."

Im Vergleich zu den bisher besprochenen Texten zu "Kalb und König" bieten Hos 13,1-3 und 9-11 einen neuen Gesichtspunkt. Sie stellen das Problem "König" wie das Problem "Kalb" in diachrone Zusammenhänge.
Zunächst zu Hos 13,1-3:
Gattungsmäßig liegt ein "klar aufgebautes Gerichtswort"[2] vor. Der Anklageteil (V.1f) enthält einen zweiteiligen "Geschichtsentwurf". Dies ergibt sich bereits aus der syntaktischen Struktur.[3] Einleitend (NS und VS qatal) wird festgestellt: "Als Efraim redete - gab's Schrecken, überragend war er in Israel" (1a). Dieser Umstand wird durch zwei wayyiqtol-Narrative fortgeführt: "da wurde er schuldig durch Baal und kam zu Tode." (1b)
Mit ועתה + yiqtol wird die Zeitstufe der Gegenwart erreicht: "Jetzt aber fahren sie fort..."

[1] Vgl. K. Marti, Dodekapropheton, z.St.
[2] H.W. Wolff, Hosea, S. 288.
[3] Vgl. schon K. Marti, Dodekapropheton, S. 99; J. Wellhausen, Kleine Propheten, S. 19.

Welche historischen Bezüge hat Hosea vor Augen? Zwei Modelle werden diskutiert: Bezüge in der näheren und in der ferneren Vergangenheit.
Das erste Modell erläutert H.W.Wolff so: Hosea spiele zunächst auf die überragende Stellung Ephraims in Gesamtisrael an, "wie sie durch die Ephraimiten Josua (Jos 24,30) und Jerobeam I (1Kön 11,26; 12,20) repräsentiert war."[1] In Hoseas Sprache jedoch meinte "Ephraim nicht mehr den Stamm, sondern den Bezirk des Gebirges Ephraim..., in dem die Residenz Samaria liegt...". Von hier aus sei "in den letzten beiden Jahrzehnten" mancher Schrecken auf die anderen Gebiete des Nordreichs und Juda ausgegangen. Die Verunreinigung Efraims habe zu dessen Tod geführt: "Hosea wird auf die Zerfleischung des Staats- und Volkskörpers durch Tiglat-Pileser III im Jahre 733 zurückschauen...". In V.2 - auf der Zeitstufe der Gegenwart - schlage sich folgender Umstand nieder: "Nach der Katastrophe von 733 hat man mit neuer Intensität Götterbilder...angefertigt...".[2]

Das zweite Modell vertritt - unter Voraussetzung einer erheblichen anderen Textgestalt - W. Rudolph:[3] Hosea greife auf die "Vorgeschichte" zurück, und zwar auf den ersten Abfall Israels zu Baal in Schittim (Num 25), ein Vorgang, auf den Hos 9,10 explizit anspielt.
Eine Entscheidung zwischen den beiden Modellen fällt nicht leicht. Die Spannweite der geschichtlichen Rückblicke Hoseas ist in der Regel sehr groß (vgl. nur Wüstenzeit/Exodus Hos 2,16 u.ö.; Baal Peor/Schittim Hos 9,10; Jakob Hos 12,3f). Auch ist die Vormachtstellung Efraims in Israel einerseits in den atl. Traditionen sehr alt gedacht und vielleicht auch historisch so zu denken (Jos 24,30; Ri 8,2; 12,1-6), aber andererseits auch kein auf die Frühzeit einzuschränkendes Phänomen. Mit Recht weist Wolff auf Jerobeam I und auf den syrisch-efraimitischen Krieg und dessen Schrecken (vgl. oben). So auch der Abfall zu den Baalen. Seit frühesten Tagen bis heute läuft Israel den Baalen nach (vgl. Hos 2,4-17; 9,10).
Im Abfall von Jahwe ist Israels Verhalten im Kulturland diachron höchst stabil gedacht. Andererseits hat Hosea Schittim, den Ort des Baal-Pegor

---

[1] H.W. Wolff, Hosea, S. 292.

[2] Ebd.

[3] W. Rudolph, Hosea, S. 242; vgl. Robinson/Horst HAT 14, S. 49; A. Weiser, ATD 24, S. 80; E. Sellin (vgl. Zwölfprophetenbuch, S. 127; Martyrium, S. 26ff) expliziert an diesem Text seine These vom Martyrium des Mose durch die murrenden Israeliten.

der Tradition, möglicherweise auch als Ort zeitgenössischen Abfalls kenntlich gemacht (Hos 5,1).[1] So hat der Rückblick in jedem Falle einen aktuellen Bezug.

Dies gilt auch, wenn - wie wir meinen - Hos 13,1 zunächst in die fernere Vergangenheit, auf das Geschehen um den Baal-Pegor zurückführt. Dies Geschehen ist zunächst ein in sich abgeschlossenes Exempel. Kaum irgendwo wurde und wird so klar wie in diesem Exempel, wohin der Abfall von Jahwe führt: in den Tod. Allerdings sehen die Texte diese Konsequenz nicht als gleichsam natürliche Notwendigkeit. In Num 25,1-5 ergeht ein Auftrag an Mose, den ראשי העם , den "Häuptern des Volkes" für Jahwe die Glieder zu verrenken" (25,4). Mose selbst beauftragt die שפטי ישראל , die Richter Israels, diejenigen, "die sich in das Geschirr des Baal-Pegor haben einspannen lassen", zu töten (הרג - Num 25,5). Man darf vermuten, daß die Todesurteile von Schittim in Num 25 als Rechtsakte verstanden sind. Mose und die "Richter" verfahren jedenfalls nach jenen Sätzen atl. Todesrechts, die den "Götzendienst" mit der Todesstrafe belegen (Ex 22,19:[2] זבח לאלהים אחרים מות יומת).

Ganz sicher jedoch ist für Hos 13,1b der Tod Israels als Folge seiner Verschuldung durch Baal eine Rechtsfolge. Vor allem אשם ist ein rechtlicher Terminus, der ein breites Verwendungsfeld im kultisch sakralen Bereich hat.[3] Die Formulierung וימת ist als Spiegelung der môt-Sätze atl. Todesrechtes gut verständlich.

Dies ist jedoch nur die eine Seite des Exempels. Die andere Seite ist die: Ephraim hat sich durch den Rechtsgang, den es durch sein Verhalten verursacht hat, seiner Macht und seines Ansehens selbst beraubt. Vorher konnte von Efraim/Israel nämlich gesagt werden:

כדבר אפרים רתת נשא הוא בישראל[4]

"Wenn Efraim redete - Schrecken -, überragend war er in Israel."

---

[1] Vgl. H.W. Wolff, Hosea, S. 124f.

[2] Vgl. zum Text und zur Sache A. Alt, Ursprünge, S. 311, Anm2; H. Schulz, Todesrecht, S. 58ff, 139ff; vgl. Lev 20,2.

[3] Vgl. dazu R. Knierim, Art. `asam, THAT I, Sp. 251ff.

[4] Die folgende Deutung basiert auf der Wiedergabe des hap.leg. רתת mit "Schrecken", vgl. die Wiedergabe durch Aquila: φρίκη , Symmachus: τρόμος. So: H.W. Wolff, Hosea, S. 286; Marti, Dodekapropheton, S. 99; anders: W. Rudolph, Hosea, S. 236f.

Der Zusammenhang von "Reden" und einem auf dieses Reden folgenden bzw. davon verbreiteten "Schrecken" ist im AT mehrfach bezeugt, - am deutlichsten in Ps 2.
Hier ist zunächst von der Konspiration der "Könige der Erde" gegen "Jahwe und seinen Gesalbten" (V.1f) die Rede. Jahwe jedoch "spottet ihrer". Denn:

אז ידבר אלימו באפו ובחרונו יבהלמו

"Einst wird er in seinem Zorn zu ihnen reden und in seinem Grimm sie schrecken." (V.5).
Darauf folgt unmittelbar die Rede, die den Schrecken hervorruft: Die Nachricht von der Einsetzung des Königs (V.6).
Im Zusammenhang des Schilfmeerereignisses stehen die Schreckensreden von Ex 15. Nach den einleitenden Versen (Mose und die Israeliten "singen" und "sprechen") folgen in mehreren Einsätzen Preislieder auf Jahwe, den "Kriegsmann" (V.3). In einem dieser Lieder wird nicht nur die Macht Jahwes besungen (V.11f), sondern auch die Wirkung der Fama dieser Macht auf die Völker beschrieben (V.14ff). Die schreckliche Wirkung der Fama von der Macht Jahwes auf die fremden Völker bezeugen auch Jos 2,9f und Dt 2,25.[1]

In den genannten Belegen sind Schreckensworte und Schreckensfama sowie deren Wirkung an Jahwe gebunden.[2] In Hos 13,1 gehen sie, wenn wir recht sehen, von Efraim aus, - allerdings nur so lange, wie es sich zu Jahwe hält. Als es sich von ihm abwendet, dies lehrt das Exempel, bricht Efraims Macht, die vordem schon von seinen Worten, ja seiner Fama ausging, in sich zusammen.
Das Exempel ist in seiner Quintessenz nicht auf die Zeit Israels vor dem Baal-Pegor beschränkt. Im Gegenteil: "Jetzt sündigen sie weiter und machen sich ein Gußbild...". (V.2). Aller Wahrscheinlichkeit nach bezieht sich die Aussage auf den Jungstier (vgl. oben 2.2.3.1.3). In der Verehrung des Kalbes verhält sich Israel nach dem Negativmuster der Baal-Pegor Episode. Es sagt sich von Jahwe los, setzt einen Rechtsgang gegen sich in Kraft und verliert Macht und Ansehen. Efraim wird "verweht werden, wie die Spreu von der Tenne" (V.3).

---

[1] Schreckensreden und Schreckensfama sind auch in außerisraelitischen Texten bezeugt. Vgl. etwa die Schreckensfama, die von Ramses II ausgeht - ANET 255ff, bes. 257, Inschriften zur Kadeschschlacht. Die Fama von Ramses' Macht versetzt die "Prinzen aller Länder" in Angst und Schrecken.

[2] Nach G.v.Rad, Heiliger Krieg, S. 10f, gehört Schrecken ins Vorfeld des heiligen Krieges.

Hoseas Geschichtsdarstellung ist hier - wie gesagt - diachron konzipiert. Hosea erreicht damit eine - für den modernen Betrachter - ungeheuerlich abstrakte Synthese seiner synchron-aktuellen Geschichtsdarstellung: Israel muß zugrunde gehen, weil es sich von Jahwe lossagt. Man muß sich vor Augen halten, welch komplexe Fülle aktuell geschichtlicher Umstände und Vorgänge - nach Hoseas eigenem Zeugnis - hinter dieser Darstellung steht:

- die wohl unausweichliche Bedrohung durch die neuassyrische Annexions- und Deportationspolitik,
- die dadurch hervorgerufene hektische Bündnispolitik des Nordreichs,
- die innere Zerrüttung der herrschenden Schichten des Nordreichs,
- ein in sich mißverständlicher Staatskult - das Volk schreit zu Jahwe (8,2) und zum Jungstier (10,5).

Eine womöglich noch reduziertere Formel findet Hos 13,9:
"Ich vernichte dich, Israel, - ja, wer ist unter deinen Helfern?"
Jahwe selbst führt Israels Ende herbei, wie es das Jesreelwort für die ממלכות בית ישראל (Hos 1,4) bereits ankündigt. Gegenüber dieser Vernichtung gilt es keine Helfer mehr, auch und gerade nicht unter den Herrschaftsinstitutionen Israels (Hos 13,10). Vielmehr wird an die Geschichte, den Ursprung dieser Herrschaftsinstitutionen erinnert:
"...von denen du sagtest: Gib mir König und śarim." (10b)
Es kann keinem Zweifel unterliegen, daß Hosea hier an eine Tradition von der Entstehung des Königtums erinnert, auf der auch die deuteronomistische Überlieferung von der Entstehung des Königtums beruht (1Sam 8,4f.19f).[1] Hosea zitiert diese Tradition allerdings nur in einem einzigen Topos:[2] Das Königtum ist Gabe Jahwes an das Volk. Auf diesen - und nur auf diesen - Topos kommt es hier an. Das Königtum als Gabe - in V.10b deutlich im Rückblick gesehen - wird in V.11 in überraschender Weise aktualisiert: In imperfektiven Verbalsätzen, d.h. in Sätzen, die ein unabgeschlossenes, mithin aktuelles Handeln kennzeichnen, heißt es:
"Ich gebe die einen König in meinem Grimm
und ich nehme (ihn) in meinem Zorn."

---

[1]Vgl. dazu H.J. Boecker, Beurteilung, S. 16; vgl. auch die kritische Revision der vordtr. Tradition von 1Sam 8 bei F. Crüsemann, Widerstand, S. 60ff.

[2]Über das Material in 1Sam hinaus geht bei Hosea auch die Erwähnung der śarim. Zum Verhältnis von König und śarim siehe unten "Verfassungsentwurf, 2.3.1.

Hier schlagen sich zunächst wohl ein weiteres Mal die aktuellen Erfahrungen der wiederholten Herrscherwechsel nach Jerobeam II nieder. In den oben besprochenen Texten - dem Jesreelwort Hos 1,4, dem Bildwort vom Backofen Hos 7,3-7 und Hos 8,4 - war diese Erscheinung als Indiz der Zerrüttung der Herrschaftsordnung Israels dargestellt worden, die auf deren "Legitimationsverlust" zurückgeführt wurde. Unter den so "gekürten" Königen war "keiner, der mich anruft" (7,7), die Einsetzung der Könige war "nicht von mir" (8,4).
Hos 13,11 geht über diese Aussagen hinaus: Die Zerrüttung der Herrschaftsordnung ist das Werk des Zornes Jahwes. Das Handeln Jahwes in der Tradition von der Einsetzung des Königtums und das Handeln Jahwes am Königtum zur Zeit Hoseas steht in "antithetischer Parallele". Einst war das Königtum Gabe Jahwes, jetzt nimmt und gibt Jahwe Könige in seinem Zorn.

Der Text Hos 13,10f sagt nicht, daß die ursprüngliche Gabe des Königtums an Israel "Gnadenhandeln" Jahwes war, er sagt aber auch nicht, daß das Königtum a limine "Zornesgabe" Jahwes ist.
Man liest den Text wohl zu sehr von 1Sam 8 und 12 und anderen königsfeindlichen Texten her, wenn man - wie H.W. Wolff, der hier für viele steht - interpretiert: "An dieser Stelle wird ganz deutlich, daß Hoseas Kritik am Königtum tiefer wurzelt als in den zeitgenössischen Mißständen...". Fast so wie der Baalskult lebe "es von Anfang an vom Gegensatz gegen die Herrschaft Jahwes".[1] Mit Recht hat neuerdings F. Crüsemann darauf hingewiesen, daß bei Hosea "die an Begriffen wie Herrschaft (Ri 8,22f) oder Königtum (1Sam 8,7; 12,12) entwickelte grundsätzliche Alternative von Jahwe und dem menschlichen König" nicht zu erkennen ist.[2]
Der Gegensatz ist hier, wie in den anderen beiden in diesem Zusammenhang besprochenen Texten (Hos 8,4; 10,3f), als Gegensatz Jahwes zu Israel verstanden. Die Wendung gegen die Könige und die herrschenden Schichten ist nur ein Aspekt dieses - nun in der Tat radikalen - Gegensatzes.[3]

---

[1] H.W. Wolff, Hosea, S. 295.

[2] F. Crüsemann, Widerstand, S. 92.

[3] Es wird unter neuen methodischen Aspekten im folgenden herauszuarbeiten sein, daß Hosea ein besonders qualifiziertes Verhältnis König-Gott nicht kennt. Die Könige sind, wie die śarim, nur als Exponenten des Volkes im Blick (vgl. unten 2.3.1). Von dieser Einsicht her kommt auch F. Crüsemanns abschließendes Urteil zu Hos 13,9ff zustande: "Auf theologischer Ebene steht Jahwe jetzt zu Israel in Gegensatz, der König ist nur ein Teil dieses Volkes." F. Crüsemann, Widerstand, S. 92.

2.2.4 Zwischenüberlegungen

Hosea ist Prophet im Nordreich in der Zeit der ausgehenden Nimsidendynastie bis zum Ende des Reiches. Er sieht für seine Zeit drei bestimmende Faktoren:

1. Die weitgehende Funktionsunfähigkeit der Herrschaftsinstitutionen Israels, besonders des Königtums.
2. Die unanwendbare Bedrohung Israels und seines Landes durch die gewaltsame Annexions- und Deportationspolitik des neuassyrischen Reiches.
3. Die Illegitimität des Kultes, insbesondere des Jungstiers im Reichsheiligtum in Bet-El.

Es ist als wichtigstes Ergebnis unserer Überlegungen festzuhalten, daß Hosea diese drei Faktoren in einem engen Verbund darstellt; und zwar in Konzentration auf Handeln und Ergehen des Volkes. "Kalb", Könige und andere Funktionsträger, kommen als Exponenten dieses Handelns und Ergehens in den Blick.

Im unmittelbaren politischen und sozialen Sinne existenzbedrohend für Israel sind - aus der Sicht des modernen Beobachters - nur die ersten beiden Faktoren, auch und gerade in ihrer Verbindung. Nach einer modernen politischen Logik wäre zu schließen: Weil die Herrschaftsorgane sich selbst blockieren, sind sie zu einem effektiven "Krisenmanagement" nicht in der Lage. Solche Argumentation allerdings liegt Hosea fern.

Die Herrschaftsinstitutionen und ihre aktuellen Vertreter sind vielmehr deshalb unfähig, weil sie und die sie tragenden Kreise, ja das Volk, Jahwe nicht anrufen.

Es ist Jahwe selbst, der diese Unfähigkeit herbeiführt - in seinem "Zorn".

Der Assyrer, der Land und Volk politisch und militärisch unter höchsten Druck setzt, ist zwar ein "Feind" (Hos 8,3). Er ist aber nicht die Ursache der von ihm ausgehenden Bedrohung. Die Ursachen liegen auf seiten Israels und Jahwes.

Das Bild Hoseas vom Zeitgeschehen ist bestimmt von der Prämisse einer wechselseitigen Verknüpfung von Handeln und Ergehen Israels mit dessen Verhältnis zu Jahwe. Es ist daher wohl nicht sinnvoll zu fragen, was "zuerst war": Die Theorie vom Bruch zwischen Gott und Volk oder die inneren und äußeren Krisen. In der Verbindung, in der die Texte "Kalb und Könige" darstellen, kommt diese Prämisse zeitgemäß und beispielhaft zum Ausdruck.

Wir haben die Theorie Hoseas vom Bruch zwischen Gott und Volk vor allem an Hoseas Darstellung des alten Reichsheiligtums zu Bet-El verfolgt. Dabei sind einige Sachverhalte aufgefallen, die nicht ohne weiteres kompatibel sind.

Bet-El ist als traditionelles Jahweheiligtum mit orthodoxer Theologie (Exodustheologie) anzusehen. Mit dieser Theologie war - aller Wahrscheinlichkeit nach - bis in die Zeit Hoseas hinein Kultsymbol und Kultbild des "Jungstiers" vereinbar. Es ist nicht wahrscheinlich, daß in Bet-El ein Baal verehrt wurde, jedenfalls nicht in dem Sinne, wie etwa in Samaria zur Zeit der Omriden. Wie sich dieser Sachverhalt zu den expliziten Vorwürfen Hoseas, Israel verehre Baale (Hos 2,15; 13,1) verhält, ist schwer aufzuklären. Dasselbe gilt für die vielfachen Hinweise auf Höhen- und Fruchtbarkeitskulte.[1]

Was Hosea gegen das "Kalb" vorbringt, ist wesentlich die Bestreitung seiner Gottheit (Hos 8,5; 10,5). Weshalb hat Hosea dem "Kalb" seine Gottheit und damit vor allem dem Reichsheiligtum seine Funktion bestritten? (Das "Bilderverbot" scheint demgegenüber sekundär, d.h. es steht im Dienste dieser Bestreitung).

Die Fragestellung verschärft sich noch durch die Beobachtung, daß das Volk zur Zeit Hoseas - aller Wahrscheinlichkeit nach - nationale Feiern, insbesondere Klagefeiern (vgl. oben Hos 8,2; 10,5; besonders aber unten zu Hos 12, 2.3.3.2) abhielt, deren Adressat Jahwe gewesen ist.

Es ist also wahrscheinlich, daß das Volk durch das Stierbild wie von alters immer noch Jahwe zu verehren vermeinte, wenn auch mancher Ritus, manche Kulteinrichtung, insbesondere aber Kultsymbol und Kultbild selbst, Zweifel darüber aufkommen lassen konnten, welcher Gott gemeint war. In dieser Hinsicht hatte sich jedoch im Vergleich zu den Zeiten Jerobeams I. und Ahabs kaum Grundsätzliches verändert.

Hat Hosea Jahwe, den Gott Israels von Bet-El, dem Heiligtum des Nordreichs, gewissermaßen abgezogen, um ihn nicht in die Katastrophe des Volkes und seiner Institutionen hineinzuziehen? Sollten die hervorragenden Repräsen-

---

[1] Ein weitgehend akzeptiertes Erklärungsmodell nimmt an, der israelitische Volksglaube habe Grundstrukturen des Verhaltens und der Theologie der kanaanäischen Baalsreligion adaptiert. So neuerdings wieder - auf Grund eines Vergleiches des Hoseabuches mit den mythologischen Texten aus Ugarit: D. Kinet, Baāl und Jahwe, bes. S. 210ff.

tanten dieses Volkes und der "Ungott", den dieses Volk verehrte, ja in seiner Not anrief, untergehen, um Jahwe, den Gott Israels, zu erhalten?

Nun bedeutet diese Lösung Jahwes von Bet-El keineswegs eine Ablösung von Israel. Hoseas Theologie nimmt Jahwe nicht aus dem Geschehen heraus, - im Gegenteil, er ist und bleibt der entscheidende Akteur. Das Verhältnis zu Israel hat bei Hosea auch eine Perspektive über die Katastrophe hinaus in der Vision des neuen und endgültigen Eisodos (vgl. oben "Geschichtsentwurf", 2.1.2).

Möglicherweise war es die Ermöglichung und Erhaltung jener Perspektive, die Hosea bewog, Jahwe von dem Volk, den Königen und dem Heiligtum abzulösen, von denen die Katastrophe mindestens partiell zu verantworten war. Daran sind absolute Formulierungen wie das לא עמי (Hos 1,9) und auch das לא ממני (Hos 8,4) zu relativieren.

Was nun das Verhältnis Hoseas zum Königtum betrifft, so scheint uns erwiesen, daß Hosea das Königtum seiner Zeit nicht anders beurteilte als das Israel seiner Zeit. Die Verwerfung des Königtums ist ebenso prinzipiell und radikal wie die des Volkes oder irgendeiner seiner Institutionen; - nicht mehr aber auch nicht weniger.

Es ist nun die Aufgabe des folgenden Abschnitts, die "Krisentheologie" des Propheten Hosea auf ihre institutionalen Bedingungen und Prämissen, insbesondere als einer prophetischen Theologie zu untersuchen. Auf die aktuelle Konfliktlage werden wir im letzten, Hos 12 gewidmeten, Kapitel zurückkommen (vgl. unten 2.3.3.3).

2.3 Der Späher Ephraims in Jahwes Haus.
Die Institutionalität prophetischen Handelns nach dem Hoseabuch

2.3.1 Der Verfassungsentwurf im Hoseabuch

Institution ist nur in der Vernetzung mit anderen Institutionen denkbar. Diesem Postulat unseres Institutionenbegriffes[1] tragen wir hier Rechnung, indem wir versuchen, aus dem Hoseabuch ein - grob gerastertes - Bild der Gesamtheit der Institutionen zu rekonstruieren.
Wir nennen dieses Bild - in Anlehnung an ein geläufiges Interpretament für Ez 40-48 - "Verfassungsentwurf". Die Kategorie "Verfassung" soll vor allem die Normativität zum Ausdruck bringen, die die zu erarbeitende institutionale Struktur für das Hoseabuch besitzt.
Dabei ist nicht zu erwarten, daß "ideale" und "reale" Elemente - Verfassungsanspruch und Verfassungswirklichkeit - streng unterscheidbar sind. Insbesondere deshalb ist das Rekonstrukt "Entwurf" zu nennen.
Wir stellen zunächst die - voraussichtlich - wichtigsten Namen und Begriffe aus dem Hoseabuch zusammen, die institutionale Größen bezeichnen:

ישראל (allein)[2]	:	Hos 4,15.16; 5,3.5 (zweimal); 6,10; 7,1; 8,2.3.6.8.14; 9,1.7.10; 10,1.6.8; 11,1; 12,3[3].13.14; 13,1.9; 14,2.6. (25 Belege)
בית ישראל	:	1,6; 5,1; 6,10; 12,1 (4 Belege)
בני ישראל	:	2,1.2; 3,1.4.5 (5 Belege)
שבטי ישראל	:	5,9 (1 Beleg)
עם	:	1,9; 2,1.3.25; 4,4.6.8.9.12.14; 6,11; 11,7; (12 Belege)
אפרים[4]	:	4,17; 5,3.5.9. 11.12. 13.14; 6,4.10; 7,1.8 (zweimal).11; 8,9.11; 9,3.8.11.13 (zweimal) 16; 10,6 .11 (zweimal); 11,3.8 .9; 12,1.2.9.15; 13,1.12; 14,9 (34 Belege)

---

[1] Vgl. oben 1.4

[2] Vgl. L. Rost, Israel, S. 20; I. Willi-Plein, Schriftexegese, S. 236ff.

[3] Vgl. zum Text von Hos 12,3 H.W. Wolff, Hosea, S. 267.

[4] An Stellen, die einfach unterstrichen sind, erscheint אפרים in Kombination mit ישראל , an Stellen, die doppelt unterstrichen sind, steht es mit יהודה zusammen.

שמרון	: 7,1 (kombiniert mit אפרים); 8,5.6; 10,7; 14,1 (5 Belege)
שכן שמרון	: 10,5 (1 Beleg)
יהודה (allein)	: 4,15; 5,5.13; 6,4.11; 8,14; 10,11; 12,1; (8 Belege)
בית יהודה	: 1,7; 5,12.14; (3 Belege)
בני יהודה	: 2,2 (1 Beleg)
מלך (Wurzel)	: 1,4; 3,4; 5,1; 7,3ff; 8,4; 10,3; 13,10f;
שׂר	Kombiniert mit מלך : 3,4; 7,3ff; 8,4; 13,10; dazu: 7,11; 9,15
כהן	: 4,4ff; 5,1; 6,9; (8,5 כמרים)
שפט	: 7,7; 13,10;
נביא	: 4,5; 6,5; 9,7f; 12,11.14;

Eine erste grobe Einteilung dieser Namen und Begriffe kann so vorgenommen werden: Eine erste Gruppe von Namen bezeichnet Kollektive (ישראל, יהודה, שמרון, אפרים). Die Kollektiva sind in aller Regel als solche durch ihre Verbindung mit Aktionsverben im Aktiv oder Passiv ausgewiesen; dies gilt auch in Fällen, in denen geographische Bedeutungen impliziert sein können. Eine zweite Gruppe von Begriffen meint einzelne oder Klassen von Funktionsträgern (מלך, שר, כהן, שפט, נביא).
Zunächst zur ersten Gruppe:
Statistisch dominieren zwei Begriffe: אפלים und ישראל . Man hat zunächst angenommen, Hosea gebrauche beide Begriffe analog, und zwar meine er mit ישראל (wie mit אפרים) "die Bewohner des gleichnamigen Reiches".[1] In der Tat gibt es Belege, in denen "Efraim" in Parallele zu "Israel" steht, ohne daß eine Bedeutungsnuance erkennbar wäre (vgl. Hos 5,3; 6,10; 10,6; 11,8; 12,1). Neben diesem parallelen Gebrauch läßt sich jedoch - wie H.W. Wolff herausgearbeitet hat - im Hoseabuch eine differenzierte Verwendungsweise erkennen, und zwar besonders in dem Zusammenhang Hos 5,8-7,16. Hosea vermeide hier "geflissentlich die Benennung 'Israel' , wenn er den Staat des Nordreichs als solchen meint; sie bleibt reserviert für jene Größe, die Jahwes Volk ist (7,1/6,11 עמי) oder doch sein sollte... Der Staat dagegen heißt ausschließlich 'E p h r a i m' (5,11; 7,8.11), insbesondere in Parallele zum Staat Juda (5,13; 6,4) oder zur Hauptstadt Samaria (7,1)..."[2]

---

[1] L. Rost, Israel, S. 27.

[2] H.W. Wolff, Hosea, S. 144, vgl. S. 212.

Den Unterschied, den Wolff notiert, könnte man vorläufig so beschreiben: "Efraim" bezeichnet den historisch-politischen Aspekt des Nordreiches, "Israel" seinen historisch-theologischen Aspekt.
Für eine derartige Unterscheidung sprechen diejenigen Belege für Israel, die an die Frühzeit - Auszug und Wüstenzeit - erinnern (9,10; 11,1; 12,14). Vor allem Hos 9,10 macht deutlich, daß die Terminologie "Israel-Ephraim" im Spannungsfeld des hoseanischen Geschichtsentwurfs zu sehen ist. Nach der idealen Zeit Israels nämlich, mit dem Abfall zu den Baalen (9,10b), wechselt die Terminologie abrupt zu Efraim (9,11: "Ephraim ist wie ein Vogelschwarm, ihr kabod verfliegt...").
Nach einer anderen Seite kann dies verdeutlicht werden an dem Text Hos 6,11b/7,1. Zu lesen und zu übersetzen ist nach H.W. Wolff:[1]
"So oft ich das Geschick meines Volkes wendete, so oft ich Israel heilte, zeigte sich Ephraims Vergehen und Samarias Bosheit."
Israel ist in diesem Text die überdauernde Größe, ihm wendet sich Jahwe zu, für ihn ist es עמי "mein Volk". Dies entspricht auch sonst dem Befund für עם bei Hosea. Das Suffix der 1. Pers. sg. betont - positiv oder negativ - die enge Beziehung Jahwes zu Israel (Hos 1,9; 2,1.3; 4,6.8.; 11,7). Dagegen steht Efraim und Samaria. Eindeutig auf das "moderne" Staatswesen des Nordreichs sind auch die übrigen Belege für Samaria bezogen (Hos 8,5.6; 10,5.7; 14,1).
In Hos 5,9 ist von den שבטי ישראל - "Stämme Israels" - die Rede. H.W. Wolff zieht daraus den Schluß, Hosea denke "im Ansatz großisraelitisch, nämlich vom alten Stämmebund her ...". Es ist allerdings zu fragen, welche Vorstellungen Hosea von diesem "Stämmebund" haben konnte und hatte. Es finden sich im Hoseabuch nur noch zwei der traditionellen zwölf Stämmenamen, nämlich "Efraim" und "Juda" (letzteres gehäuft in dem Kontext, dem auch Hos 5,9 angehört: 5,8-7,16!). Kein anderer der alten Stämmenamen ist bei Hosea erwähnt, geschweige denn, daß irgendeiner dieser Stämme eine identifizierbare politische oder theologische Rolle spielt. Dazu scheint es, daß bei Hosea der Name "Efraim" seine historisch-theologische Dignität verloren hat. Er steht, wie Samaria, für das nördliche Staatswesen, vielleicht sogar, nach dem schweren Eingriff Tiglat-Pilesers III. in das

[1] H.W. Wolff, Hosea, S. 132ff; so schon Weiser, ATD 24, S. 47; anders Rudolph, Hosea z.St.

[2] H.W. Wolff, Hosea, S. 144.

Territorium des Nordreichs, nur noch für den "Rumpfstaat" Israel.[1]

Hosea kennt also nur noch zwei Größen, die den Stämmebund bilden könnten: "Juda" und "Efraim-Israel".[2] Dem entspricht die Terminologie der literarhistorisch umstrittenen Stelle Hos 2,1-3. Hier sind es zwei Gruppen, die zusammenkommen können, um sich ein "gemeinsames Oberhaupt" zu wählen: die בני ישראל und die בני יהודה (Hos 2,2).
So könnte man Hoseas "Stämmebundkonzeption" folgendermaßen umschreiben: Hosea kennt und vertritt den Anspruch des alten, d.h. vorköniglichen Stämmebundes, demzufolge dessen Mitglieder "Volk Jahwes" sind. Er stellt sich diesen Stämmebund aber in den politgeographischen Verhältnissen der beiden Reiche vor.
In diesem Vorstellungszusammenhang drückt sich eine gewisse Dualität von "Verfassungsanspruch" und "Verfassungswirklichkeit" aus. Hosea hat diese Dualität vorwiegend für das Nordreich bedacht. Sie wird greifbar in dem Begriffspaar "Israel-Efraim". Gerade die Schwierigkeit, die beiden Begriffe eindeutig gegeneinander zu bestimmen - sie werden einerseits synonym, andererseits differenziert gebraucht - macht deutlich, daß sie für Hosea zusammengehören. Der Anspruch, der in dem Begriff "Israel" zum Ausdruck kommt, ist traditional formuliert und begründet, er ist aber auch ebenso gegenwärtig und aktuell wie die Wirklichkeit, die in dem Begriff "Efraim" zum Ausdruck kommt. Nur so wird erklärlich, wie Hosea "Israel" und "Efraim" im selben Atemzug und mit derselben Intensität ansprechen kann: 5,3: "Ja, ich kenne Efraim, Israel ist mir nicht verborgen...". 11,8: "Wie soll ich dich preisgeben, Efraim, wie dich dahingeben, Israel...?"

Dazu kommt ein Weiteres: Beide Begriffe münden oft ein in jenes schon mehrfach notierte[3] "Sie". Dieses "Sie" setzt in den Texten Hoseas oft ganz unvermittelt ein (z.B. Hos 5,5//6; 7,1a//b; 8,1//2; 8,3//4ff; 9,1//2; 9,7f//9; 9,11//12; 9,16a//16b; 10,1//2ff; 11,1//2; 11,3a//3b; 12,2a//2b; 13,1//2 u.ö.) und führt eine Phrase, die mit Israel und/oder Efraim in in einer bestimmten 3. Pers. sg. begann, in der unbestimmten 3. Pers. pl.

---

[1] Vgl. Wolff, Hosea, S. 114, 144; A. Alt, Hosea, 5,8, S. 166, Anm.4; M. Noth, GI, S. 236.

[2] Als eine Untereinheit Israels erscheint "Ephraim" - allerdings in historischem Kontext - Hos 13,1 - vgl. oben S. 120f.

[3] Vgl. besonders zu Hos 7,3-7, 2.2.2.2; und 8,1ff, 2.2.3.2.1.

fort. "Sie" - das sind "Israel" und "Ephraim" gleichermaßen. "Sie" können nicht "Ephraim" sein, ohne "Israel" zu sein.[1] Das heißt: der Staat Efraim mit seiner Hauptstadt Samaria steht unter dem Anspruch und der Verpflichtung "Israel" zu sein.
"Sie"sind für das, was sie unter den Verhältnissen "Efraims" tun, verantwortlich qua "Israel".
Hosea wendet sich also mitnichten "grundsätzlich an eine vorstaatliche, ja vorpalästinensische Größe: das Israel der klassischen Heilszeit."[2] Er wendet sich an "Israel-Efraim" und das sind wesentlich "Sie", das - um zu einem modernen Hilfsbegriff Zuflucht zu nehmen - vorfindliche "Staatsvolk".

Ein "Grundartikel" des hoseanischen Verfassungsentwurfes, in dem die hier diskutierten Größen und ihre Interdependenzen zusammengefaßt sind, könnte demnach wie folgt lauten: "Sie" sind Jahwes Volk einerseits hinsichtlich der Zusagen und Verpflichtungen, die sie qua Israel erhalten haben und eingegangen sind, andererseits hinsichtlich der jeweiligen sozialen und politischen Wirklichkeit, die heute qua "Efraim" (und ferner qua "Juda") besteht. Diese Beziehung von Jahwe zum Staatsvolk stellt die "oberste" Ebene des Verfassungsentwurfes dar.
Wir können nun zur zweiten Gruppe der "Verfassungsbegriffe" kommen, die die Funktionsträger umfaßt.
Wenn unser obiger "Grundartikel" richtig ist, so müßte dies zur Folge haben, daß die Funktionsträger in der Regel der grundlegenden Beziehung Gott-Volk untergeordnet, ihr jedenfalls nicht übergeordnet sind. Ein Überwiegen- des Interesses am Handeln und Ergehen des Volkes hatten wir bereits in den "Zwischenüberlegungen" (vgl. oben 2.2.4) festgestellt.
Im Zusammenhang mit dem Jesreelwort hatten wir festgestellt, daß "Israel" und sein Königtum als grundsätzlich selbständige staatsrechtliche Größen anzusehen sind. Die Frage, die sich jetzt stellt, ist die nach der Zuordnung der beiden Größen.
Ein ganz simpler sprachlicher Befund kann hier die Grundlinie ziehen: Mit zwei Ausnahmen (Hos 3,2; 5,1) ist bei Hosea vom König oder den Königen immer so die Rede, daß ein direkter grammatischer Bezug zum "Staatsvolk" hergestellt wird. Dieser Bezug kann durch eine Konstruktusverbindung

[1] I. Willi-Plein, Schriftexegese, S. 240, spricht von der "praktischen Identität des Volkes der Heilsgeschichte mit dem des Nordreichs".
[2] H. Donner, Israel, S. 175.

(ממלכות בית ישראל Hos 1,4), durch Personalsuffixe (7,5: יום מלכנו ; 7,7: מלכיהם , שפטיהם ; 13,10a: מלכיך) oder durch eine Präpositionalkonstruktion (Hos 10,3: אין מלך לנו ; מה יעשה לנו ; 13,10bf: תנה לי מלך ; אתן לך מלך) hergestellt werden. In Hos 7,3 sind מלכים und שרים direkte Objekte des Handelns des "Staatsvolkes".
Der König tritt bei Hosea fast ausschließlich als "ihr" König in Erscheinung.[1] Negativ formuliert: Im Hoseabuch gibt es keinen Hinweis auf eine unmittelbare Interaktion zwischen Jahwe und dem König, auch nicht über eine Vermittlung des Propheten (2Sam 7!). Der Sachverhalt läßt sich sehr gut ausdrücken mit den Worten des deuteronomischen Königsgesetzes, das Israel aufträgt, sich einen König מקרב אחיך einzusetzen (Dtn 17,15).

Eine weitere Beobachtung zieht diese Grundlinie weiter aus. Hosea spricht von den Königen oft in engen Parallelismus zu anderen Amtsträgern. Belegt ist vor allem die Verbindung מלך - שר (Hos 3,4; 7,3: 8,4; 13,10); dazu kommt die Verbindung מלך - שפט , wobei wohl in ähnlicher Bedeutung steht wie שר (7,7).
Wer sind diese שרים , bzw. שפטים , in welchem Verhältnis stehen sie zum König? In der Forschung werden beide Fragen meist zusammen beantwortet. Im Rahmen seiner weit angelegten Theorie der bevölkerungs- und herrschaftspolitischen Verhältnisse der israelitischen Königszeit ordnet A. Alt die שרים zusammen mit anderen, in der prophetischen Literatur apostophierten Funktionsträgern einer "Oberschicht" zu, "die ihre gehobene Stellung... ihrer besonders engen Bindung an das Königtum verdankt und somit erst auf die Bildung der Reiche Israel und Juda hin entstanden sein kann..."[2]

Unsere Vermutung über die Beteiligten an den in Hos 7,3-7 geschilderten Vorgängen paßt in den von A. Alt abgesteckten Rahmen (vgl. oben 2.2.2.2).

Enger als A. Alt faßt R. Knierim den Begriff der śarim. Sie seien "zeitlebens und hauptberuflich eingesetzte Beamte und unterstehen als solche dem Königtum."[3] Sicherlich geht auch Hosea von einer engen Verbindung der

---

[1]Vgl. F. Crüsemann, Widerstand, S. 90-93.

[2]A. Alt, Anteil, S. 353. Alt bezieht sich auf prophetische Stellen wie Jes 3,14 זקני עמו ושריו ; Jes 1,23 שריך סררים - "deine (scil. Jerusalems) śarim sind Aufrührer" - vgl. die wörtliche Parallele Hos 9,15,b; Zeph 1,8: ופקדתי על השרים ועל בני המלך

[3]R. Knierim, Exodus 18, S. 159.

שרים , bzw. שפטים zum König aus. Andernfalls wären die Parallelismen kaum sinnvoll. Fraglich scheint uns allerdings, ob man diese Verbindung im Sinne Knierims als ein "Angestelltenverhältnis" beschreiben kann. In zwei Belegen nämlich werden bei Hosea die שרים ohne Bezug auf den König erwähnt, - sehr wohl aber mit Bezug auf das "Staatsvolk". Wie "ihre Könige" sind sie dort "ihre śarim" (7,16:...יפלו בחרב שריהם ; 9,15: כל שריהם סררים). An Hos 8,4 wird ein weiteres wichtiges Moment deutlich: nicht nur die Könige bedürfen in den Augen Hoseas der "sakralen Legitimation",[1] sondern auch die śarim. Für beide Funktionsträger - Könige und śarim - gilt: ihre Legitimation ist nicht "gottunmittelbar" gedacht, sondern als ein Handeln des Staatsvolks.

All dies zusammengenommen scheint mir der Schluß unumgänglich, daß Hosea Könige und śarim nebeneinander und nicht in einer hierarchischen Über- oder Unterordnung sieht. Sie sind jedenfalls gemeinsam und je für sich auf das "Staatsvolk" bezogen. Dieses ist für jene verantwortlich.

Dem widerspricht nur bei oberflächlicher Betrachtung das Wort über die Priester (Hos 4,4-10). Es heißt zwar zunächst: "Nein, nicht irgendeinen soll man verklagen, zurechtweisen soll man nicht irgendeinen! Vielmehr mit dir gehe ich ins Gericht, Priester..." (4,4). In V.6 wird jedoch unmißverständlich klar gemacht, in welchem übergeordneten Bezug Hosea die Anklage gegen den Priester erhebt: "Mein Volk kommt um, weil ihm das Wissen fehlt, denn du hast das Wissen abgelehnt..."[2]. Weil die Priester die דעת אלהים , das traditionale Wissen um Jahwes Geschichte mit seinem Volk[3] nicht nur nicht pflegen, sondern geradezu "verschmähen" (מאס), kommt es im Volk zu jener verhängnisvollen Unkenntnis Jahwes, von der schon in Hos 2,10 andeutend die Rede ist.

Der Priester kommt hier nicht in seinen kultischen Funktionen, die ihn in ein unmittelbares Verhältnis zur Gottheit setzen, in den Blick, sondern als Theologe, als theologischer Lehrer und Erzieher. Er erfüllt diese Funktion im und für das Volk (Gerade in Kap. 4 tritt der Terminus עם gehäuft auf!). In eben dieser Funktion versagt der Priester schuldhaft. Der Mangel an "Wissen um Gott" ist von ihm zu verantworten, geht aber doch in erster Linie zu Lasten des Volkes.

---

[1]R. Knierim, Exodus, S. 160 u.ö.

[2]Text und Übersetzung nach H.W. Wolff, Hosea, S. 87.

[3]Vgl. H.W. Wolff, Wissen, S. 199f.

In ähnlicher Weise argumentiert auf einer breiteren institutionalen Basis Hos 5,1f: שמעו זאת הכהנים והקשיבו בית ישראל ובית המלך האזינו
כי לכם המשפט
כי פח הייתם למצפה ורשת פרושה על תבור ושחטה שטים העמיקו
ואני מוסר לכלם

In einer Reihe stehen die Autoritäten - die Priester, die בית ישראל (siehe dazu gleich), das Königshaus - sozusagen am Pranger. In bekannt brachylogischer Manier setzt Hosea die Gedanken: "denn euer ist die משפט". משפט heißt hier schwerlich - wie Rudolph will[1] - "Urteil". Es wäre zumindest ungewöhnlich, wenn ein Prophet seinem Gegenüber abstrakt "das Urteil" verkündet. Prophetische Urteile ergehen in aller Regel inhaltlich bestimmt.[2]

Sehr viel wahrscheinlicher ist uns, daß sich das לכם המשפט auf die Funktionen oder den Funktionsbereich der genannten Größen bezieht, etwa in dem Sinne, wie Jes 32,1 den śarim ihr Tätigkeitsfeld zuweist:

הן לצדק ימלך מלך ושרים למשפט ישרו

Der Text sagt in V.2 nicht ausdrücklich, ob und wie die Autoritäten in ihren Funktionen versagen, ihnen zuwiderhandeln. Es ist nur gesagt, sie werden zu "Falle", "Netz" und "Grube". Die genannten Ortsnamen (Mizpa, Tabor, Schittim) deuten allenfalls die Richtung an, in die eine Entschlüsselung der Figuren zu gehen hätte: illegitime Kulte.[3] Das Bild der Fallen verdeutlicht allerdings, daß Hosea die Folgen des Fehlverhaltens der Autoritäten nicht in erster Linie auf diese selbst zurückfallen sieht, sondern - auch wenn es der Text nicht ausdrücklich sagt - auf "Sie", das Volk.

So scheint auch Hos 5,1f die Funktionsträger - ohne weitere hierarchische Ordnung untereinander - insgesamt auf das Staatsvolk zu beziehen. Ist eine derartige "Verfassungskonstruktion" im Israel des 8. Jahrhunderts als "Verfassungswirklichkeit" denkbar?[4]

In seiner Studie "Die israelitische Staatsverfassung in ihrer vorder-

---

[1] W. Rudolph, Hosea, S. 119.

[2] Allenfalls in Jer 4,12 könnte משפט im abstrakten Sinne aufgefaßt werden.

[3] Vgl. Wolff, Hosea, S. 125; Rudolph, Hosea, z.St.

[4] Zu vergleichen sind hier besonders: A. Alt, Königtum; K. Galling, Staatsverfassung; de Vaux, Lebensordnungen; A. Malamat, Organs; Richter, Richter Israels.

orientalischen Umwelt" rechnete K. Galling mit einer ständischen Gliederung der beiden Staaten Israel und Juda[1] und zwar in drei wesentlichen Elementen: dem König, dem Adel und dem Volk. Nun scheint uns bei Galling ein Element der "israelitischen Staatsverfassung" zurecht betont, das sonst für die spätere Königszeit u.E. zu wenig Beachtung findet: die "aristokratische Schicht der Ältesten"[2], aus der einzelne Funktionsträger oder - in irgendeiner Art - kollegiale Organe hervorgehen, die mit und neben dem König Leitungsfunktionen wahrnehmen.
Die Begriffe, die im Hoseabuch für diese "Aristokratie" in Betracht kommen - בית ישראל(5,1), שר und שפט - erleichtern die Aufgabe der Identifikation und Funktionsbestimmung nicht.
Dies gilt zunächst für den Begriff שר. Immerhin scheint - wie oben bereits festgestellt - ein striktes "Beamtenverhältnis" des שר zum König bei Hosea nicht im Blick. Es geht nicht primär um die שרים des Königs, sondern um "ihre" שרים . Wir fragen deshalb nach den שרים als einer dem Königtum gegenüber selbständigen Größe und nach ihrer politischen und verfassungsmäßigen Organisation. Wir meinen, daß dafür vor allem ein Organ der institutionalen Welt Israels in Frage kommt: die Ältestenversammlung - הזקנים .[3]
Wir wenden uns zunächst terminologischen Fragen zu. Der Terminus für die Ältesten זקנים und der Begriff שר sind ja keineswegs deckungsgleich. Sie sind jedoch in ihren Bedeutungsumfängen auch nicht eindeutig zu trennen. Im Gegenteil. Unter der Überschrift: "Die führenden Männer (Notabeln)"[4] stellt R. de Vaux fest: "Beide Ausdrücke bedeuten ...teilweise dasselbe." Ähnlich urteilt J.L. McKenzie: "To some extent the elders and the sarim touch or overlap."[2] Von den Belegen, auf die sich de Vaux und McKenzie berufen, erscheinen זקנים und שרים besonders in Num 22,7.44; Ri 8,6.14; Jes 3,14; Esr 8,29 als Parallelbegriffe. Jedenfalls ist für beide Größen

---

[1] K. Galling, Staatsverfassung, S. 12ff.

[2] A.a.O. S 27; vgl. jedoch neuerdings H.W. Wolff, Micha, wo die Eigenart der Prophetie Michas aus dessen Zugehörigkeit zu den "Ältesten" erklärt wird.

[3] Vgl. zum folgenden: J.L. McKenzie, Elders; J. van der Ploeg, Les Anciens; A. Malamat, Kingship and Council; R. de Vaux, Lebensordnungen I, S.116ff, 206ff.

[4] R. de Vaux, a.a.O. S. 116.

[5] J.L. McKenzie, a.a.O. S. 528.

an den genannten Stellen kein beamtenähnliches Verhältnis zu einem König erkennbar. Auch andere Begriffe, die deutlich Exponenten des Volkes ohne direkten Bezug zum König bezeichnen, können mit den Begriffen זקן / שר kombiniert werden (Num 21,18: שרים-נדיבי העם ; vgl. Spr 8,16; 1Kön 21,8 זקנים-חרים ; 1Kön 8,1 זקני ישראל = נשיאי האבות לבני ישראל). Es ist also von der Terminologie her durchaus denkbar, daß שרים Größen aus der vom Königtum grundsätzlich unabhängigen Schicht der "Notablen" meint. Gerade die Vielfalt der z.T. "überlappenden" Begriffe für die Angehörigen und Exponenten dieser Schicht (נדיב, זקן, שר, נשיא, חר) könnte darauf hindeuten, daß sie eine beachtliche politische Kraft im Staate Israel dargestellt hat.
Dies hat dann wohl auch für das vornehmste Organ jener Schicht zu gelten, die "Ältestenversammlung". Dieses Organ kann für sich in Anspruch nehmen, in allen Gesellschafts- und Staatsformen, die das Volk Israel durchlaufen hat, eine, in ihrem politischen Gewicht vielleicht schwankende, prinzipiell aber nie gebrochene Bedeutung gehabt zu haben. Wir können seine Geschichte nicht im einzelnen verfolgen.[1] Es ist aber unbestritten, daß die Ältestenversammlung in der (halb-)nomadischen Tribalverfassung[2] ebenso politisch präsent war wie in den Stadien der Ansässigkeit und der Staatlichkeit. Diese Präsenz ist für alle Ebenen bezeugt: in kleinen städtischen Zentren der frühen Zeit (vgl. Ri 9,2 בעלי שכם) ebenso wie bei den ersten Versuchen eines stämmeübergreifenden, "nationalen" Zusammenschlusses (vgl. etwa 2Sam 5,3 זקני בישראל), zur Zeit der beiden Königreiche (vgl. 1Kön 12,6ff) in den Hauptstädten (Jerusalem: vgl. 1Kön 8,1; 2Kön 23,1; Samaria: 1Kön 20,7f; 2Kön 10,1ff) ebenso wie in den Landstädten (vgl. 1Kön 21,8.11; Rut 4,9ff).
Hat die eine oder andere Form der "Ältestenversammlung" bei Hosea eine direkte Spur hinterlassen? Wir meinen: ja, und zwar in dem Terminus בית ישראל der Liste von Hos 5,1. Unter neueren Kommentatoren besteht Einmütigkeit darüber, daß mit dem Begriff die "Sippenhäupter" Israels im Blick sind.[3]

---

[1] Vgl. dazu J. van der Ploeg, Les Anciens, S. 187ff.

[2] Vgl. J.R. Soggin, Königtum, S. 159ff; A. Malamat, Organs, S. 41.

[3] H.W. Wolff, Hosea, S. 123 denkt an eine "verkürzte Redeweise" für זקני בית ישראל; W. Rudolph, Hosea, S. 116 ergänzt שבי . Inhaltlich kommen beide Vorschläge auf dasselbe hinaus. Zu weiteren Vorschlägen vgl. Rudolph, ebd.

Daß und in welchem Sinne diese Deutung zu Recht besteht, soll ein kurzer Vergleich von Hos 5,1 und 1Kön 20,1ff illustrieren.[1]
1Kön 20 erzählt von der Belagerung Samarias zur Zeit Ahabs durch die Aramäer. Der feindliche König, Ben-Hadad, schickt zwei Botschafen an Ahab. In der ersten verlangt er (20,3): "...dein Gold und Silber, es sei mein, und deine Frauen und deine Söhne, sie seien mein." Ahab ist bereit, der Forderung des Aramäers nachzugeben. In einer zweiten Botschaft verlangt der König nicht weniger als Ahabs Einverständnis zur Plünderung Samarias (20,5). Über dieses Ansinnen wagt Ahab nicht mehr, die Entscheidung allein zu treffen. Er ruft "alle Ältesten des Landes" (ויקרא מלך ישראל לכל... ... זקני הארץ) (V.7). Diese "und alles Volk" (כל העם V.8) verweigern ihre Zustimmung. Ahab läßt den Aramäerkönig wissen, er könne wohl die erste, nicht aber die zweite seiner Forderungen erfüllen (V.9).
Das heißt: Der König entscheidet in eigener Machtvollkommenheit, was "sein Haus" betrifft. Alles, was darüberhinaus Leben und Eigentum des Volkes betrifft, wird von der Versammlung der Ältesten mitberaten und mitentschieden.
Dies entspricht exakt der begrifflichen Distinktion von Hos 5,1:

בית ישראל und בית המלך

Selbstverständlich sind politische Umstände denkbar und - nach der Überlieferung - auch eingetreten, in denen ein König der Ältestenversammlung sein Diktat aufzwingen konnte. So geschehen, als Jehu die שרי[2] שמרון - zur Anerkennung seiner erfolgreichen coup d'état veranlaßt. Dies ändert nichts an der Verfassungskonstruktion, nach der die beiden Organe Königtum und Ältestenversammlung selbständige und, in bestimmter Hinsicht, gleichberechtigte Größen darstellten. Wenn wir Hos 5,1 in diesem Sinne richtig gedeutet haben, so geht auch Hosea von den beiden institutionalen Größen mit den beschriebenen Beziehungen untereinander und zum "Staatsvolk" aus.
Es bleibt zu prüfen, ob aus jener "Schicht der führenden Männer" neben dem Kollegialorgan der Ältesten nicht auch noch einzelne Funktionsträger hervorgegangen sind. Bei Hosea könnte dafür der Terminus שפטים (7,7; 13,10) stehen. Hat es im königlichen Israel ein "Richteramt" gegeben?

---

[1] Vgl. dazu auch, A. Malamat, Organs, S. 42.
[2] 2Kön 10,1; Text nach BHS App. Anm. a.

Untersucht ist diese Frage für das Südreich[1], nicht jedoch - soweit ich sehe - für das Nordreich. W. Richter, der sich nach M. Noth eingehend mit den "Richtern Israels" beschäftigt hat, meint, die Belege seien "zu selten und dunkel" für die begründete Annahme eines solchen Amtes in der "frühköniglichen Zeit".[2] Richter nennt unter diesen "dunklen" Belegen auch Hos 7,7. In der Tat gibt es in den Nordreichsüberlieferungen des 9. und 8. Jahrhunderts außer Hos 7,7 und 13,10, keinen Beleg, der irgendwelche Schlüsse in dieser Frage zuließe. Wir werden sie deshalb wohl auf sich beruhen lassen müssen.

Zusammenfassend können wir dem "Grundartikel" des hoseanischen Verfassungsentwurfes (vgl. oben) also folgendes hinzufügen: Das "Staatsvolk" ist repräsentiert durch die Könige sowie die śarim als Exponenten der führenden Schichten des Volkes, insbesondere im Sinne der "Ältestenversammlung" auf den verschiedenen möglichen Ebenen. Königen und śarim obliegt gleichermaßen die Wahrung der משפט(vgl. dazu unten S. 150ff). Die Priester fungieren insbesondere als theologische Lehrer und Erzieher. Alle genannten institutionalen Größen sind wesentlich Funktionsträger und Repräsentanten des "Staatsvolkes".[3]

Rolle und Funktion des oder der Propheten wird Gegenstand der folgenden Kapitel sein.

2.3.2 Der Prophet in der Theokratie

In unsere Liste der Begriffe und Namen, die für den "Verfassungsentwurf" des Hoseabuches relevant sein könnten, haben wir auch den Begriff נביא aufgenommen. Das damit verbundene Postulat der institutionalen "Vernetzung" der Prophetie bleibt auch erhalten, wenn wir nun die institutionalen Funktionen des נביא gliederungsmäßig gesondert und - dem leitenden Interesse dieser Arbeit entsprechend - besonders eingehend behandeln.

Hier soll noch einmal kurz die Problematik des Verfahrens angedeutet werden. Es ist - wie ja schon der erste Teil dieser Arbeit gezeigt hat -

---

[1] Vgl. R. Knierim, Exodus 18; G.C. Macholz, Justizorganisation.

[2] W. Richter, Richter Israels, S. 71; vgl. M. Noth, Amt.

[3] Einen ähnlichen Sachverhalt beschrieb schon H. Breit für die "deuteronomische Theokratie". Vgl. H. Breit, Predigt, S. 206-208.

keineswegs selbstverständlich, den Propheten auf der Ebene institutionaler "Funktionsträger" abzuhandeln. Gerade in dem Versuch, den Propheten in seiner institutionalen "Vernetzung" darzustellen, muß sich jedoch die Fruchtbarkeit unseres Ansatzes erweisen.
Und noch eine Schwierigkeit ist hier zu erwähnen: Der oben skizzierte und nun gewissermaßen im Hinblick auf den Propheten zu vervollständigende "Verfassungsentwurf" ist der Entwurf des Hoseabuches. Über den Propheten in diesem Kontext zu handeln heißt folgerichtig, ein Stück "prophetisches Selbstverständnis" Hoseas und seines Kreises zu erarbeiten. Der "Verfassungsentwurf" einschließlich der Größe "Prophet" ist keine nur objektive Gegebenheit der historisch-sozialen Wirklichkeit, sondern mindestens in gleichem Maße auch - der Dialektik unseres Institutionenbegriffes gemäß - "subjektiv gemeinter Sinn" (vgl. oben 1.1). Als solcher ist er auch dem institutionalen und aktualen Konflikt ausgesetzt.
Das Hoseabuch spricht an vier Stellen von "Propheten": Hos 4,5; 6,4-6; 9,7-9; 12,11.14. Die kurze Erwähnung des נביא in Hos 4,5a gehört - so jedenfalls wird neuerdings angenommen[1] - nicht in den ursprünglichen Hoseatext.
Es ist W. Rudolph wohl recht zu geben, wenn er meint, der Halbvers sei vor allem aus inhaltlichen Gründen "anstößig" geworden.[2] Auch bei H.W. Wolff kommt dies - unbeschadet seiner zunächst rein literarkritischen Argumentation - sehr deutlich zum Ausdruck.[3] Der inhaltliche Anstoß, den die Stelle bietet, liegt vor allem darin, daß sie "Propheten" in Parallele zu "Priestern" setzt und diese wie jene gleichermaßen verurteilt.
Dies fügt sich in das sonst zu beobachtende Prophetenbild des Hoseabuches - wie sich zeigen wird - in der Tat schwer ein. Wir verzichten hier auf text- und literarkritische Entscheidungen, die in diesem Falle doch sehr Gefahr laufen, von außermethodischen, inhaltlichen Erwägungen bestimmt zu werden. Wir widmen dem kurzen Text auch keine gesonderte Untersuchung, werden aber auf sein inhaltliches Problem zurückkommen (vgl. unten 2.3.3.3.3).

---

[1]H.W. Wolff, Geistige Heimat, S. 242; "judäische Glosse"; vgl. ders., Hosea, S. 88; W. Rudolph, Hosea, S. 97 eliminiert נביא textkritisch. Für die Beibehaltung votieren: Robinson/Horst, HAT 14, z.St., C. van Gelderen, Hosea, S. 93; u.a.

[2]W. Rudolph, Hosea, S. 96f.

[3]Vgl. H.W. Wolff, Hosea, S. 88 und 95f.

Bei den verbleibenden drei Stellen handelt es sich nicht um ausgeführte, reflektierende oder gar programmatische "Selbstzeugnisse" des Propheten oder der Prophetie. Die Äußerungen des Hoseabuches zur Prophetie sind - wie die zum Königtum - strikt in den jeweils übergeordneten Kontext eingebunden, fallen gleichsam beiläufig, wenn auch nicht unpointiert.

Leider sind sie auch in anderer Hinsicht typisch "hoseanisch". Sie setzen ihrem Interpreten überlieferungsmäßig, sprachlich und inhaltlich hartnäckig Widerstand entgegen.

2.3.2.1 Drei Schlüsselbegriffe zum Beziehungsfeld Gott - Prophet - Volk: חסד, אמרי פי, משפט - Hos 6,4f

Der Text Hos 6,4f ist Teil einer Gottesrede, die ein "priesterliches Bußlied"[1] (Hos 6,1-3) respondiert. Das Bußlied spricht die Gewißheit aus, Jahwe komme "so sicher wie der Regen, wie der Spätregen, der das Land labt." (V.3) Dem setzt Hos 6,4f entgegen:

מה אעשה לך אפרים   מה אעשה לך יהודה
וחסדכם כענן בקר   וכטל משכים הלך
עלכן הצבתי בנביאים   הרגתים באמרי פי
ומשפטיך אור יצא

(4) "Was soll ich dir tun, Efraim?
Was soll ich dir tun, Juda?
Da eure חסד wie der Morgennebel ist,
wie der Tau der früh verschwindet.

(5) Deswegen habe ich dreingeschlagen durch die Propheten
und erschlagen durch die Worte meines Mundes,
damit meine משפט wie Licht hervorgehe."

Wir legen die von H.W. Wolff vorgeschlagene Textgestalt zugrunde.[2] In der Übersetzung scheint es jedoch uns wichtig, den perfektiven Aspekt und den vorzeitigen Bezug der Suffixkonjugation in den Verben von V.5a in der Übersetzung zum Ausdruck zu bringen. Nur so sind die Fragen von V.4 "Was soll ich dir tun..." genügend motiviert: Jahwe hat immer wieder - in jeweils abgeschlossenen Akten - auf das Volk eingewirkt; vergebens.

---

[1] H.W. Wolff, Hosea, S. 137.

[2] A.a.O. S. 132, 134f.

In finalem Sinne[1] schließt יצא (V.5b) an die vorzeitigen Sachverhalte an: Das Ziel der Akte göttlich-prophetischer Einwirkung auf das Volk war (und ist) das Hervortreten der משפט Jahwes.[2]
Unübersehbar ist im vorliegenden Text die dominierende Stellung Jahwes. Er spricht und handelt. Jahwes Reden und Handeln zielt auf eine ihm zugehörige Größe (משפטי). Die Beziehung Jahwes zu den beiden "Stämmen", bzw. "Staatsvölkern" ist in direkter Rede gehalten und durch den Begriff חסד qualifiziert (V.4). Demgegenüber scheint die Stellung der נביאים stark zurückgenommen. Sie sind instrumental in Jahwes Handeln einbezogen: nicht die Propheten "schlagen drein", sondern Jahwe durch sie. Als Instrumente des Handelns stehen die Propheten in Parallele zu אמרי פי
Aus dem Gesagten ergibt sich folgendes Schema der Aktionsstruktur:

Jahwe (Propheten) ⟶ Staatsvolk.

Dieses Beziehungsschema ist nun anhand der Stichworte חסד אמרי פי und משפט zu explizieren.

2.3.2.1.1 חסד - die Haltung der "Geneigtheit" als Normalform der Gottesbeziehung

N. Glueck hat die Bedeutung des Begriffes חסד mit "gemeinschaftsgemäße Verhaltensweise" umschrieben. Er dachte dabei - ausgehend von "profanen Belegen" - in rechtlichen Kategorien: "Im alten Israel scheint die Verhaltensweise, die dem Rechts-Pflicht-Verhältnis der Mitglieder einer Familien- oder Stammesgemeinschaft entsprach, חסד genannt worden zu sein."[3] N. Glueck wollte diese Bestimmung ausdrücklich auch auf das Verhältnis Mensch-Gott übertragen wissen.[4] Darin ist ihm widersprochen worden.[5] Nicht in einem Rechts-Pflichtverhältnis sei "das Besondere des Theologu-

---

[1]Vgl. GesK §166.

[2]Die Lesung משפטי כאור ist ziemlich allgemein anerkannt und als nachträglich falsche Worteinteilung auch plausibel begründbar; vgl. die Versionen. Vgl. H.W. Wolff, a.a.O. S. 135; W. Rudolph, Hosea, S. 133; anders Robinson/Horst, HAT 14, S. 24.

[3]N. Glueck, Das Wort Hesed, S. 4.

[4]A.a.O. S. 21ff.

[5]Auf deutscher Seite vor allem von H.J. Stoebe, Bedeutung; ders. Art. חסד THAT I, Sp 603f; vgl. ferner A. Jepsen, Gnade, S. 265f.

menon von Gottes häsed" zu sehen, sondern darin, "daß Gott sich in bedingungsloser Freundlichkeit und Großherzigkeit dem Menschen zuwendet".[1] Für das Hoseabuch scheint uns dieser Einspruch nicht - zumindest nicht in vollem Umfang - berechtigt.

In Hos 2,21f steht חסד deutlich im kategorialen Rahmen eines Rechtsverhältnisses. Es heißt dort im Vorblick auf die kommende Idealzeit:

וארשתיך לי לעולם

וארשתיך לי בצדק ובמשפט ובחסד וברחמים

וארשתיך לי באמונה...

"Das dreifache וארשתיך לי bezeugt feierlich den verbindlichen Rechtsakt einer Eheschließung."[2] Jahwe bringt חסד gleichsam als Brautpreis in die Ehe ein.[3] Der unmittelbar voraufgehende Abschnitt Hos 2,4-17 zeigt das Verhältnis Jahwe-Israel als Eheverhältnis in ganz anderem Licht: Jahwe betreibt den ריב, den Rechtsstreit.

In beiden Texten ist das Gottesverhältnis Israels in ein- und demselben kategorialen Rahmen des Rechtsverhältnisses der Ehe beschrieben. Innerhalb dieses Rahmens sind jedoch zwei Zustände möglich. Das Verhältnis kann von ריב (2,4ff) oder von חסד (2,21f) bestimmt sein.

Die weiteren Belege für unser Stichwort im Hoseabuch zeigen, daß חסד nicht der einzige signifikante Begriff für den zweiten Zustand des Verhältnisses ist. Im Kontext von 2,21 werden genannt: צדק משפט רחמים und אמונה. Hos 10,12 nennt צדקה, 12,7 wiederum משפט. Jeder dieser Begriffe scheint einen Aspekt des intakten - nicht vom ריב bestimmten - Rechtsverhältnisses zwischen Jahwe und seinem Volk im Auge zu haben. Welchen Aspekt vertritt חסד?

Hos 6,4 macht zunächst deutlich, daß חסד nicht nur auf Seiten Jahwes steht, etwa wie er חסד nach 2,21 als Brautpreis in das Verhältnis einbringt. Hier wird חסד auch vom Volk erwartet.[4] Dies entspricht der Zweiseitigkeit eines jeden Rechtsverhältnisses, dennoch wäre es zu formal,

---

[1] H.J. Stoebe, Bedeutung, S. 254.

[2] H.W. Wolff, Hosea, S. 64; ארש als Terminus des Eherechts vgl. Ex 22,15; Dtn 20,7; 22,23; 25,27f.

[3] ארש mit der Präposition ב; vgl. 2Sam 3,14.

[4] Vgl. H.J. Stoebe, Bedeutung, S. 250f.

חסד nur auf jene Zweiseitigkeit zu deuten. Es meint eine bestimmte Qualität dieses zweiseitigen Verhältnisses.

Es scheint nun schwierig, ein eindeutiges oder auch nur in weiterem Umfang gültiges deutsches Äquivalent für den hebräischen Begriff חסד anzugeben. H.J. Stoebe nennt in seinem Wörterbuchartikel[1] "Freundlichkeit", "Güte", "Großherzigkeit", "selbstverzichtende menschliche Bereitschaft" für die Verwendung im "profanen" Bereich, "über die Norm hinausgehende Zuwendung von Herzlichkeit", "Offenheit und Bereitschaft", "Liebe" für die Verwendung im "religiösen Sprachgebrauch".

All diese Äquivalente zielen auf eine Haltung, die ein menschliches oder menschlich-göttliches Verhältnis positiv bestimmen. Die inhaltliche Bestimmung dieser Haltung hängt von der Art des Verhältnisses ab. Wir sind damit wieder auf Hoseas Bild von der Beziehung zwischen Jahwe und seinem Volk verwiesen.

In Hos 2,16f ist dieses Verhältnis und die mit ihm verbundene Haltung als Vorgang beschrieben:

Jahwe "lockt" (פתה) Israel, das Weib, er "spricht freundlich zu ihr" (ודברתי על לבה). Israel entspricht dieser Haltung Jahwes, indem es antwortet (ענה 2,17). Das Verhältnis ist hier als Zuwendung, als freundliches, wohlwollendes Gespräch beschrieben, das eine wechselseitige "Geneigtheit" der Gesprächspartner kennzeichnet. Diese Haltung steht allerdings im Rahmen eines Rechtsverhältnisses. Wird von einem der Beteiligten die positive Haltung aufgegeben, so hat dies unmittelbare Folgen für die Gestalt des Rechtsverhältnisses, und umgekehrt: Wird das Rechtsverhältnis verletzt, so greift auch eine andere - negative - Haltung Platz. Deutlich zeigt diesen wechselweisen Zusammenhang Hos 4,1f:

כי ריב ליהיה עם ישבי הארץ
כי אין אמת ואין חסד ואין דעת אלהים בארץ
אלה וכחש ורצח וגנאף ונאף פרצו
ודמים בדמים נגעו

"Ja, Rechtsstreit hat Jahwe mit den Bewohnern des Landes,
denn es ist keine Zuverlässigkeit, keine Geneigtheit,
kein Wissen um Gott im Lande.

---

[1] H.J. Stoebe, Art. חסד THAT I, Sp. 610ff.

"Verfluchen, Täuschen, Morden, Stehlen und Ehebrechen
breiten sich im Lande aus.
Bluttat reiht sich an Bluttat."

Die fehlende "Zuverlässigkeit" und "Geneigtheit" des Volkes stellen sich dar in den vielfältigen Rechtsbrüchen, die Hos 4,2 auflistet. Sie führen bei Jahwe den Umschwung der Haltung herbei: es kommt zum ריב!

Im Rahmen des Rechtsverhältnisses geht חסד also gerade nicht "über die Norm"[1] hinaus. Es ist diejenige Haltung, die dem intakten Rechtsverhältnis zwischen Gott und Volk angemessen ist.

Hos 6,4 beklagt, daß Israel und Juda diese Haltung immer wieder verlassen. Sie mag wohl einmal gegeben sein, verfliegt dann aber wieder "wie der Morgennebel". Deswegen - so fährt Hos 6,5 fort - sah und sieht sich Jahwe veranlaßt, "dreinzuschlagen", d.h. seinerseits die Haltung der Geneigtheit aufzugeben und das Rechtsverhältnis mit Israel im Streit fortzuführen.

Er tut dies בנביאים Diese fungieren als oder wie die אמרי פי. Was meint die Parallele von אמרי פי und נביאים ?

2.3.2.1.2 אמרי פי- Göttliches Wort in Menschenmund

Die Formulierung von Hos 6,5 אמרי פי ist - soweit wir sehen - in der prophetischen Literatur so nicht mehr belegt (Belege außerhalb der prophetischen Literatur vgl. Dt 32,1 - Worte des Mose; Ps 19,15 - Worte des Psalmensängers). Sachlich gehört die Formulierung jedoch in -in breiter und differenzierter belegtes Wortfeld, das von דבר ,פה und dem Gottesnamen gebildet wird, und in verschiedenen Formen und Verwendungsbereichen erscheint. Wir differenzieren unsere Darstellung in vier formal und/oder inhaltlich zusammengehörige Beleggruppierungen.

(1) Der Formulierung von Hos 6,5 eng verwandt ist die Formel כי פי יהוה דבר - "Ja, der Mund Jahwes hat geredet". Die Formel erscheint bei Jesaia (1,20) Micha (4,4) sowie bei Deutero- und Tritojesaia (Jes 40,5; 58,14). Bemerkenswert ist der jeweilige Kontext.

Jesaia gebraucht die Formel als Abschluß einer "Gerichtsrede" (1,18-20; V.18; לכו נא ונכחה...)[2].

Auch Mich 4,4 setzt, wenn nicht gattungsmäßig, so doch inhaltlich einen

---

[1] Gegen H.J. Stoebe, Art חסד , THAT I, Sp. 614.

[2] Vgl. H. Wildberger, Jesaia, S. 50f.

ähnlichen Kontext voraus. Mich 4,3 eröffnet das Wort über das Völkergericht (ושפט בין עמים רבים), die Formel (4,4) schließt es ab.
Bei Deuterojesaia steht die Formel in einem Kontext (40,1-8), der eine himmlische Thronszene voraussetzt. Der Anlaß dieser Thronszene ist die Berufung und Beauftragung des Propheten.[1] Die Formel steht an exponierter Stelle. Sie schließt die "Proklamation des ersten Engels Jahwes" über "die Wende im Geschick seines Volkes"[2] ab.
Wenig signifikant ist der Kontext von Jes 58,14. Hier schließt die Formel eine Gebetsparänese zum Sabbatgebot ab, die literarisch und inhaltlich schwerlich in den prophetischen Kontext des Tritojesaiabuches gehört.[3]

(2) Eine zweite Gruppe von Belegen spricht vom "Mund Jahwes", den "Worten des Mundes Jahwes" - wie schon Jes 40,5 - im Zusammenhang von Berufungen und zwar von Berufungen dreier bedeutender biblischer Gestalten: Mose (Ex 4,10-17), Jeremia (Jer 1,9) und Ezechiel (Ez 3,1ff).
Ex 4,10-17 gehört zum elohistischen Einsetzungsbericht des Mose.[4] Gattungsmäßig spiegelt der Text die Elemente "Einwand" bzw. "Einspruch" und "Zusicherung des Beistandes" bzw. "Ermutigungswort" des Formschemas der Berufungsberichte wieder.[5] Auf den Einwand des Mose, er sei nicht beredt genug für den an ihn ergangenen Auftrag (Ex 4,10f) antwortet Jahwe: (4,12 "...) ...ואנכי אהיה עם פיך והוריתיך אשר תדבר
Die Verse 13-16 erweitern die "Redevollmacht" nach einem erneuten Einwand Mose auf Aaron (V.15) ..ושמת את הדברים בפיו ואנכי אהיה עם פיך ועם פיהו
Mithin: Mose soll "die Worte" in Aarons Mund legen; beider Mund ist jedoch durch Jahwe bevollmächtigt. V. 16 schließlich hat noch einmal das Verhältnis der Redenden - Mose und Aaron - zum Thema und führt aus:
הוא (scil. Aaron) יהיה לך לפה ואתה תהיה לו לאלהים:

---

[1] Vgl. K. Elliger, Deuterojesaia, S. 4f.
[2] A.a.O. S. 21.
[3] Vgl. W. Kessler, Studie, S. 51f.
[4] Vgl. W. Richter, Berufungsberichte, S. 117-122; S. 127: "Eine Erweiterung dieses (scil. des elohistischen) Fadens muß in 4,(10-17)27-31 gesehen werden. Sie setzt nicht nur E voraus, sondern auch J (4,8f), entfaltet aber durch die Fortführung der Einwände ein eigenes Ziel: die Einordnung des Aaron...". M. Noth, Exodus, S. 32f klassifiziert den Text als jahwistisch (V.10-12), bzw. als Zusatz zum Jahwisten (13-16).
[5] Vgl. Richter, a.a.O. S. 127, 139; Baltzer, Biographie, S. 41f.

Bemerkenswert an diesen Texten ist für uns vor allem dies: Die Münder, von denen hier die Rede ist, sind menschliche Münder, nämlich die des Aaron und des Mose. Die Worte, die sie führen, sind göttlich. V.16 geht noch ein Stück darüber hinaus. Der Text kann kam anders verstanden werden als so, daß Aaron der "Mund des Mose" ist, wie Mose der Mund Gottes.[1]

Vom göttlichen Wort im menschlich-prophetischen Mund ist auch in den beiden anderen Berufungsberichten die Rede. Im Einsetzungsbericht Jeremias heißt es:

וישלח יהוה את ידו ויגע על פי ויאמר יהוה אלי
הנה נתתי דברי בפיך

"Da streckte Jahwe seine Hand aus, berührte meinen Mund
und Jahwe sprach zu mir: Siehe ich lege meine Worte in deinen Mund."
(Jer 1,9).

Wiederum ein Stück weiter geht das Jahwewort Jer 15,19, die Antwort Jahwes auf die "Trugfach-Konfession" Jeremias (Jer 15,10-21). Das Angebot der erneuten Beauftragung Jeremias ergeht mit folgenden Worten:[2]

"... Wenn du umkehrst, werde ich mich dir zuwenden,
vor mir wirst du stehen (לפני תעמד);
Wenn du wertvolles und nicht wertloses hervorbringst,
wie mein Mund wirst du sein (כפי תהיה);
Sie werden sich dir zuwenden, und du dich ihnen." (Jer 15,19).

Auch im Jeremiabuch ist vom göttlichen Wort im Munde des Propheten, wie vom Propheten als dem Mund Gottes - wenn auch mit vergleichendem כ verbunden - die Rede.

Was bei Jeremia in vergleichsweise dürren Worten gesagt ist, schildert das Ezechielbuch in drastischer Anschaulichkeit. Der Prophet wird in seiner Berufung mit Jahwes Wort geradezu gefüttert: Ez 3,1f: "Und er (scil. Jahwe) sprach zu mir: Du Menschenkind, iß was du vor dir hast! Iß diese Schriftrolle und geh hin und sprich zum Hause Israel. Da tat ich meinen Mund auf...". Das, womit Ezechiel seinen "Leib füllt" (3,3) ist Jahwes Wort: Ez 3,4: "Und er sprach zu mir, geh hin zum Haus Israel und sprich zu ihnen mit meinen Worten (ודברת בדברי אליהם).

---

[1] Vgl. Noth, Exodus, S. 33.

[2] Über die Authentizität des Textes bestehen Zweifel. Vgl. E. Gerstenberger, Complaints, S. 393f; W. Rudolph, Jeremia, S. 103f.

(3) Breiten Raum nimmt die Rede vom Jahwewort im Munde eines Menschen auch in der Bileamgeschichte (Num 22-24) ein. Von dem Nichtisraeliten Bileam ist Jos 13,22 als קוסם (Wahrsager) die Rede, der nur den Tod verdient. In der Bileamgeschichte erscheint er - den Erwartungen seiner moabitischen Auftraggeber nach zu schließen - als finsterer Magier nach Art der babylonischen 'barû'[1], dessen wirkungsmächtiger Fluch das junge Israel vernichten sollte. Dieser Mann wird wider Erwarten zum Sprecher Jahwes, der gar nicht anders kann, als Israel zu segnen. Die Segenssprüche Bileams sind zwingend und vollmächtig, weil "Jahwe das Wort in Bileams Mund legte" (וישם יהוה דבר בפי בלעם , Num 22,38; 23,5.12.16;). In der Gestalt Bileams kommt der Gegensatz zwischen autorisiertem Jahwesprecher und magischer Wahrsagerei wirkungsvoll zusammen.

(4) In verschiedenen Zeugnissen des AT ist dieser Gegensatz Thema expliziter Auseinandersetzung. Auch in diesen Auseinandersetzungen spielt die Rede vom "Mund" eine Rolle. So etwa Jer 23,16b. Hier wird gewarnt vor נביאים , die dadurch ihre Hörer betrügen, daß sie "Schauung ihrer Herzen sprechen und nicht (Schauung) vom Munde Jahwes" (חזון לבם ידברו לא מפי יהוה). In 2Chr 36, 12 ist die Formel מפי יהוה titulär auf Jeremia konzentriert. Er ist הנביא מפי יהוה.

Besonders extensiv wird diese Auseinandersetzung in den Texten geführt, die die Gestalt Mose in die Diskussion um die wahre Prophetie einführen. So unterscheidet sich nach Num 12, 6-8 Mose von allen anderen נביאים eben dadurch, daß Jahwe mit ihm von "Mund zu Mund" (פה על פה V.8) redet.

Dtn 18 9-19 stellt den Gestalten der israelitischen und altorientalischen Mantik einen Nabi wie Mose gegenüber, dem Jahwe seine Worte in den Mund geben will (vgl. Dtn 18,18).

Nach alledem ist es nicht mehr schwierig, den Parallelismus von Hos 6,5a zu erklären. Die besprochenen Belege ließen deutlich werden, daß Begriffskombinationen wie "Worte in den Mund legen", "der Mund Jahwes hat geredet", "reden vom Munde Jahwes" im Kontext "Jahwe-Prophet" ein- und denselben Sachverhalt umschreiben: Wer so spricht, nimmt für sich die unmittelbare Autorisierung durch Jahwe in Anspruch. Begrifflich führt dies bis hart an die Gleichsetzung des Mundes des Propheten mit dem Munde Jahwes. Möglicherweise ist sie in der unter (1) besprochenen Formel bereits vollzogen (vgl. auch Jes 30,2).

[1]Vgl. J. de Vaux, a.a.O. S. 256f und J. Lindblom, Prophecy, S. 90ff.

Dieser Anspruch wird in verschiedene Situationen der Auseinandersetzung eingebracht. Er wird aber besonders dort laut, wo der Prophet seine Autorität erstmals begründet sieht: in der Berufung. Die Rede vom "Munde" steht so im Rahmen eines Konzeptes, in dem "... für das Amt des Propheten ...die Unmittelbarkeit zwischen Einsetzendem und Eingesetztem konstitutiv (ist)".[1]

Der Parallelismus אמרי פי / נביאם in Hos 6,5a macht deutlich, daß Hosea im Rahmen dieses Konzepts gedacht hat. Als weiterer Beleg neben Hos 6,5a kann auch der Vers Hos 12,11 gewertet werden. Die Unmittelbarkeit der Beziehung zwischen Jahwe und den Propheten wird unterstrichen durch die ungewöhnliche Konstruktion דבר על - "eindringlich einreden auf jemanden"[2] und das betonte אנכי in Hos 12,11a . Und noch etwas wird an Hos 6,5 deutlich: Der Text spricht nicht von der persönlichen Autorität eines bestimmten Propheten, wie dies in den Berufungsberichten der Fall ist; die Rede ist von "Propheten".

Die Zeitverhältnisse in Hos 6,4f (vgl. oben 2.3.2.1) lassen dabei an Gestalten der Vergangenheit denken, - Hoseas Vorläufer? Das diachrone Verständnis der Konzeption ist unübersehbar. Wir werden davon im Kontext von Hos 12 (vgl. unten 2.3.3.3.3;3.3) noch ausführlicher zu handeln haben. Die Selbstverständlichkeit, ja Beiläufigkeit, in der Hosea das Konzept von der "Gottunmittelbarkeit" des Propheten mit der Rede von den אמרי פי einführt, läßt darauf schließen, daß er dieses Konzept bereits übernommen hat.

Propheten handeln durchs Wort. Dieses Handeln ist durch Jahwe ermächtigt, begrenzt und gerichtet. Auf welches Ziel?

2.3.2.1.3 משפט - das theokratische Rechtsverhältnis zwischen Jahwe und dem Volk

Hos 6,5b führt die Jahwerede fort mit den Worten:
ומשפטי כאור יצא - "damit meine משפט wie Licht hervortrete".
Die Wurzel ŠPT und die von ihr abgeleitete מ - Präformativbildung[3] משפט gehören zu den meist-untersuchten Termini des atl. Wortschatzes.[4] Bevor

---

[1] K. Baltzer, Biographie, S. 147.

[2] Vgl. H.W. Wolff, Hosea, S. 279.

[3] Vgl. R. Meyer, Gram. II, §40,4.

[4] Vgl. die Übersicht bei G. Liedtke, Gestalt, S. 62f; ders., Art. שפט THAT II, Sp. 999-1009.

wir die Debatte um diese Termini - soweit tunlich - in unsere Erörterungen einbeziehen, wollen wir die Stellung, die der Begriff משפט im Hoseabuch einnimmt, beschreiben.
Aus zwei Belegen vor allem geht hervor, daß משפט bei Hosea eine Größe ist, die sowohl im Zusammenhang mit Jahwe, als auch im Zusammenhang mit dem Menschen stehen kann. In der schon mehrfach angesprochenen Stelle Hos 5,1 wird משפט deutlich und betont den Autoritäten Israels zugesprochen: כי לכם המשפט . In unserem Text, Hos 6,5b ist es - durch das Suffix der 1. Person markiert - Jahwes משפט.
Deutlich auf der Seite des Menschen gesehen ist משפט wiederum Hos 5,11a:

עשוק אפרים רצוץ משפט

"Unterdrückt ist Ephraim, niedergetreten ist משפט ."
Es ist nicht sicher auszumachen, wodurch Ephraim "unterdrückt" ist, jedenfalls führt der Nachsatz V.5b beide Sachverhalte von V.5a auf ein Handeln Ephraims zurück.[1]
Ganz auf der Seite Jahwes ist משפט in Hos 2,21 gesehen. Er bringt משפט wie חסד (vgl. oben 2.3.2.1.1) als Teil des "Brautpreises" in das neue und endgültige Verhältnis zu seinem Volk ein.
Auf seiten des Menschen wiederum kommt משפט in Hos 12,7b zu stehen (zu diesem Vers vgl. unten S. 210):

חסד ומשפט שמר וקוה אל אלהיך תמיד

"Geneigtheit und משפט bewahre und auf deinen Gott warte unablässig!"

Die Belege machen deutlich, daß die beiden Linien - משפט auf seiten Jahwes und משפט auf seiten des Menschen, Israels - nicht parallel laufen. Sie schneiden sich mannigfach. In der von Hosea anvisierten Heilszeit scheinen sie zu konvergieren, einerseits dadurch, daß Jahwe משפט einbringt, andererseits dadurch, daß Israel sie bewahrt (Hos 2,21/12,7b).
In der Jetzt-Zeit sind die Schnittpunkte anderer Art: משפט ist Feld und Gegenstand des Konflikts zwischen Gott und Volk. Ephraim und seine Autoritäten, denen משפט anvertraut ist, treten sie nieder (Hos 5,1.11).

---

[1] V.11b: "Denn es war erpicht dem Nichts zu folgen." - Möglicherweise ist "Tiglat-Pilesers III. Einbruch in die Nord- und Ostprovinzen" im Gefolge des Zusammenbruchs der syrisch-ephraimitischen Koalition der Hintergrund des Spruches. So H.W. Wolff, Hosea, S. 145; vgl. W. Rudolph, Hosea, S. 129; Text V.5b - vgl. Wolff, a.a.O. S. 131, 134.

Andererseits trachtet Jahwe die verdunkelte משפט wieder ans Licht treten zu lassen durch das Handeln der Propheten.
In den besprochenen Texten markiert der Begriff ein Beziehungsfeld. Sehr hilfreich zur Vergegenwärtigung dieses Beziehungsfeldes kann u.E. die von G. Liedtke für משפט vorgeschlagene Umschreibung "das, was einem zukommt" und das mit Hilfe dieser Umschreibung gebildete Beziehungsschema sein. Liedtke führt aus:

"Die Wendung 'das was einem zukommt' soll in erster Näherung den Charakter des משפט Bereiches bestimmen... Sie kann verstanden werden
- als 'das, worauf man Anspruch hat' (der Anspruch),
- als 'das, was sich für einen gehört, was sich geziemt! (die Pflicht),
- als 'das, was für einen richtig, angemessen ist' (das Angemessene, das Richtige),
- als 'das, was man verdient hat' (Lohn oder Strafe)."[1]

Die Argumentationselemente unserer Texte sind in diesem Schema mehr oder weniger leicht identifizierbar. Von Jahwe aus gesehen ist משפט Anspruch. Es ist seine משפט (Hos 6,5b; vgl. Jer 5,4f); sie kommt dem Volk und seinen Autoritäten auf doppelte Weise zu. Als Pflicht, die zu erfüllen ist, die Jahwe dem Volk gegenüber durch die Propheten bedrängend geltend macht (Hos 6,4f). Sie kommt ihm aber auch zu als das "Angemessene", das Richtige". Ihre Mißachtung wird dem Volk zur Falle (5,2), führt es in die Unterdrückung (5,11). Andererseits erschließt ihre Annahme Friede und Gedeihen (2,20ff). In beiderlei Sinn ist משפט materiale Norm. Sie kann und muß gewußt werden. Dieser letzte Aspekt geht aus den Formulierungen Hoseas nicht unmittelbar hervor, erschließt sich aber einem Vergleich des כי לכם המשפט (Hos 5,1) mit Formulierungen bei Micha und Jeremia:

Mich 3,1: ...שמער נא ראשי יעקב וקציני בית ישראל
הלוא לכם לדעת המשפט:

"...Hört doch, ihr Häupter Jakobs, ihr Anführer des Hauses Israel!"
Ist es nicht eure Sache, משפט zu kennen?"

Jer 5,5a: "Ich will zu den Großen gehen und mit ihnen sprechen.
Denn sie wissen den Weg Jahwes, die משפט ihres Gottes."

Schließlich kann nur eine משפט, die gewußt werden kann, auch ge- und bewahrt werden (Hos 12,7).

---

[1] G. Liedtke, Gestalt, S. 78.

Nicht unmittelbar belegbar ist aus den hier besprochenen Texten des Hoseabuches der vierte Aspekt des Beziehungsschemas - "Lohn oder Strafe". Vielfach belegt ist jedoch, daß die Störung des משפט-Verhältnisses zwischen Gott und Volk zum ריב, zum Rechtsstreit zwischen Gott und Volk führt (vgl. dazu besonders unten 2.3.2.2.2).

Insgesamt erscheint משפט bei Hosea als Inbegriff des Herrschaftsanspruches Jahwes über das Volk und als dessen Lebens- und Rechtsordnung gleichermaßen. Die Wiedergabe von משפט mit "theokratischer Lebensordnung" scheint daher angemessen.

Hier muß nun allerdings auf zwei Mißverständnisse hingewiesen werden, die aus dem modernen Begriff der Theokratie erwachsen könnten:

Ein modernes politologisches Lexikon definiert "Theokratie" wie folgt: "Der Begriff T. bezeichnet ein System weltl. Herrschaft, in der <u>der Wille Gottes als die oberste und unmittelbar verpflichtende Richtschnur</u> der öffentlichen Ordnung anerkannt ist... Das theokratische Prinzip ist in seiner vollen Konsequenz ausgebildet, wenn in einer Rechtsgemeinschaft die Vorstellung wirksam ist, die Gottheit sei das maßgebliche Organ dieser Gemeinschaft. Eine solche Vorstellung findet ihre institutionelle Verwirklichung darin, daß <u>Priester oder Propheten als Sprecher Gottes und als Interpreten göttl. Willens</u> anerkannt werden und ihnen deshalb <u>die oberste Befehlsgewalt</u> in der Rechtsgemeinschaft eingeräumt wird."[1]

Es sind vor allem zwei Kategorien dieser Definition, die mit der aus Hosea erhobenen Form der Theokratie, nicht ohne weiteres vereinbar sind: "der Wille Gottes" und die "Befehlsgewalt" der Sprecher Gottes.

Bei Hosea und darüber hinaus im AT gibt es kein Äquivalent für den deutschen Begriff "Wille Gottes". Der "Wille Gottes" ist keine Kategorie atl. Theologie. Die "Richtschnur der öffentlichen Ordnung" ist nicht der Wille des Souverains, sondern die משפט, nicht der Willensakt der Herrschaft, sondern die Lebens- und Rechtsordnung, die gewußt, interpretiert werden kann, auf die Berufung möglich ist.

Wir berühren damit eine Fragestellung, die die Diskussion um unseren Begriff jahrzehntelang bestimmt hat:

Ist die Grundbedeutung der Wurzel ŠPT und ihrer Derivate eher herrschaftlich - "seinen Willen durchsetzen", "regieren" (Hertzberg) - oder eher

---

[1] D. Pirson, Art. Theokratie, Ev. Staatslexikon, Sp. 2628f; Unterstreichung von mir.

rechtlich - "richten", "zum Recht verhelfen" (Köhler, Grether)?[1]

Diese Alternative scheint heute insofern überwunden, als die Wurzel anerkanntermaßen auch eine nicht-juristische "Bedeutungssphäre" hat, "die mit Zivilverwaltung und Rechtschreibung umschrieben werden kann."[2]

Gleichwohl bleibt der Begriff משפט mit dem engeren juristischen Bereich, der Gerichtsbarkeit und dem Verfahren, verbunden. Der Terminus kann sehr differenziert einzelne Elemente des Rechtslebens bezeichnen: "Rechtssatz", "Rechtsanspruch", "Urteil", "Urteilsvorschlag".[3]
Man wird dies im Auge behalten müssen, auch dann, wenn משפט in Zusammenhängen erscheint, die zum Bereich der Staatsverwaltung, des Staatsrechts, der Staatsordnung gehören. Einen sehr handfesten, staatsrechtlichen Sinn gewinnt der Begriff, wenn die Privilegien und Rechte des Königs und seines Hauses als משפט המלך (1Sam 8,10) bezeichnet werden. משפט kann auch zur göttlichen Amtsausstattung des Königs (vgl. Jes 9,6) oder שרים (Jes 32,1b, vgl. Spr 8,16) gehören.
Wenn die starke rechtliche Konnotation unseres Terminus auf seine Verwendung im Bereich der Herrschaftsausübung, der Staatsverwaltung und Staatsordnung Einfluß hat, dann den, diesen Bereich dem Anspruch der Rechtlichkeit zu unterwerfen.
Dies läßt sich schließlich auch von Jahwes משפט im engsten Sinne sagen. Jahwes Herrschaft über die Götter (vgl. etwa Ps 82)[4], die Völkergemeinschaft (vgl. Jes 51,4), ja selbst über die natürliche Welt (vgl. etwa Jer 8,7) kann als Rechtsherrschaft dargestellt werden.
Sehen wir dies so richtig, so kann der "Mund Jahwes", der Prophet schwerlich über "Befehlsgewalt" verfügen. In der Tat bieten die Texte des Hoseabuches, die sich mit anderen Institutionen Israels befassen, keinen Hinweis auf eine derartige "Gewalt" des Propheten. Der Prophet gibt keine politischen oder militärischen Befehle. Er weist auf den Bruch der משפט und die Konsequenzen dieses Bruchs hin. Dabei stehen ihm als Machtmittel ausschließlich die אמרי פי (Hos 6,5) zu Gebote.

[1]Vgl. das Referat bei Liedtke, Gestalt, S. 62f.

[2]So resümiert W. Richter seine über den ganzen westsemitischen Raum ausgreifende Untersuchung zu שפט W.Richter, Richter Israels, S. 71; vgl. G. Liedtke, Gestalt, S. 73; ders. Art שפט THAT II, Sp. 1004.

[3]Vgl. Liedtke, Gestalt, S. 83ff.

[4]Vgl. F. Horst, Naturrecht, S.244ff.

2.3.2.2 Gerichtstag am Jahwefest - Hos 9, 1-9
Prophetisches Handeln nach Anspruch und Recht der Theokratie

2.3.2.2.1 Text, Übersetzung und Sinnstruktur

Textüberlieferung und Übersetzung der Perikope Hos 9,1-9 bieten eine Fülle von Schwierigkeiten, die wir hier nicht vollständig abhandeln und entscheiden können. Im wesentlichen halten wir uns deshalb an die von H.W. Wolff angenommene Textgestalt und machen auch seine Übersetzung zum Ausgangspunkt der unseren.[1] In vier Punkten scheinen uns jedoch Modifikationen der Übersetzung, bzw. eine eingehendere Diskussion der Entscheidungsgründe angebracht.

(1) Zur Übersetzung von V.1a -2: Die Verse bilden einen zusammengehörigen Sinn- und Vorstellungszusammenhang, der insbesondere durch die Verben אהב/זנה einerseits (V.1b) und (II) רעה andererseits (V.2) gebildet wird.

רעה (II) ist in den Proverbien in der Bedeutung "Umgang haben" belegt. Dabei ist ein wenig ehrbarer Umgang im Blick:

Spr 13,20: "Wer mit Weisen geht, wird weise,
wer mit Toren (כסילים) Umgang hat (רעה),
dem wird's schlecht gehen."

Spr 28,7 : "Wer die Lehre bewahrt, ist ein verständiger Sohn,
wer mit Schlemmern Umgang hat, macht seinem Vater Schande."

Spr 29,3 : "Wer Weisheit liebt, erfreut seinen Vater,
wer mit Huren Umgang hat, kommt um sein Gut."

Vor allem der letztgenannte Spruch kann deutlich machen, in welcher Weise die beiden Aussagen אהבת אתנן על כל גרנות (1b) und גרן ויקב לא ירעם (2a) zusammenhängend gedacht sind. Die Tenne (גרן) ist Arbeits- und Kultplatz zugleich.[2] Der "hurerische" Umgang Israels auf den Korntennen (die Fruchtbarkeitskulte) führt dazu, daß dieselben Korntennen - nun als Arbeitsplatz gedacht - ihrerseits den Umgang mit Israel abbrechen, d.h. den Ertrag verweigern. Dies ist, typisch hoseanisch, figural gedacht und gesagt: Bild (huren, Hurenlohn, Umgang haben) und Sache (Tennen als Orte der Erntearbeit und des Kultes, Ernteertrag als Folge des Kultes) sind zu

---

[1]Vgl. H.W. Wolff, Hosea, S. 192ff.

[2]Vgl. a.a.O. S. 198.

einem Vorstellungszusammenhang verschmolzen.[1] Die Aussagen sind von der Sach- in die Bildhälfte oszillierend kombiniert. Die jeweilige Kombination pointiert die Aussageabsicht. Die Pointe des vorliegenden Zusammenhangs markiert das Korrespondenzverhältnis von זנית/ אהבת und לא ירעם : Der hurerische Umgang Israels entzieht sich selbst die Grundlage. Die Tennen als Orte von Kult (Hurerei) und Erntearbeit (Hurenlohn-Ertrag) brechen den Umgang mit Israel ab, "der Most bleibt trügerisch aus" (כחשׁ Pi[2]) (V.2b), - die Hure ist um ihren Lohn gebracht. Der folgende Vers (3) entschlüsselt die kunstvoll-änigmatisch aufgebaute Pointe: "Sie werden nicht im Lande Jahwes bleiben." Die Kulturlandexistenz hört auf.

(2) Zu den "schwierigsten Texten des Buches" gehört nach H.W. Wolff der Vers 8a[3]. R. Dobbie[4] bietet eine Übersicht über die Versuche der textkritischen Forschung, diese Schwierigkeiten zu lösen. In der Tat hat man meist die Textkritik bemüht, um den Widerständen, die der Vers dem Verständnis entgegensetzt, zu begegnen.[5]
Indes scheint uns auch hier (vgl. schon oben zu Hos 7,3-7, 2.2.2.2) fraglich, ob dies der geeignete Weg ist. Nach syntaktischem und inhaltlichem Aufbau macht der Abschnitt Hos 9,7-9 u.E. einen durchaus geschlossenen Eindruck.
Zunächst ist unter den neueren Kommentatoren[6] unbestritten, daß V.7a einen Wortwechsel zwischen Volk und Prophet wiedergibt, der durch ein Votum des Propheten ausgelöst wird: באו ימי הפקדה באו ימי השלם (7aα).
Die Thematik dieses Votums nimmt V.9 wieder auf und zwar in den Stichworten ימי und פקד.
Wenn wir nun von dem in wesentlichen unbestrittenen V.7b absehen, bleibt in V.8 folgender Konsonantenbestand

צפה אפרים עם אלהי נביא
פח יקוש על כל דרכיו
משטמה בבית אלהיו

[1] Vgl. dazu oben 2.1.1.

[2] Vgl. KBL S. 431; M.A. Klopfenstein, Lüge, 267ff.

[3] H.W. Wolff, Hosea, S. 202.

[4] R. Dobbie, Hosea IX,8.

[5] Vgl. neuerdings vor allem W. Rudolph, Hosea, S. 173.

[6] Vgl. A. Weiser, ATD 24, z.St.; Robinson/Horst, HAT 14, S. 36; H.W. Wolff, a.a.O. S. 195; W. Rudolph, a.a.O. S. 178.

Dabei fällt zunächst auf, daß der Vers in seinem zweiten Teil (V.8b) aus zwei analog gebildeten Nominalsätzen zusammengesetzt ist: Auf ein erstes nominales Glied (משטמה - פח יקוש) folgt ein Präpositionalausdruck, dessen Nomen mit dem Suffix der 3. Pers. sg. versehen ist. Dem entspricht auch V.8a nach massoretischer Auffassung (1. Satzglied: צפה אפרים) bis auf das Suffix der 1. Pers. sg. am Nomen des Präpositionalausdrucks (עם אלהי) und das unmittelbar darauf folgende isolierte Nomen נביא . Hier scheint auch die eigentliche Textverderbnis vorzuliegen. Dafür könnte sprechen, daß der Septuagintatext keinen Hinweis auf irgendein Suffix an אלהים bietet (anders die Vulgata!), das Nomen נביא aber unverändert tradiert.[1] So konzentriert sich textkritisch alles auf das Suffix am Nomen אלהים. Nun scheidet aber ein Suffix der 1. Pers. sg. wohl aus. Wenn im Hoseabuch jemand in der 1. Pers. sg. spricht, dann ist es in aller Regel Jahwe selbst.[2] Die Frage, ob אלהים jemals ein Suffix getragen hat, und wenn ja, welches, bleibt unentscheidbar. Am ehesten kommt das Suffix der 3. Pers. sg. in Frage, und zwar sowohl aus graphischen (Verwechselbarkeit von י und ו) Gründen, wie aus Gründen der syntaktischen und sinngemäßen Konsequenz (V.8b!).

Am wahrscheinlichsten im Hinblick auf die syntaktische Struktur des Textes ist es u.E., in V.8a, wie in V.8b den Nominalsatz mit Präpositionalausdruck anzunehmen. Dies impliziert, daß gemäß massoretischer Vokalisierung צֹפֶה אֶפְרַיִם als Konstruktusverbindung aufgefaßt wird. In diesem Falle hätten die textkritisch sicheren Suffixe in V.8b einen unmittelbaren personalen Bezug. Offen bleibt noch, wie das isolierte Nomen נביא im Text unterzubringen ist. H.W. Wolff schlägt vor, נביא auf צפה אפרים zu beziehen und zwar "als Glosse", die "das Subjekt von 8a erklären" will und zugleich "die Beziehung der Suffixe in 8b sichert".[3] Von der Textgestalt und der syntaktischen Struktur scheint dies ein möglicher und akzeptabler Vorschlag, vom Inhalt her muß er sich bewähren.

---

[1] LXX: "σκοπὸς Εφράιμ μετὰ θεοῦ · προφήτης, παγὶς σκολία..."
V : "speculator Ephraim cum Deo meo Propheta laqueus..."
Diese Versionen ziehen "Prophet" als selbständiges Glied zu Satz 2. Insgesamt geben die Versionen dem Text V.7-9 einen von der mass. Auffassung erheblich abweichenden Sinn: Sie beziehen den Propheten ins Gericht ein.

[2] Vgl. H.W. Wolff, Hosea, S. 152; Eine Ausnahme bildet Hos 3!

[3] H.W. Wolff, Hosea, S. 194, vgl. schon van Hoonacker, Les douze, S. 90.

(3) In den Übersetzungsvorschlag H.W. Wolffs für V.5 ("Was wollt ihr herrichten...") ist eine bestimmte interpretorische Sicht eingegangen, der wir uns nicht anschließen.[1] Wir übersetzen daher zunächst wörtlich.
(4) Wir schließen uns auch Wolffs Lesart קרבו für das zweite באו in V.7a nicht an. Zu dieser Textänderung besteht u.E. kein Anlaß.

Wir übersetzen demnach:

(1) "Freue dich nicht Israel! Jauchze nicht wie die Völker!
Ja - du hurtest weg von deinem Gott,
du liebtest Hurenlohn auf allen Korntennen.
(2) Tenne und Kelter werden keinen Umgang mit ihnen haben
und der Most wird trügerisch ausbleiben.
(3) Sie werden nicht im Lande Jahwes bleiben,
zurückkehren wird Ephraim nach Ägypten,
und in Assur werden sie Unreines essen.
(4) Sie werden Jahwe keinen Wein mehr spenden,
ihre Schlachtopfer werden ihm nicht angenehm sein.
Wie Trauerbrot wird es für sie sein,
jeder, der es ißt, verunreinigt sich.
Ja, ihr Brot dient ihrem Schlund ...[2]
(5) Was tut ihr zum Versammlungstag, zum Tag des Fest Jahwes?
(6) Ja, seht: Wenn sie weggezogen sind aus der Verwüstung,
dann wird Ägypten sie einsammeln, Memphis sie begraben.
Kostbar ist ihr Silber - Unkraut wird sie beerben, Distel in ihren Zelten.
(7) Gekommen sind die Tage der Rechenschaft,
Gekommen sind die Tage der Heimzahlung!
Israel schreit:
Ein Narr ist der Prophet, ein Verrückter der Geistesmann!
Weil deine Schuld groß ist, ist die Feindseligkeit vielfach.
(8) Der Wächter Ephraims ist mit Gott (Prophet).
Die Falle des Vogelstellers ist auf allein seinen Wegen.
Feindseligkeit ist im Hause seines Gottes.
(9) Sie handeln auf tiefste verderblich, wie in den Tagen Gibeas.
Er wird ihrer Übeltat gedenken und ihre Vergehen ahnden."

---

[1] H.W. Wolff, Hosea, S. 200.
[2] A.a.O. S.193, 200.

Der Text ist formal geprägt von der Auseinandersetzung, die er wiedergibt. Die direkte Rede dominiert in Imperativen (1aα), in Anrede (1aβ), in der Frage (V.5), in Ausrufen (V.7) und Gegenrede (V.7). Auch die "berichtenden" Partien sind als an bestimmte Personen gerichtet (V.6 כי הנה).

H.W. Wolff hat - unter Berufung auf H.J. Boecker - die mehrfachen formalen Neueinsätze gattungsmäßig als Formen der Auseinandersetzung von Rechtsgegnern erklärt.[1]
In der Tat lassen sich mindestens zwei "Redeformen des Rechtsleben" im Text gut identifizieren. Die Verse 1aβ-4 tragen wesentliche Merkmale der Verbindung von Urteil und Tatfolgebestimmung. Eingeleitet durch deiktisches כי wird in 1aβb der Tatbestand in Verben mit perfektivem Aspekt (Suffixkonjugation) festgehalten. Daran schließt sich - imperfektiv (Präfixkonjugation) der 3. Pers. - die "ausgeführte Tatfolgebestimmung" an. [2] Im Vergleich zum "Muster eines prophetischen Gerichtswortes"[3] fehlt das die Tatfolgebestimmung einleitende על כן. Ungewöhnlich im Vergleich zu den von Boecker angeführten Beispielen aus der prophetischen Literatur ist die 2. Pers. in der Urteilsformulierung.
Als "Redeform des Rechtslebens" kann auch die Frage in V.5 in Betracht gezogen werden. Unter der Bezeichnung "Beschuldigungsformel" faßt H.J. Boecker einen Typus von Fragen zusammen, der in der ausgeführten Form מה הדבר הזה עשית לנו (Ri 8,1) gelautet haben mag.[4] Der "Sitz im Leben" dieser Redeform ist die "vorgerichtliche Auseinandersetzung". Durch sie soll "der Täter einer als rechtswidrig empfundenen Handlungsweise gestellt und auf das Absonderliche seines Tun aufmerksam gemacht" werden.[5]
In der atl. Literatur erscheint die Formel in mannigfacher Variation und nicht bei jedem - formal stimmigen - Beleg ist der Bezug zum rechtlichen Funktionszusammenhang noch unmittelbar ersichtlich (vgl. etwa Ex 14,11; Ri 15,11). Dies gilt auch für die relativ selten belegte yiqtol - Kurzformel מה תעשה (Jes 45,9; Ijob 9,11)[6], die auch in Hos 9,5 vorliegt.

---

[1] H.W. Wolff, Hosea, S. 195; H.J. Boecker, Redeformen, S. 149ff.

[2] Zum "Urteil" Boecker, a.a.O. S. 135ff; Zur Verbindung von Urteil und Tatfolgebestimmung: a.a.O. S. 149ff; bes. S. 152f.

[3] scil. Hos 4,1-3; vgl. Wolff, a.a.O. S. 81; Boecker, a.a.O. S. 152.

[4] H.J. Boecker, Redeformen, S. 26-31.

[5] A.a.O. S. 29.

[6] Vgl. a.a.O. S. 30, Anm. 6.

Daß aber auch diese Formel als gängige Form der Eröffnung einer Rechtsauseinandersetzung bekannt war, geht aus Koh 8,3f hervor. Dort ist die Rede von der willkürlichen Macht des Königswortes, an das keiner die Frage stellen könne: מה תעשה . D.h.: Ein König und sein Wort können nicht zur Verantwortung gezogen, keinem Rechtfertigungszwang unterworfen werden.

Wenn wir diese Redeform dem Verständnis von V.5 voraussetzen, so ergibt sich, daß die wörtliche Übersetzung auch die sachgemäße ist: "Was tut ihr zum Versammlungstag, zum Tag des Festes Jahwes?" Demnach ist dies der Hinweis auf ein unrechtmäßiges Verhalten Israels im Zusammenhang mit dem Jahwefest und steht insofern und als direkte Anrede (in Frageform) in Parallele zu V.1a - einer ebenfalls direkten Anrede (im verneinten Imperativ).
Ein Vergleich von V.1aβ-4 mit V.5f läßt eine gewisse "Struktur- und Sinnsymmetrie" erkennen. Machen V.1ab und V.5 ein unrechtmäßiges Verhalten namhaft, so zeigt V.6, wie die Verse 2-4, die Konsequenzen dieses Verhaltens auf. Die in V.6 dominierenden yiqtol-Formen der 3. Pers. entsprechen denen der Tatfolgebestimmung von V.2ff. Auch inhaltlich entsprechen sich die Abschnitte. Aus unfruchtbarem, verwüstetem Land wird Israel in ein kultisch unreines Exil gehen.
Der folgende V.7 steigert die Unmittelbarkeit der Verse 1a und 5 weiter: er hebt an mit einem Wortwechsel. Dem "Tag des Festes Jahwes" (V.5) setzt ein Sprecher - der Prophet - die ימי הפקדה und die ימי השלם entgegen. Darauf folgt ein Aufschrei Israels[1]: "Ein Narr ist der Prophet..." (7bα).

Dann scheint noch einmal der Prophet das Wort zu ergreifen. Er wendet sich an Israel zurück (V.7bβ) und kommentiert den feindseligen Wortwechsel: "Weil deine Schuld groß ist, ist die Feindseligkeit vielfach."
Im folgenden V.8, der - wie oben dargelegt - aus Nominalsätzen aufgebaut ist, wird die Feindseligkeit, die dem Propheten entgegenschlägt, in allgemein konstatierender Weise geschildert.
Der letzte Vers (9) unseres Abschnittes ist wiederum von der Abfolge qatal - yiqtol bestimmt. Formal ist es denkbar, die Struktur der Verbindung von Urteil und Tatfolgebestimmung anzunehmen. In diese Richtung weist auch das Vokabular (פקד, זכר).

---

[1]Wir halten uns an die von van Hoonacker, Les douzes, S. 89 erstmals vorgeschlagene Emendation יריעו (Wurzel רוע) für mass. ירעו , die auch von H.W. Wolff, Hosea, S. 193 übernommen wird.

2.3.2.2.2 Rechtsakt und Rechtsverhältnis in Hos9,1-9

Die kurze Vergegenwärtigung von Sinnstruktur und Formen hat gezeigt, daß unser Text von zwei Faktoren entscheidend bestimmt ist:
(1) Der erste Faktor ist die direkte Anrede des Propheten an ein unmittelbar gegenwärtiges und auch (V.7!) unmittelbar reagierendes Gegenüber. Dieses Gegenüber ist Israel (V.1,7). Wir haben herausgearbeitet (vgl. oben 2.3.1), daß mit "Israel" bei Hosea das Staatsvolk in seinem historisch-theologischen Aspekt als Gottesvolk angesprochen ist. Dieses "Israel" ist jedoch immer auch als gegenwärtiges Staatsvolk - als Ephraim - präsent. Diese aktuelle Präsenz ist in Hos 9 zunächst als sprachliche, aber wohl auch als historische Wirklichkeit faßbar.
Israel hat sich zum Jahwefest (V.5) versammelt. Dieses Fest ist der Ort der Handlung und bildet damit die Szene der Kontroverse zwischen Prophet und Volk. Manches spricht dafür, daß dabei nicht irgendein - vielleicht paradigmatisches - Herbstfest im Blick ist, sondern ein ganz bestimmtes, historisch fixierbares.[1]
(2) Der zweite Faktor, der unseren Text bestimmt, sind die "Redeformen des Rechtslebens". Fast symmetrisch wechseln sich die direkten Anreden (V.1a .5.7), die unmittelbar auf die Situation des Herbstfestes verweisen, mit solchen Redeformen - besonders der Verbindung von Urteil und Tatfolgebestimmung (V.1a-4.6.9) - ab.
In den Bereich des Rechts verweisen auch bestimmte Termini: פקד (V.7. 9), שלם(V.7) und - möglicherweise - זכר (V.9).
Die drei Begriffe sind in der atl. Semantik umstritten. Es bedarf deshalb einer kurzen Erläuterung unserer Sicht der Dinge.
Für פקד haben wir oben (vgl. 2.2.2.1) - unter Verzicht auf eine abstrahierte "Grundbedeutung" - die Tätigkeit der "verwaltungsmäßigen Bestandsaufnahme" als konkreten Vorstellungshintergrund herausgearbeitet. Einen "öffentlich-rechtlichen" Charakter hat diese Tätigkeit dort, wo sie im Zusammenhang des Zensus oder der Musterung zu zivilen, bzw. militärischen Zwecken steht.

---

[1] H.W. Wolff, Hosea, S. 197, vermutet, "daß unser Auftritt am Herbstfest des Jahres 733 oder doch eines der unmittelbar folgenden Jahre anzusetzen ist."
Vgl. W. Rudolph, Hosea, 175.

Als ein Terminus mit "zivilrechtlichem" Vorstellungshintergrund kann auch שלם gelten. Dies hat neuerdings G. Gerlemann herausgestellt.[1] Gerlemann steht in profiliertem Gegensatz zu einer traditionsreichen Deutung der Wurzel und besonders ihres Derivats שלום. Diese Deutungstradition, die besonders mit dem Namen J. Pedersens verknüpft ist,[2] sieht die Vorstellung der "Ganzheit" und "Unversehrtheit" als Grundbedeutung. Gerlemann geht in seiner semantischen Untersuchung vom Pielstamm der Wurzel aus und konstatiert einen "scharf profilierten Verwendungsbereich...: שִׁלֵּם meint durchweg 'bezahlen, vergelten'".[3] Die Belege des Bundesbuches (Z.B. Ex 21, 34.36; 22,2 u.ö. insgesamt 14 Belege) lassen die Wurzel im Pielstamm als "prägnanten Rechtsterminus",[4] erscheinen, der die Ersatzleistung für fahrlässig oder schuldhaft verursachte Vermögensschäden bezeichnet. Gerlemann betont, daß sich die Verwendung des Terminus keineswegs auf das Rechtsleben beschränke, ja daß es fraglich sei, ob dieser Gebrauch "die ursprüngliche und eigentliche Grundbedeutung des שלם abspiegelt oder als sekundärer Sondergebrauch zu bewerten ist."[5] Bestehen bleibt jedoch - unbeschadet aller Möglichkeiten der Übertragung und Abstraktion - die konkrete Tätigkeit des "Bezahlens und Vergeltens" als Vorstellungshintergrund der Wurzel שלם.[6]

Für beide Begriffe - פקד und שלם - kann gelten, daß aufgrund ihrer Verwendung ein öffentlich-rechtlicher, bzw. zivilrechtlicher Vorstellungshintergrund anzunehmen ist.

Schwieriger liegen die Dinge für זכר. Für diesen Begriff läßt sich kein ähnlich scharf konturierter, konkreter Vorstellungshintergrund aufweisen, wie dies für פקד und שלם möglich war. W. Schottroffs Untersuchung der Wurzel hat gezeigt, daß זכר im ganzen semitischen Sprachraum belegt ist und "die Frage nach dem ursprünglichen 'Sitz im Leben' der Wurzel...angesichts dieser Streuung kaum zu beantworten ist."[7] Ebenso breit wie die

---

[1] G. Gerlemann, Wurzel; ders. Art שלם, THAT II.

[2] J. Pedersen, Israel I-II, S. 311-335; vgl. neuerdings: J. Eisenbeis, Wurzel שלם.

[3] G. Gerlemann, Wurzel, S. 4.

[4] Ebd.

[5] A.a.O. S. 5.

[6] Vgl. auch das Resümee bei J. Scharbert, SLM, S. 308 und 321ff.

[7] W. Schottroff, Gedenken, S. 111f.

Belegung ist auch die "semitische Grundbedeutung 'denken an, gedenken, sich erinnern'"[1] aufweisbar.
Belegstellen wie Gen 42,9; Dtn 16,3; Mich 6,3-5; Jes 43,18f; Ps 77,6 machen - gerade weil sie sehr verschiedenen Kontexten entstammen - deutlich, daß זכר in der genannten Bedeutung sehr stabil ist. Es handelt sich bei diesem Verb - im Gegensatz zu den beiden vorigen - eben nicht um ein verbum actionis mit konkretem Vorstellungshintergrund, sondern um ein ganz allgemeines verbum sentiendi. Keine konkrete Tätigkeit, sondern ein der unmittelbaren Beobachtung entzogener, mentaler Vorgang ist sein Bedeutungsbereich.[2]
Wenn diese Wurzel eine konkret juridische Bedeutung haben sollte, dann wäre dies eine abgeleitete, spezialisierte Sonderbedeutung, die dem Begriff aus der Verwendung in einem eng umgrenzten Funktionsbereich zuwachsen könnte. Sind solche Sonderbedeutungen von זכר im rechtlichen Bereich aufweisbar? Über diese Frage kam es zu einer Debatte, die besonders zwischen W. Schottroff und H.J. Boecker geführt wurde.[3] H.J. Boecker geht es vor allem darum, einen technischen Gebrauch der Wurzel im Rechtsverfahren nachzuweisen; der Begriff habe "im Zusammenhang mit dem Rechtsverfahren den Sinn, Fakten und Ereignisse der Vergangenheit als Rechtsgrundlage für die Rechtsentscheidung der Gegenwart kennzuzeichnen.[4] Von den Belegstellen, die Boecker diskutiert (u.a.: Gen 40,14; Lev 26,45; Num 5,16; 1Kön 17,18; Neh 13,29; Ez 21,28; 29,16), kommt u.E. nur Jes 43,26 unzweifelhaft in Frage. Jahwe ruft Israel zum Rechtsstreit auf:

הזכירני נשפטה יחד ספר אתה למען תצדק

Der Aufruf zur gemeinsamen Rechtssuche mit dem Ziel, Israel "gerecht" erscheinen zu lassen, ist verbunden mit einer doppelten Aufforderung Jahwes "gedenken zu lassen" und "aufzuzählen". Die Objekte sind nicht genannt. Gemeint sein können allerdings nur Verteidigungsgründe. Im Duktus von Jes 43,25ff wird klar gemacht, daß Israel solche Gründe nicht nennen kann.

---

[1] W. Schottroff, Gedenken, S. 111f.

[2] In diesem Falle scheint eine Suche nach der Grundbedeutung durchaus angebracht. Zum Problem vgl. oben S. 70, Anm. 2.

[3] W. Schottroff, a.a.O. S. 230ff, 264ff; H.J. Boecker, Redeformen, S. 105-111; vgl. schon: H. Reventlow, Mazkir; H.W. Wolff, Hauptprobleme, S. 223, Anm 43; ferner: J. Begrich, Sofer.

[4] H.J. Boecker, a.a.O. S. 109.

Immerhin ist an dieser Stelle die Vorstellung eines Gerichtsverfahrens greifbar,[1] eine forensische Spezialbedeutung des Begriffs wird so allenfalls denkbar. Es muß allerdings im Blick bleiben, daß es in Jes 43 um einen Rechtsstreit Jahwes mit seinem Volk geht und nicht um einen "profanen" Rechtsstreit zwischen menschlichen Kontrahenten; in diesem Bereich ist זכר nicht belegt.
Die Bedenken Schottroffs, זכר als geprägten Terminus des Rechtslebens, genauer, der gerichtlichen Auseinandersetzung, gelten zu lassen, scheinen berechtigt.[2]
Insgesamt können also nur die Begriffe פקד und שלם als geprägte Termini des Rechtslebens in Anspruch genommen werden. Zusammen mit den oben aufgewiesenen Redeformen der gerichtlichen, bzw. vorgerichtlichen Auseinandersetzung lassen sie jedoch die Prägung des Textes durch Kategorien rechtlichen Verhaltens und Denkens zunächst scharf genug hervortreten. Sicherlich bleibt es nicht ohne Folgen für das Verständnis jener Begriffe und Redeformen, wenn sie aus ihren profanrechtlich-forensischen, bzw. öffentlich- und zivilrechtlichen Verwendungsbereichen auf die Ebene Gott-Prophet-Volk übergehen. Sie bleiben jedoch u.E. auch nach diesem Übergang rechtliche Kategorien.
Wir befinden uns mit dieser Sicht in Widerspruch zur These K. Kochs. Koch hatte das Konzept von der "schicksalsbestimmenden Tatsphäre", des "Tun-Ergehens-Zusammenhangs", für die Prophetie exemplarisch bei Hosea aufzuweisen versucht und war zu dem Ergebnis gelangt, "von einem rechtlich bestimmten Vergeltungsdenken" könne "keine Rede sein".[3] Nun ist im Hoseabuch sicherlich der von Koch beschriebene Gedanke, daß "d i e T a t e n d e s V o l k e s u n a b w e n d b a r e s S c h i c k s a l über es herausführen"[4], nachweisbar. Nicht alle von Koch als Belege angeführten Hoseatexte[5] können u.E. dafür in Anspruch genommen werden, sicherlich jedoch

---

[1]Dies ist bei den übrigen Belegstellen nicht der Fall, insbesondere nicht in Ez 21,28 und 29,16. Die weitreichenden Folgerungen, die an diese Stellen geknüpft wurden (vgl. Reventlows Deutung (Mazkir, S. 175) des מזכיר עון als "Bundesstaatsanwalt"), sind daher stark hypothetisch.

[2]W. Schottroff, Gedenken, S. 238; 270.

[3]K. Koch, Vergeltungsdogma, S. 147f; Neuerdings betont diesen Zusammenhang auch J.M. Buss, Prophetic Word, S. 120ff.

[4]K. Koch a.a.O. S. 142.

[5]vgl. a.a.O. S. 141ff.

Hos 8,4b-7; 5,4 und wohl auch Hos 9,1b. Es kann also nicht darum gehen, den Gedenken des Tun-Ergehens-Zusammenhangs Hosea überhaupt abzusprechen. Zu bestreiten ist jedoch die Konsequenz, die Koch zieht: ein rechtliches Denken spiele keine Rolle.

Das Problem entscheidet sich u.E. wesentlich an den Stellen des Hoseabuches, die mit dem Begriff פקד und seinem Wortfeld operieren (Hos 1,4; 2,15; 4,9b.14; 8,13; 9,7.9; 12,3). Wir werden dabei das Wortfeld שלם, פקד, הישיב in einem weiteren Bogen abzuschreiten haben.

Zunächst ist festzuhalten, daß Koch die rechtliche Konnotation für שלם schlicht unterschlägt[1] und die Bedeutung "an den Tag bringen" veranschlagt. Analog verfährt Koch bei der Wurzel שלם ("Vollendung").[2]

Dagegen zeigt sich, daß die genannten Hoseastellen mit dem von uns erarbeiteten Vorstellungshintergrund von פקד recht gut verständlich werden. Für Hos 1,4 ist dies bereits diskutiert (vgl. oben S. 70). Besonders besprochen werden sollen hier noch Hos 4,9; 12,3, ferner 2,15.

Hos 4,9b:

ופקדתי עליו דרכיו ומעלליו אשיב לו

Hos 12,3:

ו ריב ליהוה עם יהודה

ולפקד על יעקב כדרכיו כמעלליו ישיב לו

In Hos 12,3 stehen die Tätigkeiten פקד על und הישב ל unter der Überschrift ריב ליהיה . Sie sind damit in den Kontext rechtlichen Handelns gestellt. Im profanen Bereich können mit ריב durchaus verschiedene Bereiche rechtlicher Auseinandersetzung bezeichnet sein. Ein ריב kann auf der Ebene privater Rechtsgegner ebenso geführt werden,[3] wie - und neuere Autoren betonen dies - auf der Ebene internationaler Beziehungen, des Völkerrechtes.[4] Wird ein ריב auf der Ebene Gott-Volk geführt, so ist nicht ohne weiteres deutlich, welche Konnotationen aus welchem der denk-

---

[1] Dies moniert schon F. Horst, Recht und Religion, S. 210.

[2] K. Koch, a.a.O. S. 144.

[3] Vgl. etwa J. Begrich, Studien, S. 37f; G. Liedtke, Art. ריב , THAT II Sp 774f.

[4] Vgl. etwa Ri 11f; dazu: J. Limburg, ריב ; J. Harvey, Pattern.

baren Bereiche dominieren.[1] M.a.W.: Es ist zu fragen: Wie ist das Rechtsverhältnis zu beschreiben, in dessen Rahmen der ריב zwischen Gott und Volk ausgetragen wird?

Wir setzen an bei dem Terminus השיב. Für das Hif. der Wurzel שוב liegt zunächst die wörtliche, kausative Übersetzung "zurückkehren lassen" nahe. Dies ist eine Sache, eine andere ist es, den so übersetzten Begriff im Sinne des Tun-Ergehens-Zusammenhanges zu interpretieren: "Jahwe wendet dem Menschen zurück, was seiner Tat entspricht".[2]

Nun läßt sich für השיב im AT eine statistisch nicht eben dichte, inhaltlich aber um so deutlichere Bezeugung als Rechtsbegriff aufweisen (vgl. Ex 22,25; Num 5,6f; 18,9; 1Sam 6,3). In Ex 22,25, im Kontext der zivilrechtlichen Bestimmungen des Bundesbuches, heißt השיב schlicht "zurückgeben": "Wenn du den Mantel deines Nächsten zum Pfand nimmst, sollst du ihn vor Sonnenuntergang zurückgeben (תשיבנו)."

Der Terminus kann auch "zurückerstatten", ja "entschädigen" bedeuten. So Num 5,6f, ein sakralrechtlicher Kontext:

"Wenn ein Mann oder eine Frau irgendeine Menschenversündigung (חטאת האדם) begeht in Pflichtwidrigkeit gegen Jahwe, und dadurch diese Person in Schuld gerät (ואשמה הנפש ההוא), so sollen sie ihre Versündigung, die sie begangen haben, bekennen und (die Person) soll ihre Schuld zurückerstatten (השיב את אשמו) in ihrem vollen Wert und noch ein Fünftel außerdem hinzufügen und es dem geben, gegen den sie sich verschuldet hat."

In einem ganz ähnlichen Kontext, in Lev 5,21ff, wird die "Rückerstattung" mit dem Terminus שלם ausgedrückt (V.23f).

Einen konkreten, wenn auch nicht alltäglichen Fall solcher Rückerstattung schildert 1Sam 6,3. Die Philister beraten die Rückgabe der geraubten Lade an Israel: "Wenn ihr die Lade Jahwes zurücksenden wollt, sendet sie nicht ohne eine Gabe zurück, vielmehr erstattet ihm (scil. Jahwe) eine Sühnegabe (כי השב תשיבו לו אשם)...". Der Geschädigte - Jahwe - erhält sein geraubtes Eigentum zurück, samt einer zusätzlichen "Sühnegabe" in Form "goldener Mäuse und Beulen" (1Sam 6,10ff). Damit kein Zweifel über die

---

[1] In seiner späteren Arbeit "Le Plaidoyer" beschreibt J. Harvey die Bedeutung des ריב auf der Ebene Gott-Volk-Prophet: "Le réquistoire prophétique exprimé au moyen du rîb est donc la transposition théologique d'une formule...du droit sacral et il provient du même contexte juridique international que la 'formule de l'alliance'..." S. 165; vgl. auch B. Gemser, RIB, bes. S. 128-133.

[2] K. Koch, Vergeltungsdogma, S. 139.

rechtliche Gültigkeit der Übergabe der Lade samt Entschädigung aufkommt, benennt die Erzählung auch noch einen Zeugen, der beim Übergabeakt zugegen ist (1Sam 6,18[1]).

השיב kann demnach auch als ein terminus technicus des Schuldrechts gelten, der - wie שלם - die völlige Befriedigung der Ansprüche eines Geschädigten (Schuldners) gegenüber dem Schädiger (Schuldigen) bezeichnet.[2] Sie stehen im Rahmen eines Rechtsverhältnisses, das vom Schaden-Schuld-Prinzip bestimmt ist.

Ein Rechtsverhältnis nach diesem Prinzip könnte auch hinter dem ריב stehen, den Jahwe gegen das ungetreue Weib (Hos 2,4-17) anstrengt. Es geht hier nicht um die Einzelheiten des Verfahrens,[3] sondern um das Rechtsverhältnis, das diesem Verfahren zugrunde liegt. Nun ist das Rechtsverhältnis, das die israelitische Ehe in alttestamentlicher Zeit impliziert, privatrechtlicher Natur. "Die israelitische Ehe in alttestamentlicher Zeit (ist) eine Kaufehe..."[4]. Wahrscheinlich sind Eheverträge, die die vermögensrechtlichen Aspekte der Ehe, sowie die Konsequenzen einer Eheauflösung regelten.[5] Dies impliziert, daß jede, besonders die unrechtmäßige, "vertragsbrüchige" Veränderung eines Ehe- oder Verlobungsverhältnisses auch als Schadensfall anzusehen war.[6]

Trotz dieser Indizien (ריב als Rechtsakt, Eheverhältnis als Rechtsverhältnis, Terminologie השיב, שלם) ist eine Übertragung des Rechtsverhältnisses nach dem Schaden-Schuldprinzip auf das Verhältnis Gott-Prophet-Volk bei Hosea nicht ohne weiteres möglich. Dem steht vor allem noch entgegen, daß Hoseas Terminologie (השיב ל - Hos 4,9b; 12,3; analog פקד על - Hos 1,4; 2,15; 4,14) das Rechtsverhältnis scheinbar umdreht. D.h.: Die

---

[1]Vgl. E. Kautzsch, Schrift I, S. 417.

[2]Eine völkerrechtliche Bedeutung erhält ריב zuweilen als Terminus für das Entrichten des Tributs eines Vasallen an seinen Oberherrn (vgl. 2Kön 3,4; 17,3). Ob dem die Vorstellung einer "Erstattung" - etwa einer vom Oberherrn garantierten Schutzverpflichtung - zugrunde liegt, wäre zu prüfen.

[3]Vgl. dazu: C. Kuhl, Dokumente; H.W. Wolff, Hosea, S. 39ff.

[4]H.J. Boecker, Recht, S. 94; vgl. de Vaux, Lebensordnungen I, S. 55ff.

[5]Vgl. de Vaux, a.a.O. S. 66; C. Kuhl, a.a.O. S. 104ff.

[6]Vgl. besonders Ex 22,15f: der Geschädigte ist hier der Vater des heiratsfähigen Mädchens; ähnlich Dtn 22,16.

Tätigkeit des השיב scheint nicht vom Schuldigen, bzw. Schädiger - Israel - ausgesagt, sondern vom Schuldner. Vor allem diese Beobachtung hat K. Koch bestimmt, ein rechtliches Verständnis der Terminologie bei Hosea zu bestreiten: "Wie sollte Jahwe Schuldner menschlicher Taten sein?"[1]

Nun ist dies sicherlich nicht der Gehalt der Aussagen in Hos 4,9b und 12,3. Der Tatbestand scheint vielmehr der folgende: Die Entschädigung wird vom Geschädigten selbst gegen den Schädiger betrieben.

Dieser Tatbestand wird zu deutsch "Rache" oder "Vergeltung" genannt. In modernen - auch durch das NT (z.B. MT5,38ff) allerdings mißverständlich geschärften - Ohren haben die Begriffe keinen guten Klang. Sie signalisieren aggressive Gewalt, rohen Selbstbehauptungswillen, jedenfalls Rechtlosigkeit.

In älteren Kulturen jedoch, in denen ein zentralisiertes Gewaltmonopol nicht gesichert ist,[2] ist das Gegenteil der Fall. "Rache" ist ein Rechtsbegriff.

Dies ist ganz deutlich beim hebräischen Terminus נקם. Er meint zunächst die "typische Privatstrafe, die sich eigentlich gegen Personen richtet, die sich außerhalb des eigenen Rechts- und Gewaltbereichs befinden".[3] Damit ist insbesondere die Blutrache gemeint, die von der Familie eines Getöteten am Schuldigen vollzogen wird (vgl. etwa Gen 4,24). Bei der privaten, wie der (späteren) öffentlichen Ahndung von Vergehen gegen Leib und Leben mögen wohl eine Vielzahl von magischen und sakralen Motiven eine Rolle gespielt haben.[4] Sicherlich ist die private oder öffentliche Deliktsahndung solcher Vergehen auch am Schaden-Schuld-Prinzip orientiert.

Dies wird nirgends deutlicher als im Bundesbuch. Zunächst ist auf alle jene Rechtssätze zu verweisen, die in schweren Fällen die Todesstrafe verhängen, in minder schweren Fällen, bzw. Unterfällen eine materielle Schadensregulierung zulassen.[5]

---

[1] K. Koch, Vergeltungsdogma, S. 139.

[2] So z.B. auch im deutschen Mittelalter, vgl. O. Brunner, Land, S. 17ff.

[3] F. Horst, Recht und Religion, S. 210.

[4] Vgl. dazu etwa: K. Koch, Vergeltungsdogma, 156ff; H. Schulz, Todesrecht, S. 127ff; ferner: E. Merz, Blutrache, S. 41ff.

[5] Vgl. Ex 21,18f.21.26; Ex 21,30 läßt in einem bestimmten Fall sogar ein Lösegeld (כפר) zur Meidung der Todesstrafe zu.

Charakteristisch ausgeprägt findet sich das Schaden-Schuld-Prinzip als leitendes Prinzip der Deliktsahndung von Vergehen gegen Leib und Leben in der sogenannten "Talionsformel": "Wenn ein tödlicher Schade entsteht, so sollst du geben Leben um Leben, Auge um Auge, Zahn um Zahn, Hand um Hand, Fuß um Fuß..." (Ex 21,23ff; Lev 24,19f; Dtn 19,21). Es ist die Intention dieser Formel, das Ausmaß der Deliktsahndung einzuschränken. Der durch die Deliktsahndung ausgelöste Schade soll nicht größer sein, als der auslösende Schade, das Delikt, selbst.[1]

Weiterzuverfolgen ist dies an Belegen, in denen die von Hosea her interessierenden Begriffe פקד שלם und השיב zusammen mit נקם als Termini der Deliktsahndung fungieren und zwar insbesondere auf Aktionsebenen, auf denen Jahwe als Deliktsahnder erscheint.

Die Kombination פקד על und נקם erscheint charakteristisch in einer mehrfach belegten, geprägten Redeweise des Jeremiabuches (Jer 5,9.29; 9,8). Sie lautet:

העל אלה לוא אפקד נאם יהוה
ואם בגוי אשר כזה לא תתנקם נפשי

"Und sie - ich soll sie nicht zur Rechenschaft ziehen, spricht Jahwe, ich sollte mich nicht rächen an einem Volk wie diesem?"

Für die Kombination von השיב und שלם mit נקם bietet Dtn 32 instruktive Beispiele:

Dtn 32,35a: לי נקם ושלם לעת תמוט רגלם

"Mein ist Rache und Vergelten, zur Zeit des Gleitens ihres Fußes."

Dtn 32,41b (vgl. die Formulierungen Jer 51,6; Jes 34,8):

אשיב נקם לצרי ולמשנאי אשלם

Dtn 32,43: הרנינו גוים כי דם עבדיו יקים
ונקם ישיב לצריו וכפר אדמתו עמו

Jahwe läßt seine "Rache zurückkommen zu seinen Widersachern" (נקם ישיב ל). In der Verbindung mit נקם ist השיב ל zweifellos Terminus der Deliktsahndung. Dasselbe gilt für die Verbindung von שלם und פקד על mit נקם. השיב und שלם können hier nicht mit "bezahlen" oder "erstatten" wiedergegeben werden. Diese Tätigkeit kann nur vom Schuldigen dem Schuldiger gegenüber statthaben. Die umgekehrte Richtung der Handlung vom Schuldner zum Schuldigen kann aber deshalb mit denselben Begriffen be-

[1] Vgl. H.J. Boecker, Recht, S. 149ff; V. Wagner, Rechtssätze, S. 12-15.

legt werden, weil sie das gleiche Ergebnis zeitigt: die Befriedigung eines durch das Delikt entstandenen Anspruchs auf Genugtuung. Die Höhe und das Ausmaß dieses Anspruches bemißt sich - und dafür vor allem stehen die Termini השיב und שלם - nach dem durch das Delikt entstandenen Schaden.

Wir brechen hier unsere Untersuchung zum Wortfeld פקד, השיב, שלם ab. Es scheint uns hinlänglich deutlich geworden zu sein, daß die Formulierungen פקד על (Hos 1,4; 2,15; 4,9b, 14; vgl. 8,13; 9,9; 12,3) und השיב ל (4,9b; 12,3) nicht nur in bestimmten Kontexten, sei es mit dem Stichwort ריב (2,4-17; 12,3), sei es in einem prophetischen Gerichtswort (1,4; 9,9), sondern aus sich selbst ein Rechtsverhältnis signalisieren. Dieses Rechtsverhältnis ist bestimmt durch das Schaden-Schuld-Prinzip.

Was ergibt sich daraus für unseren Text Hos 9,1-9?

Die oben (vgl. S. 161) festgestellten bestimmenden Momente des Textes - seine Aktualität und seine Prägung durch Redeformen des Rechtslebens - legen in ihrer Zusammenschau den Schluß nahe, daß dieses Rechtsverhältnis hier unmittelbar in einem Rechtsakt auf der Ebene Gott-Prophet-Volk reflektiert ist.
Der Prophet ruft den Gerichtstag aus mit den Worten:
(V.7a) באו ימי הפקדה באו ימי השלם
Dabei betonen die beiden qatal-Formen באו das Da-sein der Tage. Hier und jetzt sind פקדה und שלם "angekommen"! Wollte der Prophet ein Nahesein oder gar ein zukünftiges Kommen der "Tage" ankündigen, so stünden dafür das yiqtol oder das w-qatal zur Verfügung (vgl. Jer 23,12; Jes 34,8).[1]

Die yiqtol-Formen von V.9b machen andererseits deutlich, daß die Deliktsahndung, die nach V.7a hier und jetzt da ist, auch eine zukünftige Perspektive hat. Subjekt des Satzes V.9b - darauf weist die Parallelformulierung 8,13 - ist Jahwe. Von ihm geht die Tatfolge aus. Jahwe bringt sie über Israel. Dafür steht häufig das göttliche "Ich" (vgl. Hos 1,4b; 5,14; 9,15; 11,9; 2,11ff; 7,12).
In unserem Text Hos 9,1-9 ist die Rolle des Propheten stark betont. Jahwe selbst tritt als handelndes Subjekt zurück. Was tut der Prophet?

Der Prophet kann mahnen (1a), Tatbestände als unrechtmäßig feststellen (V.1a ,5, 9a), den Rechtsstreit zwischen Jahwe und dem Volk deklarieren,

---

[1]Wie Hos 9,7a - mit perfektivem Aspekt, auf präsentischer Zeitstufe (vgl. GesK §106g) formulieren Jer 46,21; 50,27.31.

Rechenschaft fordern, die Tage der Rechenschaft und der Ahndung ausrufen. Die Deliktsahndung selbst ist Jahwes Sache.
Das Handeln des Propheten ist repräsentativ, und zwar repräsentiert er Jahwe aufgrund und im Rahmen des theokratischen Verhältnisses zwischen Gott und dem Volk.
Durch jenes Handeln des Propheten wird die theokratische Lebensordnung erfahrbare und wirksame Realität. Sie wird als "tatsächlicher" Bereich rechtlichen Denkens und Verhaltens konstituiert.
Dabei spielen strukturelle Analogien zu anderen, rechtlich geordneten Lebensbereichen eine wichtige Rolle. Der ריב Gottes mit dem Volk ist - in Analogie zu zivilen und strafrechtlichen Verfahren - vom Schaden-Schuldprinzip bestimmt.
Die Aktualität prophetischen Handelns verbietet es u.E., die strukturelle Analogie des Rechtsverhältnisses auf der Ebene Gott-Volk zu anderen Rechtsverhältnissen auf ein Moment der "religiösen Sprache"[1] oder bloße "Metaphorik"[2] zu reduzieren.
Damit wäre ein Versuch gemacht, die institutionale Aktionsstruktur des theokratischen Verhältnisses Gott-Prophet-Volk zu beschreiben. Diese Beschreibung ist jedoch noch nicht vollständig. Dieses Verhältnis ist an bestimmte Inhalte geknüpft, um die auch die Auseinandersetzung geht.

Um diese Inhalte - die "Sache" - des theokratischen Verhältnissen geht es im folgenden.

2.3.2.2.3 Die Rechtssache

Worum geht es in der Auseinandersetzung, die Hos 9,1-9 reflektiert?

Diesen Gegenstand zu bestimmen, trifft auf eine Schwierigkeit: Der Text ist inhaltlich nicht einheitlich. Vielmehr ist eine Mehrzahl von inhaltlichen Aspekten - wie zumeist bei Hosea - andeutungsweise angesprochen; und es ist keineswegs ausgemacht, welcher dieser Aspekte den thematischen Schwerpunkt, den Gegenstand der Auseinandersetzung ausmacht. So werden wir zunächst die inhaltlichen Aspekte des Textes analytisch zu trennen haben,

---

[1]F. Horst, Recht und Religion, S. 210.
[2]Vgl. B. Gemser, RIB, S. 128.

mit dem Ziel, in einem (oder in mehreren) Konvergenzpunkt(en) den Gegenstand zu erkennen. Eine gewisse vorläufige Anordnung der Thematik ergibt sich aus dem Tatbestand, daß der Text insbesondere geschichtliche (1) und kultische (2) Gegenstände zu verhandeln scheint.

(1) Die geschichtliche Thematik erscheint besonders in Gestalt der Traditionen von Exodus und Landgabe.[1]

Diese Exodus-Landgabethematik findet sich im Hoseabuch in dreierlei Gestalt, zunächst als Erinnerung an den ersten Exodus, der Israels Existenz im Kulturland einleitete:

Hos 11,1f:[2]

כי נער ישראל ואהבהו וממצרים קראתי לבני
כקראי להם כן הלכו מפני הם
לבעלים יזבחו ולפסלים יקטרון

"Ja, als Israel jung war, da gewann ich ihn lieb.
Aus Ägypten hatte ich (ihn) zu meinem Sohn berufen,
als ich sie berufen hatte, waren sie schon von mir weg gelaufen.
Den Baalen opfern sie und Schnitzbildern räuchern sie."

Hos 12,14a:

ובנביא העלה יהוה את ישראל

"Durch einen Propheten hatte Jahwe Israel aus Ägypten heraufgebracht."

Im Verständnis Hoseas zielt der Exodus auf die Landgabe an das "junge" Israel. Dies wird zunächst daraus ersichtlich, daß Hos 12,14 ganz offensichtlich die mit העלה gebildete Exodusformel voraussetzt. Diese Formel ist wahrscheinlich an Heiligtümern des Nordreichs beheimatet und betont den Zusammenhang von Exodus und Landgabe.[3]

Besonders - und in eigentümlich hoseanischer Gedankenführung - ist in Hos 11,1f die ursprüngliche Verbindung von Exodus und Kulturlandexistenz dargestellt. Der Exodus und der Abfall Israels zu den Baalen, der die Kulturlandexistenz Israels kennzeichnet, sind in unmittelbarer Abfolge gesehen. Dies gilt auch für Hos 9,10, dem aktualisierenden Rückblick auf die Baal-Pegor-Episode; nur daß in diesem Text an Stelle des Exodus der "Fund" Israels durch Jahwe den Ausgangspunkt des Geschehens bildet:

---

[1]Vgl. zum folgenden vor allem: E. Rohland, Erwählungstraditionen, S. 34-55; R. Bach, Wüste, bes. S. 41; J. Vollmer, Rückblicke, S. 57ff; neuerdings: R. Kümpel, Berufung, S. 11ff.

[2]Zum Text vgl. H.W. Wolff, Hosea, S. 347.

[3]Vgl. dazu J. Wijngaards, העלה, S. 98ff. Vgl. unten 2.3.3.1.

Hos 9,10: כענבים במדבר מצאתי ישראל
כבכורה בתאנה...ראיתי אבותיכם
המה באו בעל פעור וינזרו לבשת
ויהיו שקוצים כאהבם

"Wie Trauben in der Wüste hatte ich Israel gefunden,
Wie eine Frühfrucht am Feigenbaum...hatte ich eure Väter ersehen,
Sie waren zum Baal-Pegor gekommen, da weihten sie sich der Schande
und wurden Scheusale, wie ihr Freund."

Vor allem an diesem Text hat sich die Diskussion um die von R. Bach rekonstruierte "Wüstenfundtradition" entzündet.[1] Nun hat neuerdings R. Kümpel in seiner Untersuchung "Die Berufung Israels" die "Wüstenfundtradition" auf die Formel "GN - מצה - PN - במדבר " reduziert und ihre Herkunft als "ismaelitische Stammes- und Kulttradition", die "in der ältesten Schicht von Gen 16,7-14" vorliege, herauszuarbeiten versucht.[2]

Darüber ist hier nicht zu diskutieren. Es scheint uns jedoch unhaltbar, die "Wüste" bei Hosea als "historischen Ort" zu eliminieren und nur noch als theologische Chiffre zu interpretieren.[3] Zu deutlich sagt Hos 2,16, daß Jahwe Israel "in die Wüste führt", ihm "von dort her (משם scil. von der Wüste her) Weinberge geben" werde und Israel ihm "dorthin (scil. ins Kulturland) folgen" werde, "wie in den Tagen ihrer Jugend, wie am Tage ihres Heraufkommens aus dem Lande Ägypten".
An den lokalen und historischen Implikationen des Wüstenbegriffs kann hier vernünftigerweise nicht gezweifelt werden. Viel weniger eindeutig sind diese Implikationen für Hos 9,10 feststellbar. Immerhin steht מדבר auf der Bildseite des Vergleichs. Hos 9,10a ist zu übersetzen: "Wie Trauben in der Wüste hatte ich Israel gefunden..." und nicht: "Wie Trauben hatte ich Israel in der Wüste gefunden". Man kann sich also fragen, ob sich der "Wüstenfund" nicht ausschließlich auf die "Trauben" bezieht.
Trotz dieser Bedenken scheint uns der Ansatz R. Bachs, der die Erwählungs-

---

[1] R. Bach, Wüste, besonders S. 16ff.

[2] R. Kümpel, Berufung, S. 30, vgl. den ganzen Exkurs K.s zu מצא S. 18-32, (GN = Gottesname; PN = Personenname).

[3] "... steht מדבר bei Hosea für die Verlorenheit und Not des Menschen vor seiner Begegnung mit Gott..." Kümpel, Berufung, S. 31.

tradition des "Wüstenfundes" mit der Landgabe an Israel verbindet,[1] ein Erklärungsmodell zu sein, das den traditionalen Hintergrund von Hos 2,16f und auch von Hos 9,10 besser wiederzugeben vermag als die Formel R. Kümpels und besonders deren abstrakt-theologische Interpretation für das Hoseabuch.

Zusammen mit der Auszugstradition bildet die Wüsten- und die (Wüsten-) Fundtradition[2] ein umfassendes geschichtlich-theologisches Begründungstheorem für Israels Existenz im Lande. Am vollständigsten finden sich die Elemente dieses Theorems vielleicht in Hos 13,4-6:

In V.4 ist in der hoseanischen Form der "Selbstvorstellungsformel" (ואנכי יהוה אלהיך מארץ מצרים) das Moment des Exodus vertreten; V.5 spricht von einer Gottesbegegnung Israels in der Wüste; V.6 schließlich spricht davon, daß Israel, "satt geworden" überheblich wurde und Jahwe vergaß. Die Einzelelemente sind in diesem Text allerdings recht schwach ausgeprägt, wie auch ihre Zentrierung auf die Kulturlandexistenz Israels in V.6 nur sehr andeutungsweise vorhanden. Dies kann der Vergleich dieses "heilsgeschichtlichen Summariums"[3] mit dem in Jer 2,5-7 verdeutlichen, das ebenso vollständig und wesentlich besser ausgeprägt erscheint.

Die zweite Gestalt, die die Exodus-Landgabe-Thematik bei Hosea gefunden hat, ist vor allem in dem hier verhandelten Abschnitt Hos 9,1-9 bezeugt:

Hos 9,3:

לא ישבו בארץ יהוה
ושב אפרים מצרים ובאשור טמא יאכלו

"Sie werden nicht im Lande Jahwes bleiben,
zurückkehren wird Efraim nach Ägypten,
in Assur werden sie Unreines essen."

Hos 9,6a: כי הנה הלכו משד מצרים תקבצם מף תקברם

"Ja seht: Wenn sie weggezogen sind aus der Verwüstung,
dann wird Ägypten sie einsammeln, Memphis sie begraben."

---

[1] R. Bach beschreibt den Inhalt der "Wüstenfundtradition" so:"Einst fand Jahwe Israel in der Wüste, hilflos und verlassen, aber dennoch ein kostbares Gut. Er nahm es in Besitz, bewachte es als einen wertvollen Schatz und brachte es nach Palästina. Seitdem, bzw. darum ist Israel Jahwes Volk." Bach, Wüste, S. 30.

[2] Vgl. auch R. Bach: So steht "die Fundtradition in ihrer gegenwärtigen Gestalt der Überlieferung (scil. bei Hos) ganz im Schatten der Auszugstradition." A.a.O. S. 41.

[3] H.W. Wolff, Hosea, S. 294.

Zu vergleichen sind weiterhin Hos 11,5: "Er kehrt nach Ägypten zurück und Assur, der ist sein König..." (ישוב אל ארץ מצרים ואשור הוא מלכו...) und 8,13 : "...Sie werden nach Ägypten zurückkehren" (המה מצרים ישובו).[1]

Schon die überwiegend auftretenden yiqtol-Formen mit imperfektivem Aspekt lassen die Aktualität der Aussagen erkennen: Ephraim-Israel bleibt nicht im Lande, es kehrt nach Ägypten zurück. Die Blickrichtung des Begründungstheorems ist umgedreht, der Exodus umgekehrt.
In zwei der vier Texte steht neben Ägypten Assur als Zielort des "umgekehrten Exodus" (9,3) bzw. als Ort der Oberherrschaft Israels (11,5). Dies läßt die Argumentation historisch mehrschichtig erscheinen.[2] Unzweifelhaft erscheint Ägypten zunächst als heilsgeschichtliche Größe und damit in der Kontinuität zu jenem Ägypten stehend, aus dem Jahwe Israel heraufgeführt (2,17; 12,14), bzw. berufen hatte (11,1). Ebenso unzweifelhaft ist Ägypten jedoch auch als Schauplatz gegenwärtigen Geschehens kenntlich gemacht - in unseren Texten als Begräbnisplatz der Exulanten (9,6a), darüber hinaus als zweifelhafter politischer Bündnispartner (vgl. Hos 7,11; 12,2).
Assur hat bei Hosea noch keine heilsgeschichtliche Qualität.[3] Es ist das Land, dem sich Israel als Vasall zur Bündnistreue (Hos 5,13; 7,11; 12,2; 14,4) und Tribut (8,9; 10,6) verpflichtet hatte. Von Assur droht Invasion (8,1), schließlich Deportation und Exil (9,3).
Die Kombination Ägyptens mit Assur im Theorem des "umgekehrten Exodus" erscheint so als Aktualisierung und Traditionalisierung in einem. Aktualisiert wird das Begründungstheorem der Existenz Israels im Lande, traditionalisiert wird das geschichtlich-aktuelle Geschehen um das ausgehende Nordreich im Horizont der assyrischen Bedrohung.
Über dieses Geschehen hinaus weist die dritte Gestalt der Exodus-Landgabe-Thematik, die Hosea kennt.
Sie ist dokumentiert in Hos 2,16f und in 11,11:
Hos 2,16f:

לכן הנה אנכי מפתיה והלכתיה המדבר ודבראי על לבה
ונתתי לה את כרמיה משם ואת עמק עכור לפתח תקוה
וענתה שמה כימי נעוריה וכיום עלתה מארץ מצרים

---

[1] Zu den Texten vgl. H.W. Wolff, Hosea, S. 248 bzw. 168ff.

[2] Vgl. zum folgenden: a.a.O. S. 187f.

[3] Vgl. schon Jer 16,14f; 23,7f.

"Darum siehe, ich locke sie, ich führe sie in die Wüste, ich rede freundlich zu ihr.
Ich werde ihr von dort her ihre Weinberge geben
und die Ebene Achor als Tal der Hoffnung.
Sie wird mir dorthin willig folgen, wie in den Tagen ihrer Jugend,
wie am Tage ihres Heraufkommens aus dem Lande Ägypten."

Hos 11,11: יחרדו כצפור ממצרים וכיונה מארץ אשור
והשבתים על בתיהם נאם יהוה

"Sie werden beben wie ein Vogel von Ägypten her,
und wie eine Taube vom Lande Assur her.
Ich werde sie 'heimkehren' lassen zu ihren Häusern - Spruch Jahwes."

Vor allem an Hos 2,16f wird deutlich, daß mit der dritten Gestalt des Exodus der Bogen zum ersten Exodusgeschehen geschlagen wird. Wie der erste, so gipfelt auch der dritte Exodus Israels in der Landgabe. Die Rückkehr Efraim-Israels aus den Exilsländern Ägypten und Assur ist eine Rückkehr in "ihre Häuser", eine Restitution der Kulturlandexistenz Israels.

An allen drei Gestalten, die das Hoseabuch der Exodus-Landgabe-Thematik gegeben hat, fällt auf, wie eng traditionale Geschichtsschau und aktuelles Geschehen verknüpft sind. Welche Funktion hat solches Reden in traditionalen Theoremen?
In seiner Studie "Geschichtliche Rückblicke und Motive in der Prophetie des Amos, Hosea und Jesaia" schreibt J. Vollmer Hosea betreffend:

"Das Verhältnis zur Tradition ist rein negativ. Man könnte fast sagen, Hosea erinnere nur deswegen an das frühere Handeln Jahwes, um zum Ausdruck zu bringen, daß Jahwe jetzt genau entgegengesetzt handeln wird und das frühere Geschehen keine Geltung mehr hat..."[2].

"Das Verhältnis Hoseas zur Tradition sei bestimmt durch 'schroffe Diskontinuität".[3]

Zum besseren Verständnis dieser These ist hinzuzufügen, daß Vollmer - nach dem Vorbild G. Fohrers[4] - diese "Diskontinuität" im Propheten selbst angelegt sieht. Bei Hosea selbst habe sich ein Sinneswandel vom "Vernichtungsgericht zum Läuterungsgericht"[5] vollzogen.

---

[1]Zum Text vgl. H.W. Wolff, Hosea, S. 249; Insbesondere die Textänderung nach LXX: והשיבותם statt והושבתים

[2]J. Vollmer, Rückblicke, S. 120. [3]Ebd.

[4]Vgl. G. Fohrer, Umkehr, S. 232ff.

[5]J. Vollmer, a.a.O. S. 122; vgl. auch D. Kinet; Bâal und Jahwe, S. 178ff: "Das 'pädagogische' Gericht"; S. 193ff "das endgültige Gericht". Allerdings postuliert K. keinen Sinneswandel bei Hosea. Ein "chronologisches Nacheinander" habe es nicht gegeben. S. 198.

Wir können der Sicht Vollmers, was die Einschätzung der Stellung Hoseas zur Tradition angeht, nur sehr bedingt, was das Erklärungsmodell von Hoseas Sinneswandel angeht, nicht beipflichten.
Sicherlich - mit der "Umkehrung" der alten Exodusaussagen ist ein Moment "schroffer Diskontinuität" gegeben. Dennoch implizieren die drei Gestalten der Exodus-Landgabe-Thematik bei Hosea ein gemeinsames Kontinuum. Dies erschließt vor allem folgende Überlegung: Historisch-aktuell haben die Ereignisse, die Hosea mit dem "umgekehrten Exodus" in Verbindung bringt, nichts anderes als die neuassyrische Okkupationspolitik und ihre Begleiterscheinungen, besonders Israels Bündnispolitik, zum Hintergrund. Diese Ereignisse waren zur Zeit Hoseas längst im Gange. Man mußte nicht unbedingt Prophet sein, um den "Geiergleichen über dem Hause Jahwes" (Hos 8,1) schweben zu sehen. Er war ja zumindest als Empfänger von Tributen, wahrscheinlich aber in Teilen des Reiches auch schon als Besatzer präsent.
Wenn nun Hosea an dieses Geschehen die "Elle" der Exodus-Landgabe-Tradition anlegt, so heißt dies zweierlei:
1. Er macht die Dimension des Geschehens klar. Mit der "Umkehrung" des Exodus ist die geschichtliche Stunde als diejenige bezeichnet, die die Existenz Israels im Lande ebenso grundsätzlich aufhebt, wie sie die "Heraufführung aus Ägypten" begründet hatte. Hier liegt das Moment der Diskontinuität.
2. Der Prophet macht das Geschehen als Handeln Jahwes identifizierbar. Souveränitätsverlust, Verwüstung und Deportation sind nicht irgendwelche unglückliche, historische Umstände, Verschiebungen machtpolitischer Einflußsphären und Gleichgewichte, denen man - wie die führenden Kreise des Nordreichs bis in die letzten Tage Hosea ben Elas verzweifelt gehofft haben mögen - durch geschicktes Taktieren begegnen konnte. Das Geschehen hat - was Irael betrifft - ein Subjekt: Jahwe, den Gott von Ägypten her. Er war es, der Israel ins Land brachte, und nur er kann es sein, der Israel das Land wieder entzieht. Jahwe ist Herr über Israels Sein <u>und</u> Nichtsein im Lande. Hier liegt das Moment der Kontinuität im Verhältnis Hoseas zur Tradition und zugleich der Konvergenzpunkt der geschichtlichen Thematik von Hos 9,1-9.

(2) Die kultische Thematik

Die "Szene von Hos 9,1-9 ist ein Herbstfest (vgl. oben 2.3.2.2.2). Wenn unsere Interpretation von V.5 als Beschuldigungsformel (vgl. oben 2.3.2.2.1) zutrifft, so ist dieses Fest nicht nur Szene, sondern auch Gegenstand der Auseinandersetzung.
Das Herbstfest in Israel stellt kult- und theologiegeschichtlich einen schwer überschaubaren Komplex dar. Jedenfalls scheint es der damit befaßten Forschung nicht in vollem Maße gelungen zu sein, aus den disparaten und bruchstückhaften Zeugnissen innerhalb und außerhalb des AT ein konzises historisch-theologisches Modell dieses Festes zu rekonstruieren.[1]

Für unseren Zusammenhang sind allerdings Fragen des "Wie" und des "Wann" nur insofern von Belang, als sie mit der Frage "Was wurde zum Herbstfest in Israel eigentlich gefeiert?" verknüpft sind.
Wir stellen die Frage zunächst an unseren Hoseatext. Die Hinweise, die er bietet, scheinen spärlich.
In V.1a fällt zunächst das Wortpaar שמח und גיל auf. P. Humbert hat in einer ausführlichen Untersuchung zu den beiden Begriffen[2] ihre Eigenart als Termini Technici des kultischen Vollzuges dargestellt. Vor allem שמח und sein nominales Derivat שמחה stehen für die rituelle Akklamation an die Gottheit[3] oder den König.[4] שמחה begleitet das Herbstfest (Dtn 16,11.14.15; Lev 23,40; Neh 8,17; besonders: Jes 30,29)[5]. Für גיל kann ein ähnlicher Befund gelten.[6] Eine besondere "Affinität" des Wortpaares zu Erntefesten lassen Jes 9,2a (שמחו לפניך כשמחת בקציר) und Joel 1,16; 2,23 erkennen.[7] Bei Hosea ist גיל offensichtlich eng mit den Festen zu Ehren des Jungstiers verbunden (Hos 10,5 - vgl. oben 2.2.3.2.2.).

---

[1]Vgl. die "Standardliteratur": P. Volz, Neujahrsfest; S. Mowinckel, Thronbesteigungsfest; A. Weiser, Psalmen, S. 21ff; H.J. Kraus, Gottesdienst[1]; ders., Gottesdienst[2]; E. Kutsch, Herbstfest; ders. Erwägungen; neuerdings: J.C. de Moor, New Year.

[2]P. Humbert, Laetari.

[3]Vgl. Ri 16,23;/Ps 48,12; 96,11 - Jahwe als König/Ps 97,1; 149,2 - Jahwe als König, in Verbindung mit גיל

[4]Jes 9,2; Ps 45,16 - die königliche Braut.

[5]Vgl. P. Humbert, Laetari, 196ff.

[6]Vgl. oben Anm. 3 die Kombinationen mit שמח und Ps 2,11; 9,15; 13,6; 48,12; 89,17 u.ö.

[7]Vgl. dazu H.W. Wolff, Hosea, S. 197.

Angesichts der breiten Bezeugung des Begriffs in den Psalmen und seines dort eindeutigen Bezuges auf Jahwe, scheint uns in hohem Maße fraglich, ob der Pentateuch, das dtrG und die meisten Propheten, den Terminus wegen dieses bei Hosea erkennbaren Bezuges auf den Jungstier meiden.[1] Nicht ohne weiteres zu akzeptieren ist auch Humberts Schluß, die Begriffe seien "d'origine antique, mais non israêlite, canaanêen avant tout" und eben deshalb dem Jahwismus - habe er sich ihnen auch nicht ganz verschließen können - im tiefsten zuwider.[2]

Es gibt bei Hosea keinen Hinweis darauf, daß er die Tätigkeiten des שמחה und גיל als solche perhorresziert. Auch Hos 9,1 wird man dafür nicht anführen können. Hier liegt der Ton vielmehr darauf, daß Israel jauchzt und jubelt wie die Völker, nicht darauf, daß Israel jauchzt und jubelt. Hosea hält eben keine "Kapuzinerpredigt", etwa weil das "ausgelassene Gejauchze und Gejohle...des Propheten Ohr und Herz beleidigt".[3] Hosea perhorresziert nicht den Kult, sondern den falschen Kult. Dies könnte implizieren, daß für den Propheten die Vorstellung eines "richtigen" Kultes zumindest möglich ist. Dies scheint in der Tat der Fall.

Jedenfalls hält der Prophet dem Volk als erste Folge des "umgekehrten Exodus" seine drohende Unfähigkeit zu einem legitimen Jahwekult vor (Hos 9,3β.4aα): "In Assur werden sie Unreines (טמא) essen.
Sie werden Jahwe keinen Wein mehr spenden,
ihre Schlachtopfer werden ihm nicht angenehm sein."

H.J. Hermisson hat betont, daß " טמא etc. immer als kultischer Begriff gebraucht oder doch gedacht wird"[4] und zwar insofern, als Unreinheit von der Teilnahme am Kultus ausschließt, bzw. "in irgendeiner Weise im Zusammenhang mit illegitimen Kulten steht".[5] Genau dies gilt auch für die oben zitierten Verse 3b.4: Es wird im Exil keinen Opferkultus für Jahwe mehr geben, weil dort buchstäblich jeder und alles unrein ist (Hos 9,4aβ: "Wie Trauerbrot wird es für sie sein, jeder, der es ißt, verunreinigt sich."). Unrein sind alle tierischen und vegetabilen Nahrungsmittel, sie

---

[1]So H.W. Wolff, Hosea, a.a.O.

[2]P. Humbert, a.a.O. S. 214.

[3]W. Rudolph, Hosea, S. 175

[4]H.J. Hermisson, Ritus, S. 86.

[5]A.a.O. S. 88.

sind damit als Opfergaben unbrauchbar. Unrein sind alle, die sich davon ernähren; sie sind damit generell kultunfähig.
Jedes Land außerhalb Israels ist unreines Land (vgl. Am 7,17; Ez 4,13). In der Zeit nach dem babylonischen Exil wird konsequent nach diesem Gedanken gehandelt: die Rückkehrer, besonders die mit sakaralen Qualifikationen, reinigen sich (Jes 52,11; Esr 6,20ff; Neh 12,30).[1]
Ein legitimer Jahwekult ist ans Land Jahwes gebunden. Auf der anderen Seite verunreinigt jeder Kult, der nicht auf Jahwe gerichtet ist, das Land und seine Bewohner. Auch dieser Gedanke ist Hosea (vgl. 5,3b; 6,10 und besonders 8,5b - im Zusammenhang mit dem Stierbild heißt es: "Wie lange sind sie unfähig zur Reinheit?")und bei Jeremia (Jer 2,7; 7,30; 16,18; 32,34f) geläufig. Vor allem ist dies eines der großen Themen des Deuteronomiums (vgl. Dtn 7,5ff; 12,30f).
In unserem Text geht Hosea noch einen bedeutenden Schritt über den Grundgedanken hinaus. Wer einen Kult betreibt, der nicht Jahwe zugewandt ist, kann nicht im Lande bleiben:
(1a) "Ja - du hurtest weg von deinem Gott...
(3a) Sie werden nicht im Lande Jahwes bleiben..."
So scheint ein legitimer Kultus unter zwei interdependenten Bedingungen möglich:

- Er ist ans Land Jahwes gebunden
- und er ist exklusiv an Jahwe gewandt.

Außerhalb des Landes, im Exil, kann Israel die erste Bedingung nicht erfüllen, deshalb geht es dort der kultischen Verbindung zu Jahwe verlustig. Genau umgekehrt sind die Bedingungen im Lande verknüpft: Weil sich Israel von Jahwe abwendet, deshalb kann es nicht im Lande bleiben.
Hinweise auf den Gegenstand des Herbstfestes lassen sich auch aus dem Terminus יום חג יהוה (V.5) selbst gewinnen.[2] In der späten heiligkeitsgesetzlichen Quelle Lev 23, 39-43 wie in der wohl alten Tradition des חג יהוה von Ri 21,19ff ist ein herbstliches Erntefest im Blick. Dem entspricht der Terminus חג האסף - "Lesefest" - in den beiden ältesten Kultkalender des AT, Ex 23,16 und Ex 34,22.[3] Auch der Kalender des Deuterono-

[1] Vgl. J. Döller, Reinheitsgesetze, S. 228.

[2] Den parallelen Begriff יום מועד fassen wir hier - wie in Hos 2,13 ganz allgemein als "Festtag", "Tag der Versammlung" auf; vgl. KBL 504.

[3] Zum literarhistorischen Problem von Ex 34 siehe neuerdings: J. Halbe, Privilegrecht, S. 192ff, 314.

mium bestätigt dies in seinem Abschnitt zum חג הסכות (Dtn 16,13ff). Gefeiert wird die Ernte; genauer: es wird gefeiert,

"denn Jahwe, dein Gott, wird dich segnen in all deinem (Ernte-)ertrag und allem Werk deiner Hände, darum wirst du fröhlich sein (שמח!)." (Dtn 16,15).

Der Tatbestand in Hos 9,1 ist der folgende: Israel feiert zwar die Ernte und ihren Ertrag, aber der eindeutige Konnex zu Jahwe ging dabei verloren.

Wenn nicht alles täuscht, so waren es besonders jene der Ernte geweihten Feste, an denen die heterodoxen, nichtjahwistischen Elemente des kultischen Verhaltens Israels besonders evident wurden. Dies erschließt ein Vergleich mit Hos 2,4-17.[1] Nicht nur die Thematik[2] ist Hos 2,4-17 und Hos 9,1-9 gemeinsam. In beiden Texten spielt der Topos des Festes eine Rolle (Hos 2,13.15 - 9,1aα.5) und in beiden Texten finden sich Hinweise auf nicht-jahwistische, kanaanäische Rituale und Kultsymbole (2,4 - Sexualrituale[3]; 9,1a : "...wie die Völker").[4]
Es wird - in Hos 9 vielleicht noch mehr als in Hos 2,4ff - deutlich, daß Hosea im israelitischen Kultus den Exklusivitätsanspruch Jahwes verletzt sieht: (V.5) "Was tut ihr zum Versammlungstag, zum Tage des Festes Jahwes!?"
Damit ist das Bedingungsgefüge des legitimen Kultus gestört. Dies wiederum beruht auf dem Grundsatz: Jahwe ist der alleinige Geber der Gaben, die Israel aus dem Lande empfängt. Hosea unterscheidet sich von der Festgemeinde durch die Rigorosität, mit der er auf der ausschließlichen Beziehung Jahwe-Land-Volk besteht. Wir können damit die Betrachtung zur kultischen Thematik in Hos 9,1-9 abschließen.
Die beiden großen Themenbereiche in Hos 9,1-9, der geschichtliche wie der kultische, konvergieren in einem Gegenstand, um den die Auseinandersetzung geführt wird: Jahwe ist der Herr über das Land, in dem Israel lebt und der Geber der Gaben, die es aus diesem Lande empfängt. Dieser Gegenstand ist nicht dem geschichtlichen oder dem kultischen Vorstellungsbereich isoliert

---

[1] Vgl. zum folgenden D. Kinet, Baʿal und Jahwe, S. 111ff.

[2] Israel vermeint den Ertrag des Landes "Liebhabern", anderen Göttern zu verdanken (2,7.10.14), die Ernte ist "Hurenlohn" (9,2).

[3] Vgl. H.W. Wolff, Hosea, S. 14, 39f.

[4] "Korntennen" (Hos 9,2) sind nicht unbedingt "heidnische" Kultplätze, gegen Wolff, a.a.O. S. 198; mit Rudolph, Hosea, S. 175.

zuzuordnen. Er liegt beiden voraus in der "Doktrin" vom Land als Jahwes Land.

Diese "Doktrin" läßt auch noch unmittelbarer erfassen.[1] Das Hoseabuch spricht insgesamt viermal vom Land als Jahwes Land (dreimal davon in Verbindungen mit dem Begriff בית):

Hos 8,1: בית יהוה 9,3: ארץ יהוה

9,8: בית אלהים 9,15: ביתי

Für keine der drei Verbindungen mit בית kommt irgendein "Haus" im Sinne eines Gebäudes, etwa eines Tempels, in Frage. Besonders 8,1 und 9,3 haben deutlich das Gebiet Jahwes als Siedlungsgebiet Israel-Efraims im Auge.[2]

Den Formulierungen Hoseas an die Seite zu stellen sind Jer 2,7b (ונחלתי / ארצי), Jer 12,7f (נחלתי / ביתי), Jer 16,18 (נחלתי / ארצי); Ez 36,5 (ארצי), Ez 36,20 (ארצו); Jes 14,25 (ארצי); Joel 1,6 (ארצי), Joel 2,18 (ארצו) und schließlich 2Kön 18,33. Die hier genannten Belege[3] stehen in verschiedenen Kontexten. Hos 9,15; Jer 2,7b f; 16,18 stehen im Kontext der Auseinandersetzung um die Exklusivität der Verehrung Jahwes. Hos 9,3 (sowie Jer 2,6 - zum Kontext 2,7 gehörig) erinnern an die geschichtliche Begründung der Landgabe durch die Exodus-Wüsten-Tradition. Hos 8,1, Ez 36,5.20 reflektieren den Übergriff fremder Mächte (Assur, Edom) auf Jahwes Land (vgl. auch Joel 4,2). Jes 14 sieht die Völker als Sklaven in Jahwes Land, nach Jes 14,25 wird Assur im Lande Jahwes zerschlagen. 2Kön 18,33 ordnet ganz allgemein das Territorium eines jeden Volkes dessen Gott zu.[4]

Diese Belege in ihren jeweiligen Kontexten mögen andeuten, daß die Vorstellung vom Land als Jahwes Land kaum so ausschließlich als "durch und durch kultisch"[5] isolierbar ist, wie G.v. Rad dies annahm.

Dies gilt auch und gerade dort, wo von Jahwes נחלה die Rede ist (vgl.

---

[1] Vgl. zum folgenden Überblick bei H. Wildberger, Land.

[2] Vgl. H.W. Wolff, Hosea, S. 176.

[3] Vgl. dazu M. Ottoson, Art, ארץ II, TWAT I, Sp. 432ff.

[4] Auch außerisraelitische Quellen belegen die Vorstellung. In der Mesainschrift (KAI Nr. 181,7) heißt es: "Ja, Kemos zürnte seinem Land" (כי יאנף כמש בארצה). In ägyptischen Listen werden Territorien mit + Göttername benannt, vgl. ANET S. 242, vgl. H.W. Wolff, a.a.O.

[5] G.v.Rad, Land, S. 95; von einer "alten kultischen Vorstellung" spricht auch P. Diepold, Land, S. 117f.

neben den Jeremiastellen: 1Sam 26,19; 2Sam 14,16; 2Sam 21,3; Ps 68,10). נחלה ist ein Begriff, der einen rechtmäßigen und dauernden Besitzanspruch an Grund und Boden signalisiert.[1]
In einem eher rechtlichen Kontext steht die Doktrin vom Land als Jahwes Land auch in Lev 25,23:

והארץ לא תמכר לצמתת כי לי הארץ
כי גרים ותשבים אתם עמדי

"Das Land sollt ihr nicht verkaufen für immer, denn mein ist das Land und ihr seid Fremdlinge und Beisassen bei mir."

Mit dem Erlaß- bzw. Sabbatjahr, in dessen Kontext Lev 25,23 gehört, sind neben der "sakralen Brache", "für deren Dauer ... das eigentliche Besitzrecht Jahwes wieder klar in Erscheinung tritt",[2] vor allem besitz- und vermögensrechtliche Bestimmungen verbunden: Die Wiederherstellung der hergebrachten Grundbesitzverhältnisse der Sippen, Ablösung von Schuldverhältnissen. M.a.W: Die Besitzverhältnisse an Grund und Boden, das "Katasterwesen", ist hier durch die Doktrin vom Land als Jahwes Land garantiert (vgl. 1Kön 21,3).
Unter der Autorität Jahwes stehen auch die priesterschriftlichen Landverteilungspläne (Num 26,52-56), sowie die entsprechenden Bestimmungen des Verfassungsentwurfs Ezechiels (Ez 47,21-48,29).
Bei Hosea scheint die unmittelbare Bindung des Landes an Jahwe ein spezifisches Theologumenon zu sein, und zwar in dem Sinne, daß Jahwe <u>der</u> Gott des Landes zu sein beansprucht. In dieser Hinsicht unterscheidet sich das Gottesbild Hoseas signifikant vom Gottesbild des Deuteronomiums.[3]
Das Deuteronomium betont wie kein anderes Buch des AT, daß das Land Israels eine Gabe Jahwes ist. Die "Standardformel" dafür lautet:

הארץ (bzw. האדמה) אשר יהוה אלהיך נתן לך

(Dtn 15,7; 16,20; 17,14; 18,9; 26,2; 28,8 u.ö.)
Die Formel kann auch - durch נחלה erweitert - lauten:

הארץ (bzw. האדמה) אשר יהוה אלהיך נתן לך נחלה

(Dtn 19,10; 21,23; 24,4; 25,19; 26,1; mit Abwandlungen: 4,21.38; 12,9; 15,4; 20,16).

---

1 Vgl. dazu K. Baltzer, Naboth, S. 78ff; G. Wanke, Art נחלה THAT II, Sp. 55ff.

2 A. Alt, Ursprünge, S. 327; H. Wildberger, Land, S. 411ff.

3 Vgl. zum folgenden P. Diepold, Land, S. 76-104.

Nun weiß auch Hosea, daß Jahwe Israel ins Land gebracht hat und auch er begreift dies als geschichtliches Geschehen.[1] Der entscheidende Unterschied zwischen Hosea und dem Dtn liegt jedoch u.E. im Gottesbild. Das Deuteronomium denkt Jahwe universal.

Dtn 10,14: הן ליהוה אלהיך השמים ושמי השמים הארץ וכל אשר בה:

Diese Gottesprädikation ist im Dtn - soweit wir sehen - singulär. Deutlicher belegbar ist die Vorstellung von Jahwe als dem Herrn über die Völker. Sie schlägt sich vor allem nieder in dem Begriff des עם סגולה[2] (Dtn 7,6; 14,2; 26,18). Israel ist Jahwes "Privatbesitz". Dies besagt: Jahwe ist Herr, ja Schöpfer aller Völker, Israel hingegen ist sein besonderes Eigentum (Dtn 26), das er mit besonderen Gaben ausstattet.

Im Deuteronomium ist Jahwe Herr aller Völker, ja der ganzen Erde; als solcher verleiht er Israel das Land als dessen נחלה. Bei Hosea wohnt Israel in Jahwes Land (bzw. נחלה bei Jeremia: 2,7b; 12,7; 16,18).

Es gibt bei Hosea keinen Hinweis darauf, daß er Jahwe als Herrn der Völker oder der Welt verstünde (anders bereits Amos - vgl. Am 1,3ff; 3,2). Andere Länder kommen als Orte der Unreinheit in den Blick, die anderen Völker sind drohende Mächte (Hos 8,1), "Fremde, die Israels Kraft fressen" (7,9). Unter den Völkern verliert es seine Identität.

Es gibt keine expliziten Hinweise darauf, daß Hosea fremde Völker und Länder als Herrschaftsbereiche fremder Götter versteht. Gleichwohl ist die oben erarbeitete exklusive Bindung des reinen Jahwekultus an das Land aus dieser Prämisse verständlich.[3] 1Sam 26,19 stellt den Zusammenhang bezogen auf eine Einzelperson (David) folgendermaßen dar: Die Verstoßung Davids aus dem Land bedeutet, ihn nicht am Erbteil Jahwes teilhaben zu lassen und ihm zuzumuten, anderen Göttern zu dienen. Wer sich dauernd außerhalb des Landes Jahwes aufhält, wird anderen Göttern dienstbar, ist unter deren Herrschaftsbereich geraten. So könnte auch Hosea argumentieren: Wer außer-

[1] Im Unterschied zu Hosea erweitert das Dtn die geschichtliche Dimension der Landgabe um die Väterverheißung, vgl. Dtn 6,10; 8,1; 9,23; 10,11 u.ö., sowie um die Überlieferung von der kriegerischen Vertreibung der Völker, vgl. Dtn 7,1.21.23; 9,3ff; 11,4.23.25ff u.ö., vgl. P. Diepold, Land, S. 80.

[2] Die סגולה ist der Privatbesitz des Königs. 1Chr 21,3: David stattet den Tempel aus Mitteln seiner סגולה aus.

[3] Vgl. H.W. Wolff, Hosea, S. 199; W. Rudolph, Hosea, S. 176; W. Zimmerli, Ezechiel I, S. 127.

halb des Landes ist, muß "Unreines essen", wer innerhalb des Landes fremden Göttern dient - muß außer Landes.
Wir schließen hier die Einzeluntersuchung zum Gegenstand der Auseinandersetzung in Hos 9,1-9 ab und ziehen ein Resümee für den gesamten Text.

Der Text reflektiert eine Auseinandersetzung auf der Ebene Gott-Prophet-Volk. Er ist geprägt durch Formen und Kategorien des Rechtslebens Israels. Dabei tritt der Prophet als Repräsentant Jahwes in ein Verhältnis zum Volk, das - in Analogie zu anderen Bereichen des Rechtslebens Israels - vom Schaden-Schuld-Prinzip bestimmt ist. Diese Aktionsstruktur gründet in der Doktrin vom Land als Jahwes Land; diese Doktrin ist geschichtlich formuliert und kultisch - im Herbstfest - dargestellt. Die Herrschaft Jahwes in und über Israel, die "theokratische Lebensordnung", ist inhaltlich von dieser Doktrin bestimmt und realisiert sich aktional in dem beschriebenen Rechtsverhältnis.
In der in Hos 9,1-9 vorliegenden aktuellen Auseinandersetzung verhält sich Israel insofern nicht der "theokratischen Lebensordnung" gemäß, als es in seinem Verhalten beim Herbstfest den Exklusivitätsanspruch Jahwes als Herr des Landes und Geber seiner Gaben verletzt.
Der Prophet macht die Szene des Herbstfestes zur Gerichtsszene. Er tritt auf den Plan als Repräsentant Jahwes, der durch ihn den Tatbestand festhalten und die Ahndung in Gang setzen läßt. Als Ahndung begreift der Prophet die Beendigung der staatlichen und territorialen Integrität des Nordreichs, die drohende Deportation und das Exil.
Er macht dieses Geschehen als ein Handeln Jahwes im Rahmen des theokratischen Rechtsverhältnisses verstehbar, indem er es in den Kategorien des traditionalen Begründungstheorems - der Exodus-Landgabe-Tradition - aussagt. Die Analogie zum Schaden-Schuld-Prinzip ist durchgehalten: Die Ahndung entspricht dem durch das "Delikt" verursachten Schaden. Israel hat die begründende Basis seiner Kulturlandexistenz zerstört: "Sie werden nicht im Lande Jahwes bleiben." (Hos 9,3a).
In Hos 9,7f erfährt die beschriebene Funktion des Propheten unmittelbaren Widerspruch. Dieser Widerspruch, der den Propheten selbst - in seiner Funktion und in seiner Person - betrifft, ist hier nicht mehr zu behandeln. Dies wird im folgenden Kapitel geschehen, das anhand von Hos 9,7 und Hos 12 den "Konflikt um den Propheten" zum Thema hat.

2.3.3 Der Prophet im Konflikt - Hos 12,1-15; 9,7

2.3.3.1 Text, Sinnstruktur und Übersetzung von Hos 12

Zwei Notizen im Text von Hos 12 nennen ausdrücklich den נביא , bzw. die נביאים (V.11.14). Diese Notizen sind derart in den Kontext eingebunden, daß wir uns zunächst dem 12. Kapitel des Hoseabuches als Ganzem zuzuwenden haben. Wir halten uns dabei wiederum im großen und ganzen an die von H.W. Wolff vorgeschlagene Textgestalt.[1] Davon abweichende Entscheidungen sind im Folgenden diskutiert und begründet.

(1) H.W. Wolff bezieht das "Ich" (סבבני) in V.1a auf den Propheten.[2] Wir meinen - mit einer großen Mehrheit der Kommentatoren[3] - Jahwe als redendes Subjekt annehmen zu dürfen. Dafür spricht zunächst, daß im Hoseabuch in aller Regel nur Jahwe in der Ich-Form spricht.[4] Gewichtiger als diese allgemeine Beobachtung ist jedoch der Sinnzusammenhang von Hos 12. In ihm herrscht das Gegenüber Jahwe - Efraim/Israel vor. Jahwe hat den Rechtsstreit mit Israel, er zieht Jakob zur Rechenschaft (vgl. V.3; vgl. V.10f; 14). Daher scheint uns der Bezug des "Ich" von V.1a auf Jahwe vorzuziehen. Durch diese Entscheidung wird allerdings auch Wolffs Deutung und Übersetzung des folgenden Halbverses 1b in Mitleidenschaft gezogen.[5] Wir verzichten hier auf eine eigene Deutung dieses ungemein schwierigen Halbverses, der - wenn wir recht sehen - für den Gesamtzusammenhang nicht von ausschlaggebender Bedeutung ist.

(2) Nicht verzichtet werden kann hingegen auf eine eingehende Diskussion derjenigen Verse unseres Kapitels, in denen die Jakobstradition eine Rolle spielt (V.4f; 13f). Diese Verse waren und sind Ursache beträchtlichen exegetischen Kopfzerbrechens, das sich in zahlreichen Spezialuntersuchungen niedergeschlagen hat.[6]

---

[1] H.W. Wolff, Hosea, S. 266-68. [2] A.a.O. S. 270f.

[3] Vgl. E. Sellin, Zwölfprophetenbuch, S. 118; C.van Gelderen, Hosea, 393; A. Weiser, ATD 24, S. 73; W. Rudolph, Hosea, S. 224.

[4] Vgl. H.W. Wolff, a.a.O. S. 152: "...das Ich der Worte Hoseas (ist) immer das Ich Jahwes...", vgl. das Ich des Propheten in der Erzählung Hos 3!

[5] Vgl. H.W. Wolff, a.a.O. S. 272.

[6] E. Sellin, Martyrium; T. Vriezen, Tradition; M. Gertner, Hosea XII, S. 272ff; E. Jacob, La femme; H.L. Ginsburg, Hosea's Ephraim; P. Ackroyd, Hosea; E.M. Good, Jacob Tradition; R.B. Coote, Hosea XII; L. Ruppert, Herkunft; F. Diedrich, Anspielungen; vgl. ferner: J. Vollmer, Rückblicke, S. 105ff; R. Kümpel, Berufung, S. 61ff; W.L. Holladay, Chiaismus.

Für die Rekonstruktion und das Verständnis des Textes methodisch höchst bedeutsam sind die Überlegungen M. Gertners. Der Autor untersucht im Hauptteil seines Aufsatzes die literarischen Techniken von Massora und Midrasch[1] und wagt in einem Anhang die These, Hos 12 könne als "an old prophetic 'midrasch'"[2] aufgefaßt werden. Ausgeführt lautet die These Gertners: "The chapter is a sermon, as it were, based on an older scriptural text. Ancient legend is retold, reworked and rearranged so as to be applied to a later situation. The life of the patriarch and the events of the people's exodus from Egypt are still fully related to the political happenings of the prophet's times and to the moral conduct of his contemporaries. As a literary category, then, this chapter is a very early example of a typological midrasch."[3] Die "artistic technique" dieses Midrasch bediene sich vor allem der "word 'bridges', word plays and text blendings".[4]

Es erscheint uns sehr fraglich, ob und inwieweit die These von einer "schriftlichen Basis" für das ganze Kapitel durchzuhalten ist. Deutlich erkennbar ist eine solche Basis jedoch überall dort, wo Hosea explizit auf den Erzvater Jakob zu sprechen kommt. Auffällig ist an diesen Stellen der "Erzählstil", der sich besonders an den kurzen, im Text unvermittelt auftretenden Reihen von wayyiqtol-Formen (Narrativen) (V.513) identifizieren läßt. Wir setzen an bei V.13f:

ויברח יעקב שדה ארם ויעבד ישראל באשה ובאשה שמר
ויבביא העלה יהוה את ישראל ממצרים ובנביא נשמר

Syntaktisch sind die beiden Narrative in V.13 völlig isoliert. Das "Imperfekt konsekutivum" "dient zum Ausdruck von Handlungen", Begebenheiten oder Zuständen, welche als die zeitliche oder logische Folge von unmittelbar zuvor genannten Handlungen...[6] betrachtet werden sollen. Der voraufgehende

---

[1]M. Gertner, Hosea XII, S. 241-72. [2]A.a.O. S. 284.

[3]A.a.O. S. 274. [4]Ebd.

[5]F. Diedrich, Anspielungen, S. 151f, schlägt für V.14 folgenden Text vor: ויהוה העלה את ישראל מארם וביהוה נשמר . D. hat damit den massoretischen Text nach Vorstellungen aus der Jakobtradition der Genesis (Gen 28,15; 31ff) "entspannt". Es kann jedoch keine Rede davon sein, daß sich dieser "Text als ursprünglich erweisen" lasse. Die Konjektur läuft auf eine Neufassung des Textes hinaus und dürfte die Kompetenzen von Text- und Literarkritik überschreiten.

[6]GesK, § 111a, S. 338.

Nominalsatz V.12b kann weder zeitlich noch logisch in eine Folgebeziehung zu V.13 gesetzt werden. Der folgende kurze Satz ובאשה שמר steht zwar inhaltlich in engster Verbindung zum voraufgehenden - ein Aspekt wird abgewandelt (שמר statt עבד) und hervorgehoben -, aber nicht zeitlich oder logisch. Wir schlagen dazu folgende Möglichkeit vor: die beiden Narrativsätze stellen ein kurzes Zitat aus einer nicht weiter bekannten Jakobserzählung dar.[1]

Um ein Zitat handelt es sich auch beim ersten Satz in V.14. Allerdings wird hier nicht aus einer Erzählung zitiert. Zitiert wird vielmehr die traditionelle "Heraufführungsformel".[2] Der "Idealtyp" dieser Formel kann so wiedergegeben werden: X(Subjekt) - עלה (Hif) - Y(Objekt) - מן (+ ארץ) מצרים . Stabil ist das Element עלה (Hif); variieren kann das Subjekt, die Formulierungen für das Volk als Objekt (Einzelpersonen als Objekte: Gen 46,4; 50,24), sowie die Ortsangabe. Subjekt ist in aller Regel Jahwe. Allerdings gibt es eine bemerkenswerte Reihe von Ausnahmen, in der Mose als derjenige erscheint, der Israel aus Ägypten heraufgeführt hat (Ex 17,3; 32,1.7.23; 33,1; Num 20,5 - Mose und Aaron). An Hos 12,4 fällt im Vergleich zu diesem Befund auf: Die Normalform ist durch ein betont vorangestelltes ובנביא erweitert, Jahwe ist Subjekt. Im zweiten Satz von V.14 -ובנביא נשמר- ist dies noch einmal aufgenommen. Dieser Satz ist strukturgleich zum zweiten Satz von V.13 und mit diesem über das Stichwort שמר verbunden. Beide Nachsätze heben jeweils einen Aspekt ihrer Vordersätze heraus. Insgesamt ergibt sich also für Hos 12,13f folgende Struktur:

Zitat - Hervorhebung - Zitat - Hervorhebung.

Es scheint die Absicht der beiden Verse zu sein, geschichtlich-theologische Traditionen nach mündlich und/oder schriftlich fest formulierten Vorlagen pointiert auszulegen. Die Pointierung ergibt sich aus der Entgegensetzung der beiden Zitate und ihrer Kommentierung durch die hervorhebenden Nachsätze. Der Zeitbezug des gesamten Textes V.13f zum Ausleger kann nur vorzeitig aufgefaßt werden. Dies ergibt sich aus dem Inhalt der Zitate (Erinnerung an Ereignisse der Vergangenheit) und den qatal-Formen in den Kommentarsätzen.

---

[1] Eine wörtliche Vorlage aus der Jakobserzählung der Gen kommt u.E. nicht in Betracht, auch wenn sich "Stichwortverbindungen" ergeben: ויעבד - Gen 29,20.30; אשמר - Gen 30,31; שמר - Gen 28,15; vgl. M. Gertner, Hosea XII, S. 276; I. Willi-Plein, Schriftexegese, S. 215, die für literarische Bezugnahme votieren.

[2] Vgl. die Stellenübersicht bei J. Wijngaards, העלה , S. 98.

Unübersehbar ist der Erzählstil in der zweiten zur Diskussion stehenden Stelle Hos 12,4f. Sie hat folgenden Konsonantenbestand:

בבטן עקב את אחיו (4a)
ובאונו שרה את אלהים (4b)
וישר אל (מלאך) (5a)
ויכל בכה
ויתחנן לו
בית אל ימצאנו ושם ידבר עמנו (5b)

Vorweg ist zu bemerken, daß wir mit H.W. Wolff und anderen Auslegern das Wort מלאך (5a) für einen glossierenden, späteren Eintrag halten, "der Hoseas אלהים in 4b von einer mit Gen 32,25 verwandten Überlieferung her erläutert."[1]

Die hebräische Grammatik von Gesenius-Kautzsch führt die oben zitierten Ausführungen zum "Imperfekt konsekutivum" fort: "In der Regel wird die Erzählung mit einem Perfekt eingeleitet und schreitet dann in Imperfectis mit Wav consec. fort..."[2] Nehmen wir die Grammatik zur Beobachtungsgrundlage, so läßt sich der Abschnitt V.4-5a als ein regelrechtes Stück Erzählung identifizieren. Zwei einleitende Sätze der Struktur x-qatal leiten zu einer dreigliedrigen Reihe der Struktur wayyiqtol-x über.

Daraus ergibt sich zunächst die Frage: Wie ist die im massoretischen Text als qatal vokalisierte Form בכה zu beurteilen? In vielen Kommentaren wird diese Form kurzerhand den Narrativen gleichgeordnet und, wie jene, mit einfachem Präteritum wiedergegeben.[3] Nun fordert sowohl die syntaktische wie die inhaltliche Struktur für das ויכל und das folgende ויתחנן לו ein Subjekt. Vor diesem Problem stehen alle Ausleger, die nicht durchgehend Jakob als Subjekt annehmen. Nach der von uns angenommenen syntaktischen Struktur könnte die Form בכה als Partizip בֹּכֶה aufgefaßt, und so die Funktion des Subjekts wahrnehmen.[4] Welche Konsequenzen ergeben sich daraus für die inhaltliche Struktur des Textes? Zu übersetzen wäre:

---

[1] H.W. Wolff, Hosea, S. 275; vgl. M. Gertner, Hosea XII, S. 277; W.L. Holladay, Chiasmus, S. 56; W. Rudolph, Hosea, S. 222, der die "Ersetzung von אלהים durch מלאך" für "sachlich richtig" hält.

[2] GesK § 111a, S. 338.

[3] Vgl. H.W. Wolff, Hosea, S. 266; W. Rudolph, Hosea, S. 220 u.a. Eine Gleichsetzung von x-qatal-Formen mit wayyiqtol-x-Formen setzt auch die These I. Willi-Pleins (Schriftexegese, S. 211) voraus, V.5a sei als Dublette zu V.4b aufzufassen.

[4] Den Hinweis auf diese Möglichkeit verdanke ich meinem Kollegen Dr. R. Bartelmus.

(4) "Im Mutterleib hatte er seinen Bruder hintergangen,
in seiner Kraft hatte er (Jakob) mit Gott gestritten,
(5a) da obsiegte Gott,
ein Weinender übermochte,
er flehte ihn an."

Deutlich ist, daß von וישר אל zu ויכל בכה ein Subjektwechsel erfolgen muß, nicht nur aus formalen (בכה als Subjekt), sondern auch aus inhaltlichen Gründen: בכה und התחנן sind Tätigkeiten, die kaum auf Gott bezogen werden können. Ob und inwieweit sich der hier vorgeschlagene Text und seine ansatzweise Deutung durchhalten lassen, wird sich im weiteren zeigen.

Von den meisten Auslegern wird der folgende Halbvers 5b unmittelbar an 5a angeschlossen und der Jakobsüberlieferung von Hos 12 zugeschlagen. Wir können dem nicht zustimmen.

Formal sind die beiden Sätze dieses Halbverses nämlich deutlich vom voraufgehenden Erzählstück V.4.5a abgesetzt. Die yiqtol-Formen ימצאנו und ידבר signalisieren einen neuen Zeitbezug ebenso wie einen neuen Aspekt. Der Zeitbezug des Erzählteiles zum Erzähler ist vorzeitig, es handelt sich um eine Folge einmaliger Handlungen des Erzvaters Jakob. Der Zeitbezug der yiqtol-Formen ist vornehmlich gleich- oder nachzeitig; der Aspekt signalisiert Unabgeschlossenheit und damit Fortdauer der Handlung.[1]

Vor allem die Verschiebung des Aspekts wird dort ignoriert, wo man den Halbvers 5b zu eng mit dem Erzählteil verknüpft. D.h.: es scheint uns sehr unwahrscheinlich, daß in V.5b auf den Erzvater als historische Einzelperson überhaupt noch Bezug genommen wird. Die historische Rückschau ist u.E. verlassen. Die Rede ist von einem Subjekt, das in Bet-El (immer noch) "findet" und "redet". Objekt bzw. Ziel dieser Tätigkeiten kann nach unseren Überlegungen nicht Jakob sein. Der Text gibt es an in den Suffixen am Verb ימצאנו und an der Präposition עמנו. Die ganz überwiegende Mehrzahl der Kommentatoren will die Suffixe als solche der 3. Pers. m. verstanden wissen. Dies ist für die Verbform ימצאנו dann möglich, wenn man sie - nach massoretischem Vorbild - als energetische Form יִמְצָאֶנּוּ- versteht. Der Konsonantentext läßt jedoch durchaus auch die Annahme einer regulär als 1.c.pl. suffigierten Form - יִמְצָאֵנוּ - zu.[2] Diese Annahme stünde mit der

---

[1] Vgl. GesK § 107, S. 324ff; H. Irsigler, Einführung, S. 80.

[2] GesK § 58 k begründet nicht, warum hier "schwerlich" eine 1c.pl vorliegen könne, ebenso wenig begründet Rudolph, S. 222, seine apodiktische Feststellung, hier könne "keinesfalls das Suffix der 1. Pers. Pl." vorliegen.

sowohl durch den Konsonantentext als auch durch die massoretische Vokalisierung eindeutig bezeugten Form עִמָּנוּ in Einklang. Eben diese Form wird nun - soweit wir sehen - seit dem durch LXX und Peschitta gestützten Vorschlag J. Wellhausen[1] - in עִמּוֹ geändert. Zu dieser Textänderung besteht allerdings nur so lange Anlaß, als man glaubt, den Bezug auf Jakob sicherstellen zu müssen. Gerade dies nun legt sich u.E. nicht nahe; die Textänderung ist nicht nur unnötig, sondern - mit Verlaub - wohl untunlich.[2]

Der Text, in der von uns angenommenen Form, wäre demnach zu übersetzen:

(5b) "In Bet-El findet er uns
dort spricht er zu uns."

Es ist hier noch nicht der Ort, diese Formulierung in extenso auszulegen. Nur soviel ist hier zu sagen: Es handelt sich um eine direkte Rede. Wer spricht? Im Hoseabuch tritt des öfteren, ganz unvermittelt, aber formal und inhaltlich deutlich aufweisbar das Volk auf (vgl. Hos 6,1ff; 8,2; 9,7b; 10,3; 12,9). Um ein solches Zitat der "vox populi" handelt es sich u.E. auch hier. Nach dem Subjekt ist nicht lange zu suchen. Es ist Jahwe. Wie das Erzählzitat das Verhältnis des Erzvaters zu Gott exemplifiziert, so referiert V.5b die Meinung derer, die heute (das heißt zu zeiten Hoseas) an die Stelle des Erzvaters getreten sind, über ihr Verhältnis zu Jahwe.[3]

Unsere Sicht der Verse 13f und 4f ist zunächst aufgrund syntaktisch-grammatikalischer Erwägungen zustande gekommen. Die - methodisch wohl als gattungsgeschichtlich anzusprechende - Hypothese M. Gertners steckte dafür den literarischen Rahmen ab. Diese Hypothese hat sich uns - zumindest teilweise - bestätigt. Dabei scheint in Hos 12 insbesondere die literarische Technik des "text-blendings" in Verbindung mit aktuell pointierter Kommentierung eine Rolle zu spielen. Allerdings ist der Text wohl kaum die durchgängige Auslegung und Aktualisierung eines vorliegenden traditionellen Textzusammenhangs, der Jakobsgeschichte der Genesis. Vielmehr scheinen

---

[1]Wellhausen, Kleine Propheten, S. 19, mit ihm die meisten.

[2]Gegen die Textänderung spricht sich auch - allerdings mit spezifischen Motiven - P. Ackroyd, Hosea, S. 251 aus.

[3]Merkwürdigerweise kommt T. Vriezen, der Hos 12 insgesamt als Dialog zwischen Prophet und Volk auffaßt, nicht auf den Gedanken, hier eine "vox populi" anzunehmen (vgl. T. Vriezen, Tradition, S. 75). Eine Aktualisierung auf die "nation Israel" vermutet auch W.L. Holladay, Chiasmus, S. 62. Allerdings behält auch H. die Textänderung bei.

verschiedene und verschiedenartige "Quellen" zitiert, verarbeitet und kommentiert.[1] Es wird darauf ankommen, die leitenden Gesichtspunkte dieser Arbeit aufzuspüren, um das Gewicht und den Sinn der Einzelelemente zu bestimmen.

(3) Erhebliche Schwierigkeiten bereitet seinen Auslegern und Übersetzern auch V.7a: ואתה באלהיך תשוב

Das Problem liegt hier zunächst in der Verbindung von שוב - "zurückkehren, sich zurückwenden" mit der Präposition ב in der Funktion, die Richtung oder das Ziel der Bewegung anzuzeigen. Dafür stehen, gleichviel ob Richtung bzw. Ziel von einer Person oder einer Sache repräsentiert werden, in aller Regel die Präpositionen אל, על, עד auch ל.[2] Ausgeschlossen scheint damit die Übersetzung "Und du sollst umkehren zu deinem Gott."[3] Nicht viel weiter führt die Änderung von באלהיך zu באהליך("zu deinen Zelten"), - allenfalls wäre geltend zu machen, hier herrsche die Vorstellung des "ins Zelt Hineingehens" vor.

Man wird sich - und dies tun die neueren Kommentatoren - nach anderen Deutungen der Verbindung von שוב mit der Präposition ב umsehen müssen.

Theoretisch möglich, im vorliegenden Falle jedoch u.E. unwahrscheinlich ist Wolffs Deutung der Phrase als "constructio praegnans".[4] Diese Konstruktion ist bei Hosea mehrfach belegt (1,2; 2,17.20). Das Verbum der Bewegung, das in jenen Belegen und im grammatikalischen Regelfall[5] das nicht ausgesprochene verbum regens der Präposition sein soll, steht jedoch hier ausgesprochen im Text. So bleibt als - soweit wir sehen - letzte Möglichkeit, die Präposition analog zu בנביא V.14 instrumental aufzufassen und mit W. Rudolph zu übersetzen:

"Du wirst mittels deines Gottes zurückkehren."[6]

Sehr "glücklich" wird man mit dieser Übersetzung allerdings auch nicht sein. Der Verdacht, V.7 könnte, wie dies häufig auch für V.6 angenommen wird, nicht gleichzeitig zur Erstkonzeption von Hos 12 sein, sei schon hier angemeldet. (Vgl. dazu unten S. 210f).

---

[1] Ähnlich sieht die Dinge A. van Hoonacker, Les douze, S. 112.

[2] Vgl. KBL 951f und die Konkordanzen. Nur in einem engumgrenzten Ausnahmefall kann ב in der Verbindung mitשוב q. eine Richtung anzeigen: in der Redewendung von der Übeltat, die "auf das Haupt (des Täters) zurückfällt" (1Kön 2,33; Ps 7,17; Ob 15).

[3] Vgl. A. Weiser, ATD 24, S. 74

[4] Wolff, Hosea, S. 268.

[5] GesK § 119 ee

[6] W. Rudolph, Hosea, S. 222.

(4) Eine kurze Bemerkung semantischer Natur zum Schluß:
H.W. Wolff gibt לעשק אהב (V.8) mit "er liebt das Unrecht" wieder.[1] Nach Belegstellen wie Lev 19,13; Dtn 28,33; 1Sam 12,3f; Am 4,1 meint עשק etwa: Jemandem einen Vermögensschaden zufügen unter Ausnutzung einer höheren materiellen oder intellektuellen Kompetenz. "Übervorteilen" ist u.E. ein - auch dem Kontext von V.8 - angemessenes deutsches Äquivalent.

Wir übersetzen demnach Hos 12,1-15:

(1) "Umgeben hat mich Ephraim mit Lüge
und mit Betrug das Haus Israel
....
(2) Ephraim ist ein Genosse des Windes, es läuft dem Ostwind nach jeden Tag.
Täuschung und Gewalttat treibt es vielfach.
Einen Bund schließen sie mit Assur und Öl liefern sie nach Ägypten.
(3) Einen Rechtsstreit hat Jahwe mit Israel,
Jakob zur Rechenschaft zu ziehen nach seinen Wegen,
und gemäß seinen Taten zahlt er ihm heim.
(4) Im Mutterleib hatte er seinen Bruder hintergangen,
in seiner Kraft hatte er mit Gott gestritten.
(5) Da obsiegte Gott.
Ein Weinender übermochte
und er flehte ihn an.
Zu Bet-El findet er uns
und dort spricht er zu uns.
(6) Jahwe ist der Gott der Heere, Jahwe ist sein Nahme.
(7) Du aber wirst mittels deines Gottes zurückkehren,
Geneigtheit und Recht bewahre, warte auf deinen Gott unablässig.
(8) Der Händler hat in seiner Hand betrügerische Waage,
er liebt es zu übervorteilen.
(9) Aber Ephraim spricht: Ja, - reich bin ich geworden.
Ein Vermögen habe ich mir erworben - allen Ertrag.
Nicht habe ich mir erworben Schuld, die Sünde ist.
(10) Und ich bin Jahwe, dein Gott vom Lande Ägypten.
Ich lasse dich wieder in Zelten wohnen, wie in den Tagen der Begegnung.

---

[1] H.W. Wolff, Hosea, S. 266.

(11) Eingeredet hatte ich auf die Propheten, vielfach Schauung gegeben,
mittels der Propheten gebe ich Kunde.

(12) Wenn Gilead böse war, dann sind sie unbrauchbar geworden,
in Gilgal opferten sie Stiere,
so werden ihre Altäre wie Trümmerhaufen auf den Furchen der Ackerflur.

(13) Da floh Jakob ins Gefilde Aram und Israel diente um ein Weib -
um ein Weib hatte er gehütet.

(14) Aber durch einen Propheten führte Jahwe Israel aus Ägypten herauf
durch einen Propheten ward es gehütet.

(15) Bitter hat Ephraim gekränkt
seine Bluttaten wird er ihm aufladen,
und seine Schmähung wird er ihm zurückgeben.

2.3.3.2 Jakob, der Betrüger - Hos 12 als aktionale und thematische Einheit

Wir haben versucht, Hos 12 - in Anlehnung an die These M. Gertners[1] - als midraschartige Kombination von Fragmenten tradioneller Texte, bzw. Formeln mit sinnleitenden Kommentaren zu beschreiben. Über diese durch die Gattung bedingte "Oberflächenstruktur" hinaus kann u.E. der Text "aktional" und "thematisch" als Einheit angesehen werden.
Als aktionale Einheit kann der Text nicht nur gelten, weil er - wie Hos 9,1-9 - die typische Terminologie (פקד - השיב V.3b.15) und möglicherweise auch Formelemente (V.15: Tatbestand - Tatfolge) des prophetischen Rechtsaktes aufweist. Es ist vielmehr ausdrücklich gesagt, daß Jahwe einen ריב mit Israel habe (V.3a).[2]
Dieser ריב hat den Betrug Israels zum Gegenstand. Hier liegt - wie nun zu zeigen sein wird - der thematisch vorherrschende und einigende Gesichtspunkt unseres Textes.

---

[1] M. Gertner, Hosea XII, vgl. oben S.

[2] Die Eigenart von Hos 12 als Rechtsakt hebt I. Willi-Pleins (Schriftexegese, S. 217) Gliederung stark hervor: V.3-Prozeßeröffnung; V.4.5-Anklage des Erzvaters; V.8-Anklage Ephraims; V.9-Selbstrechtfertigung Ephraims; V.10-Urteilsverkündigung.

Die Verse 1a und 2a bringen den Sachverhalt begrifflich und metaphorisch zum Ausdruck. Die Nomina כזב und כחש bezeichnen dabei die "Lüge" im engeren Sinne des "Leugnens", des "sagens oder machens, daß nicht..."[1]. In besonderer Weise scheint der Begriff מרמה zu qualifizieren, worum es im Text geht. H.W. Wolff schätzt מרמה als "Leitwort unseres Kapitels"[2] ein. Der Begriff kann zunächst trügerisches Reden und Verhalten in einem inhaltlich nicht festgelegten Sinne bedeuten, wie dies in der Windmetaphorik von Hos 12,2a impliziert ist (vgl. Jer 9,5.7; Ps 5,7; 17,1; 50,19; 109,2). Daneben kann מרמה auch eng verbunden mit bestimmten Sachverhalten bestimmter Lebensbereiche erscheinen.

So kann der Putsch Jehus als מרמה bezeichnet werden (2Kön 9,23). Dabei warnt König Joram mit seinem Ausruf מרמה אחזיה nicht nur vor dem Hochverrat als solchem, sondern vor allem vor dessen blutigen Konsequenzen, die den König auch unmittelbar nach seinem Ausruf ereilen. Die blutige, gewaltsame Intrige ist auch im Blick, wenn מרמה mit דמים (Ps 55,24) oder חמס (Jes 53,9; Zef 1,9) kombiniert ist.

Bei Hosea wird das Geschehen von Hos 7,3-7 (vgl. oben 2.2.2.2) mit dem Parallelterminus כחש belegt (7,3). In Hos 12 erscheint trügerisches Handeln im politischen Bereich zunächst in Hos 12,2b: im Blick ist die zwiespältige Vertragspolitik des Nordreiches.[3] Politische מרמה- Sachverhalte signalisieren wohl auch die דמים von Hos 12,15b, insbesondere wenn man dazu Hos 1,4 und 7,3ff erläuternd hinzuzieht.

Im wirtschaftlich-sozialen Bereich erscheint מרמה in der sehr konkreten Verbindung מאזני מרמה ("falsche Waage" - "falsches Gewicht" Mich 6,11). In einem weiteren Sinne kann jede Bereicherung des wirtschaftlich und sozial Stärkeren auf Kosten des Schwächeren מרמה genannt werden (Jer 5,27). In solchen Zusammenhängen erscheint מרמה als ein Gegenteil von צדקה (Spr 11,1ff) und משפט (Jer 5,27ff; vgl. Spr 12,5). In einem Wortspiel qualifiziert Hos 12,9 den von Ephraim angehäuften Reichtum (און) als Untat (עון), die - wie der Text betont - Verfehlung gegen Jahwe (חטא) bedeutet.

In Hos 12,2b.8f.15 erscheinen מרמה-Sachverhalte in zwei scharf umrissenen

---

[1] Vgl. M.A. Klopfenstein, Lüge, S. 258, ferner: S. 210f.

[2] H.W. Wolff, Hosea, S. 274.

[3] Vgl. dazu H.W. Wolff, Hosea, S. 273.

Bereichen: dem politischen und dem wirtschaftlich-sozialen. Der מרמה-Sachverhalt in einem dritten Bereich bildet das Zentrum der Erörterungen von Hos 12: Der Gottesbetrug (Hos 12,4f. 12; 13f).

Wir kommen zu diesem Sachverhalt in Hos 12,4f:

Terminologisch ist die Brücke zu den übrigen מרמה-Sachverhalten durch עקב (Hos 12,4a) hergestellt. Das selten belegte Verb (Qal: Gen 27,37; Jer 9,3; Hos 12,4) kann einerseits wie irgendein Terminus im Wortfeld "Lügen-Täuschen" gebraucht werden (vgl. Jer 9,3), andererseits in geprägter Redeweise als "polemische Etymologie" für den Namen des Erzvaters Jakob, der seinen Bruder um den väterlichen Segen betrogen hatte (Gen 27,36). In Hos 12,4f ist der polemische Bezug zur Gestalt des Erzvaters u.E. evident.[1] In einer "kühnen Kontraktion"[2] jener mit der zweiten יעקב-Etymologie aus der Geburtsgeschichte Jakob-Esaus (Gen 25,26: יעקב - עקב "Ferse"[3]) wird Jakob als der "geborene Betrüger" dargestellt.

Dabei ist die scharfe Trennung von Jakob, dem Erzvater, und Israel, dem historischen und dem gegenwärtigen Staatsvolk, die unter syntaktischen Gesichtspunkten zwischen V.5a/b zu ziehen war, unter aktionalen und thematischen Gesichtspunkten nicht mehr sinnvoll: Der ריב Jahwes richtet sich gegen Israel Jakob (V.3), es geht um die מרמה der בית ישראל (V.1). Die Beziehung Jakobs zu Israel kann wohl "figural" (vgl. dazu oben) insofern genannt werden, als das Verhalten des Volkes vorbildlich in dem des Erzvaters dargestellt gedacht ist.

Worin besteht der מרמה-Sachverhalt, dessen Jakob-Israel angeklagt ist?

Wir setzen bei V.4f ein und zitieren zur besseren Übersicht noch einmal unsere Übersetzung:

"...in seiner Kraft hatte er (Jakob) mit Gott gestritten,
da obsiegte Gott;
Ein Weinender (Jakob) übermochte,
er flehte ihn an."

---

[1] Gegen P. Ackroyd, Hosea; Ackroyd stellt ein positives Bild des Erzvaters in der hoseanischen Jakobstradition zur Debatte. Sie weise auf die "closeness of relationship" (S. 258) zwischen Jahwe und Jakob hin. Allerdings betrachtet A. die Jakobstradition von ihrem engsten Kontext in Hos 12 isoliert und bürstet sie damit u.E. gegen den Strich.

[2] H.W. Wolff, Hosea, S. 274; vgl. L. Ruppert, Herkunft, S. 495.

[3] H. Gunkel, Genesis, S. 296, bemerkt, Hos 12,4a, setze "eine Tradition voraus, welche die Geburtsgeschichte...gröber" erzähle.

Die Besonderheit unserer Auffassung des Textes liegt darin, daß wir mit ויכל einen Subjektwechsel von אל(הים) zu בכה (Jakob) annehmen. Der Gottesstreiter - zunächst von Gott besiegt - wird seinerseits Sieger, nicht durch Kampf und Auflehnung, sondern durch Weinen und Flehen.

Ein kurzer Seitenblick auf Gen 32,23-33 ist hier aufschlußreich. Die Ereignisfolge der Pnuelepisode ist mit der der hoseanischen Jakobserzählung recht gut in Einklang zu bringen. Das Geschehen setzt ein mit dem Kampf Jakobs mit dem Gottwesen (שרה את אלהים -Hos 12,4b; ויאבק איש עמו... - Gen 32,25), der sich zunächst zu dessen Gunsten zu entscheiden scheint[1] (ותקע כף ירך יעקב בהאבקו עמו - Gen 32,26; וישר אל-Hos 12,5); dann aber wird der Kampf durch Jakob sozusagen auf eine "höhere" Ebene verlagert - und gewonnen (ותוכל -Gen 32,29 : ויכל Hos 12,5). Jakob erreicht dies in der Pnuelepisode durch seine Bitte um den Segen, in der hoseanischen Erzählung durch "Weinen" und "Flehen". Der "Knick" im Geschehen liegt in beiden Überlieferungen an der gleichen Stelle.

Die Termini בכה und התחנן , die die Wendung bei Hosea markieren, sind auffällig. In der Pnuelepisode wird nicht geweint, auch nicht in der Segensbitte Jakobs. Außerhalb der Pnuelepisode kommt ein anderes Weinen oder Flehen Jakobs (vgl. die "Klageeiche", Gen 35,8[2]; die Begegnung Jakobs mit Esau, Gen 33,1ff) kaum für einen Vergleich in Betracht, weil der Hoseatext eindeutig Gott als Adressaten des Flehens kennzeichnet. So bleibt u.E. nur der Schluß, daß Hoseas Erzählung und die Genesiserzählung zwar die Struktur der Handlung gemeinsam haben, die Motivation dieser Handlung jedoch höchst unterschiedlich akzentuieren. Bei Hosea stehen dafür die Stichworte בכה und התחנן . Worum könnte es sich handeln?

Die Tätigkeiten des "Weinens" und "Flehens" sind im AT dort, wo sie vor (לפני) oder zu (ל, אל) Gott geschehen, sehr oft gebunden an die offiziellen Buß- und Klagefeiern des Volkes (für בכה : Ri 20,23ff; Sach 7,3; Jo 2,17 u.ö.[3] für התחנן bzw. das Derivat תחנה vgl. 1Kön 8,28ff; Jer 36,7). Manchmal bezeichnet התחנן auch das Flehen eines Einzelnen zu Jahwe, so das Flehen Salomons vor Jahwe (1Kön 9,3) oder das stellvertretende Sündenbekenntnis Daniels für Israel (Dan 9,20).

---

[1] Dies ist jedenfalls die Sicht der Jahwisten. Vgl. K. Elliger, Jakobskampf, S. 163f.

[2] Vgl. E.M. Good, Jacob Tradition, S. 144.

[3] H. Ringgren, Art. בכה , TWAT I, Sp. 641f; H. Gunkel, Einleitung, S. 119.

Das Flehen eines Einzelnen sah auch A. Bentzen in seinem kurzen Vergleich von Hos 12,5 mit Dtn 9,9 - 10,10 gegeben: "Moses...conquers God by his mighty fasting and praying..."[1]. In der gleichen Weise habe sich Jakob in Hos 12 aller gebräuchlichen Weisen des Flehens zu Gott bedient und ihn überwunden.
Im Sinnzusammenhang von Hos 12 wäre jenes Klageverhalten Jakob (-Israels) vor Jahwe der מרמה-Sachverhalt. Das Hoseabuch läßt nun noch an weiteren Stellen den Zusammenhang zwischen Klage bzw. Buße[2] und dem Betrug an Jahwe erkennen.
Am deutlichsten stellt diesen Zusammenhang Hos 6,1-4 her. Hos 6,4b kommentiert ein in V.1-3 zitiertes "Bußlied"[3] mit den Worten:
"...eure Geneigtheit (ist) wie der Morgennebel, wie der Tau, der früh verschwindet..."[4]. Israels Zuwendung zu Jahwe in der Klage ist trügerisch.
Die Nähe von Hos 6,4b zur bildhaften Umschreibung des מרמה-Sachverhaltes in Hos 12,2a("Ephraim ist ein Genosse des Windes, es läuft dem Ostwind nach jeden Tag") ist unübersehbar.
Als כזבים qualifiziert Hosea Israels Klagezeremonien auch in der Notiz Hos 7,13.14a:

אוי להם כי נדדו ממני שד להם כי פשעו בי
ואנכי אפדם והמה דברו עלי כזבים
ולא זעקו אלי בלבם ייליל על משכבותם

"Wehe ihnen, sie fliehen ja vor mir!
Verheerung über sie, denn sie begehren gegen mich auf!
Und ich, ich soll sie loskaufen, sie, die sie Lügen über mich reden
und nicht zu mir in ihren Herzen schreien,
sondern heulen auf ihren Lagern."[5]

Auf den Zusammenhang der Volksklage weist der Begriff זעק (vgl. Ex 2,23; 3,7; Ri 10,10; Joel 1,14; Neh 9,4). Der כזב-Tatbestand ist wohl so zu beschreiben: Israel wendet sich in der Volksklage um Rettung an Jahwe;

---

[1]A. Bentzen, Weeping, S. 58.

[2]Beides ist Bestandteil der Volksklagezeremonie, des "Fastens" (צום). Vgl. Gunkel, Einleitung, S. 120.

[3]H.W. Wolff, Hosea, S. 148; Gunkel, a.a.O. S. 117.

[4]Vgl. dazu schon oben S. 143ff.

[5]Zu Text und Übersetzung vgl. H.W. Wolff, Hosea, S. 133, 136.

das Klagegeschrei kontrastiert jedoch zum "Heulen" der nichtjahwistischen Fertilitätsriten.[1]

In unseren Zusammenhang gehört schließlich auch Hos 8,2f. Auch hier stehen Volksklage und Abwendung des Volkes in Parallele:

זנח ישראל טוב - לי יזעקו ...

Wenn wir die Jakobserzählung Hoseas von dieser Seite richtig beleuchtet haben, so will sie - an Jakob-Israel gewandt - sagen: Ihr versucht, nach dem Vorbild eures betrügerischen Ahnherrn, Jahwe durch Sündenbekenntnis und Klage auf eure Seite zu zwingen. Allein - eure Zuwendung zu Jahwe in der Volksklage ist - wie die eures Ahnherrn - trügerisch. Die Sünden, die Israel heute bekennt und beklagt, begeht es morgen erneut.[2]

Trügerisch ist nicht nur Israels Zuwendung zu Jahwe. Trügerisch ist auch die Sicherheit, mit der Israel Jahwes Zuwendung unterstellt.

In Hos 12 erklärt dies besonders V.5b.

Wir haben den Halbvers als ein Zitat der "vox populi" bestimmt (vgl. oben). Zwei zentrale Punkte theologischer Volksmeinung gehen aus den beiden Sätzen hervor:

1. Bet-El sei der Ort an dem Jahwe Israel "findet".
   (בית אל ימצאנו); d.h. es erwählt.

2. Bet-El sei der Ort, an dem Jahwe mit Israel "spricht".
   (ושם ידבר עמנו)

Beide Meinungen stehen den von Hosea vertretenen Positionen diametral gegenüber.

Zunächst ist Bet-El, das Reichsheiligtum Efraims, für Hosea kein Ort, an dem es irgendeine positive Beziehung zu Jahwe geben kann (vgl. dazu oben 2.2.3.1.3).

Es ist Bet-Awen, der Ort des Jungstiers (Hos 4,15; 10,5). Die Formulierung בית אל ימצאנו postuliert den Anspruch Bet-Els, traditioneller Ort der Erwählung zu sein. Dies geschieht mit einem Begriff, der im Hoseabuch im

---

[1] Vgl. dazu H.W. Wolff, Hosea, S. 163f.

[2] So auch: U. Cassuto, Hosea, S. 85: "While Jacob was still wrestling with the angel, he wept and sought his favour, asking for blessing..., exactly as his descendents were doing in Hosea's generation: they rebelled against the Lord, and at the same time approached him with sacrifices and prayers.

Zusammenhang mit dem zentralen Begründungstheorem der theokratischen Lebensordnung - der Exodus-Landgabe-Tradition - steht.[1] Eine Verbindung zu den Jakob-Bet-El-Traditionen der Genesis ist u.E. sehr unwahrscheinlich. Jedenfalls finden sich in der Genesis (vgl. Gen 28,10ff; 35,1ff) keine Hinweise auf eine Verwendung von מצא als Erwählungsterminus.

Gleichviel, ob in der Formulierung von Hos 12,5b - wie allzu selbstverständlich unterstellt wird - eine Erinnerung an die Jakob-Bet-El-Überlieferung im Spiel ist oder nicht, - im synchronen hoseanischen Kontext trägt die Formulierung des Erwählungsanspruchs Bet-Els die Bestreitung dieses Anspruches bereits in sich.
Etwas anders mögen die Dinge bei der Formulierung שם ידבר עמנו zu beurteilen sein. Immerhin läßt sich in den Jakob-Bet-El-Traditionen der Genesis eine geprägte Verwendung des Terminus דבר Pi. für ein Sprechen Jahwes zu Jakob wahrscheinlich machen. In Gen 28,15 - der Ort der Handlung ist Bet-El - spricht Jahwe zu Jakob:[2]

... כי לא אעזבך עד אשר אם עשיתי את אשר דברתי לך

Gen 35,13-15 bestimmt Bet-El als המקום אשר דבר אתו , "den Ort, an dem er (scil. Jahwe) mit ihm (scil. Jakob) geredet hat". Hosea könnte im zweiten Satz von V.5b auf eine traditionelle Formulierung des Anspruches, der in Bet-El erhoben wurde, anspielen. Dennoch bleibt auch hier bestehen: Der aktuelle Aspekt überwiegt den diachron-historischen. Denn inhaltlich steht auch dieser Anspruch in scharfem Gegensatz zu der von Hosea vertretenen Position: (Hos 12,11)

ודברתי על הנביאים ואנכי חזון הרביתי
וביד הנביאם אדמה

Mithin: Niemand kann den Anspruch erheben, Jahwe spreche mit ihm, es sei denn ein Prophet.[3] Der dreifache Parallelismus bringt mehrere Aspekte dieses prophetischen Anspruches zur Geltung: seine geschichtlich-traditionale

---

[1] Mit H.W. Wolff, Hosea, S. 212, sind wir der Meinung, daß מצא als geprägter Terminus göttlicher Erwählung gelten kann. Er ist weder auf Bachs Wüstenfundtradition noch auf R. Kümpels ismaelitische Stammestradition beschränkt (vgl. Ps 89,21-Erwählung Davids; 1Kön 11,29; 19,19 - vgl. R. Kümpel, Berufung, S. 18ff.)

[2] Vgl. dazu neuerdings E. Otto, Jakob, S. 167-170, 178.

[3] Den inhaltlichen Gegensatz von V.5 und V.11 hebt auch R. Coote, Hosea XII, S. 397 hervor.

Begründung und Dauer (vgl. die qatal-Formen דברתי, הרביתי), seine aktuelle und zukünftige Geltung (vgl. das yiqtol אדמה), den repräsentativen Charakter der Funktion (ביד).
In doppelter Hinsicht also widerspricht der Anspruch, den das Volk in und für Bet-El erhebt, den Positionen Hoseas. Er postuliert eine Begründung des Gottesverhältnisses Israels neben der oder gegen die Exodus-Landgabe-Tradition. Er postuliert eine Repräsentanz Jahwes neben dem oder gegen den Propheten. Beides kann - von Hosea her gesehen - nur als "Verfassungsbruch" gewertet werden. Der "Verrat am prophetischen Wort"[1] ist Verrat am theokratischen Rechtsverhältnis zwischen Gott und Volk. Die historisch-institutionalen Szenerie dieses Verrates wird unten (vgl. 2.3.3.3) noch weiter zu entfalten sein.
In den Kontext des "Gottesbetruges" gehört auch Hos 12,12. Die Polemik gegen die Heiligtümer in Gilead und Gilgal ist im einzelnen historisch kaum zu verifizieren. Im Falle von Gilead könnten - wie ein Vergleich mit dem Vorwurf in Hos 6,8 (גלעד קרית פעלי און עקבה מדם) nahelegt, ebensowohl kultische wie politisch-militärische Vergehen im Blick sein. Gilgal ist bei Hosea neben Bet-El (4,15) der Ort der "Hurerei". Die hier erwähnten Stieropfer können unter den Vorwurf des Fremdgötterkultes fallen[2], ohne daß präzise Angaben über Art und Funktion dieses Kultes zu machen wären.

In Hos 12, 13f, der zweiten Anspielung Hoseas auf eine Jakobstradition, ist der מרמה-Sachverhalt weniger deutlich erkennbar, als dies in den etymologisch-historischen Anspielungen von V.4.5b der Fall ist.

Der Abschnitt Hos 12,13f ist - relativ zum Sprecher - durchwegs vorzeitig formuliert; dies gilt auch für die beiden Kommentarsätze ובאשה שמר und ובנביא נשמר. Als Kommentarsätze heben sie jedoch hervor, was dem Kommentator an den Sachverhalten der Zitatsätze besonders bemerkenswert erscheint. D.h.: an ihnen ist die gleichzeitige, die aktuelle Intention, die Pointe, abzulesen und zu entwickeln. Diese Pointe wird aus der Gegenüberstellung der beiden Kommentarformulierungen aufgebaut:[3]

---

[1] H.W. Wolff, Hosea, S. 266, vgl. 282f.

[2] Vgl. a.a.O. S. 113ff, 279.

[3] Van Hoonacker, Les douze, S. 118: "Il est manifeste aussi que les deux sentences...se trouvent dans un rapport voulu l'une vis-à-vis de l'autre."

(Jakob-Israel) "-um ein Weib hatte er gehütet."
(Israel) "-durch einen Propheten wurde es gehütet."
Die Intention dieser Gegenüberstellung hat verschiedene Deutungen gefunden.[1] Wir stimmen mit der Mehrzahl der Exegeten darin überein, daß das Gegenüber der beiden Sätze einen Gegensatz, ja einen Konflikt markiert. Dabei stellt die eine Seite des Gegensatz "ein נביא", die andere Seite Jakob-Israel dar.
Sehen wir dies so richtig, dann geht es hier um einen Konflikt zwischen Volk und Prophet. Es erscheint dann auch sachgemäß, hier jene Nachricht vom Konflikt zwischen Prophet und Volk einzubringen, die wir bei der Diskussion von Hos 9,1-9 zurückgestellt hatten.
Hos 9,7f:

"Israel schreit:
Ein Narr ist der Prophet, ein Verrückter der Geistesmann!
Weil deine Schuld groß ist, ist die Feindseligkeit vielfach.
Der Wächter Ephraims ist mit Gott (Prophet).
Die Falle des Vogelstellers ist auf allen seinen Wegen.
Feindseligkeit ist im Hause seines Gottes."[2]

Die Vorwürfe Israels gegen den Propheten sind in diesem Text merkwürdig unsepzifisch, desgleichen die Gegenvorwürfe des Propheten. Israel hält dem Propheten nicht ein Vergehen vor, wie der Priester Amazja dem Amos die Anstiftung zum Aufruhr vorhielt (Am 7,10-17), noch gar wird der Konflikt justiziabel, wie im Prozeß gegen Jeremia (Jer 26,7ff). Was dem Propheten hier vorgehalten wird ist wörtlich zu nehmen: er sei ein Narr und ein Verrückter, will sagen: unzurechnungsfähig.
Dabei hebt der Terminus משגע sicherlich auch auf die "exstatische Prophetie" ab (vgl. 2Kön 9,11; Jer 29,26). Aber diese Implikation erreicht nicht die Ebene einer den Gegner anerkennenden Auseinandersetzung, sondern bleibt Beschimpfung. Dies verrät der Parallelbegriff אויל , der in

---

[1] Recht allgemein stellt J. Lindblom, Hosea, S. 105 Anm 1 "das schmachvolle Handeln Jakobs" dem "machtvollen, gnadenreichen Handeln Gottes" gegenüber. E. Jacob, La femme, S. 85f sieht hinter dem Gegensatz von Frau und Prophet (incompatibilité entre la femme et le prophète) den Gegensatz zwischen Israel, das die Führung der Geschichte an sich reissen will, und Jahwe, "le seul véritable acteur" der Geschichte. Allein steht - soweit wir sehen - P.R. Ackroyd, Hosea, S. 247 mit der Ansicht, der Dienst Jakobs um das Weib sei "not a matter of Israels failure but a situation which provided the occasion for a divine act of salvation."

[2] Zum Text vergleiche oben 2.3.2.2.1

seinen vorwiegend weisheitlichen Kontexten vor allem einen törichten, aufbrausenden Schwätzer bezeichnet, der sich um Kopf und Kragen redet (Spr 10,8.10.21; 12,15f u.ö.) und mit seiner Torheit bestraft genug ist (Spr 16,22). Der Prophet nennt die Mißachtung, die ihm entgegenschlägt, משטמה (Hos 9,7b,8). Wir halten nicht für wahrscheinlich, daß das hier im AT einmalig belegte Nomen in den Kontext juridischer oder forensischer Sprache gehört.[1] Das Verb שטם (eine Nebenform von שטן) scheint uns vielmehr die innere, emotionale Seite einer Feindschaft zu betonen, - die Feindseligkeit, die von Herzen kommt.[2] Gegenüber dem Propheten entsteht diese "Feindseligkeit" gerade auf Grund der Schuld, deren Israel durch den Propheten angeklagt ist.
Es bleibt offensichtlich nicht bei der feindseligen Haltung Israels gegenüber dem Propheten. Die "Falle des Vogelstellers", deren der Prophet auf allen seinen Wegen gewärtig ist, läßt sich konkret nicht deuten; ein Volk jedoch, das "seine Richter frißt" (Hos 7,7), dürfte auch dem mißliebigen Propheten gegenüber Gewalt oder Drohung mit Gewalt als Mittel der Auseinandersetzung nicht gescheut haben. Dieses Szenario fügt sich gut in die krisenhaften realpolitischen Verhältnisse der Nach-Nimsidenzeit. Es fällt jedoch auf, daß Hosea in seiner Darstellung strikt auf der Ebene Gott-Volk bleibt. Kein Hinweis wird gegeben, durch den der Prophet seine Gegner spezifiziert, etwa als Priester, Könige, hohe Beamte oder - wie so oft in den Zeugnissen der "klassischen Prophetie" - als konkurrierende Propheten; noch weniger nennt er Namen. Dies zeigt, wie wenig Hosea den Konflikt - auch in der äußersten Zuspitzung - "persönlich zu nehmen" oder auch nur in unmittelbarer Konkurrenz mit den Amtsträgern des Volkes auszutragen bereit ist. Er ist der צפה אפרים, "der Wächter Efraim". Er ist עם אלהים, "mit Gott".
In den beiden Formeln sind Funktion und Legitimationsgrund des Propheten zusammengefaßt. Beides findet sich - nicht dem Wortlaut, wohl aber der Sache nach - auch in Hos 12,14 wieder und zwar dergestalt, daß Hosea den aktuell bezogenen Aussagen von Hos 9,8 die historische Tiefendimension verleiht.

---

[1] Gegen v. Rad, Art διάβολος, ThWBNT II, S. 71; Wolff, Hosea, S. 202.
[2] Vgl. Gen 27,41; 50,15; besonders: Ps 55,4 (der unschuldig Angeklagte: באף ישטמוני); Ijob 16,9 MT (Ijob über Jahwes Zorn: אפו טרף וישטמני

Die Funktionsbezeichnung צפה für den Propheten ist allgemein bekannt aus dem Ezechielbuch (Ez 3,17; 33,7). In beiden Belegen des Ezechielbuches heißt es fast gleichlautend, als Jahwerede formuliert:

(Ez 3,17) בן אדם צפה נתתיך לבית ישראל ושמעת מפי דבר והזהרת אותם ממני:

> "Mensch, als Späher habe ich dich gegeben dem Haus Israel, daß du hörest von meinem Munde das Wort und sie von meinetwegen warnst."

Das Jahwewort an Ezechiel ist insofern eindeutig, als es den Propheten in der צפה-Funktion als denjenigen bestimmt, der 1. den unmittelbaren Jahwe-Dabar aufnimmt und 2. diesen Dabar an das Volk weitergibt.
Die Befunde des Hoseabuches - insbesondere zu Hos 6,5 (vgl. oben 2.3.2.1.2) und 12,11 - ermöglichen sehr wohl, die צפה -Funktion nach Hos 9,8 im Zusammenhang des prophetischen Wortempfangs und der prophetischen Wortvermittlung zu sehen. Es ist zu fragen, ob nicht auch die in Hos 12,14 apostrophierte שמר-Funktion des נביא in diesen Zusammenhang gehört.
Darüber soll die folgende traditionsgeschichtliche Überlegung Aufschluß geben. Wir schließen uns dabei weitgehend der These J. Jeremias an, die von Hab 2,1 her entwickelt ist.[1]
Die משמרת bzw. der מצור , auf dem der Prophet steht und "ausspäht", sei ein Ort im Tempelbezirk, "an dem der Prophet Orakel Jahwes einholt".[2]
Auch in Jes 21,6-8 ist von einem "Späher" (מצפה) die Rede, der, auf einer מצפה bzw. משמר postiert (V.8), meldet (נגד), was er sieht. Mit J. Jeremias sind wir der Ansicht, daß der Inhalt des Gesichts - ein Heer mit Streitwagen - diesen Späher nicht zu einem militärischen Aufklärer macht. Auch dieser Späher empfängt eine Offenbarung.[3]
Diese und einzelne andere Belege (Ps 5,4; Mich 7,7) lassen ein bestimmtes von צפה, שמר und ihren Derivaten gebildetes Wortfeld erkennen, das den Offenbarungsempfang in der Orakelpraxis umschreibt.[4]
Darüberhinaus ist שמר besonders in der chronistischen Literatur als ein

---

[1] J. Jeremias, Kultprophetie, S. 104-107.
[2] J. Jeremias, a.a.O., S. 106.
[3] Vgl. auch: H. Wildberger, Jesaia I, S. 782.
[4] Vgl. auch H. Bardtke, Erweckungsgedanke, S. 19.

terminus technicus nachweisbar, der vor allem verschiedene Wachdienste von Priestern und Leviten am Heiligtum bezeichnen kann.[1]
Dieser Befund läßt es denkbar erscheinen, daß die צפה-Funktion des Propheten nach Hos 9,8 und die שמר-Funktion des נביא nach Hos 12,14 über den traditionsgeschichtlichen Zusammenhang des Orakel- und Wortempfangs verbunden sind. Bei Hosea sind diese Funktionen nach dessen Prophetenverständnis akzentuiert. Dies bedeutet insbesondere, daß jene Funktionen nicht auf ein Heiligtum begrenzt sind. Der צפה nach Hos 9,8 ist der צפה אפרים- der Aspekt der vorfindlichen Staatlichkeit Israels ist damit betont, sein Wirkungsbereich ist die בית אלהים - der Anspruch Jahwes auf das Land, in dem sich diese Staatlichkeit verwirklicht, ist damit akzentuiert. Die שמר -Funktion des נביא nach Hos 12,14b erstreckt sich auf ישראל.
Die besondere Nähe des "Spähers" zu Jahwe drückt die Formel עִם אלהים aus. Sie ist traditionell im Zusammenhang mit Mose (Ex 34,28 - Mose vor Jahwe auf dem Sinai), Samuel (1Sam 2,21 - Samuel im Heiligtum) belegt; darüber hinaus ist die Formel dem Deuteronomium (Dtn 18,13: תמים תהיה עם יהוה אלהיך) und deuteronomistischen Partien der Königebücher (1Kön 8,61; vgl. 11,4; 15,3.14 u.ö.) geläufig.[2] Es fällt auf, daß "bei Gott sein" mit deutlichen kultischen Konnotationen versehen ist. Mose fastet bei Jahwe vierzig Tage und Nächte (Ex 34,28); am deutlichsten sind diese Konnotationen bei Samuel. Wenn es heißt, der Knabe Samuel wächst "bei Jahwe" auf, so bedeutet dies im Kontext von 1Sam 2,18ff geradezu, daß er als priesterlicher Diener Jahwes im Heiligtum erzogen wird. So scheint auch in dieser Formel ein traditionsgeschichtlicher Hintergrund angedeutet, der dem von צפה vergleichbar ist.
Sehen wir dies so richtig, so ist der Konflikt, den die Kommentarsätze von Hos 12,13f signalisieren, als Konflikt um jene prophetischen Funktionen zu bestimmen. In diesem Konflikt wäre dann auch der spezifische מרמה -Sachverhalt dieser Verse aufzusuchen. Hos 12,13 setzt die Akzente durch die Zitatsätze und insbesondere durch deren Kombination. Das Deutungsproblem der beiden Zitatsätze besteht in ihrer Korrelation. Inwiefern ist Jakobs

---

[1]Vgl. beispielsweise Num 3,28.32; 18,5 משמרת הקודש ; Neh 13,30; 2Chr 7,6 u.ö. Dazu: Jeremias a.a.O. S. 106; J. Milgrom, Levitical terminology, S.8f.

[2]Vgl. H.W. Wolff, Hosea, S. 203.

"Hüten um die Frau in Aram" (V.13a) mit dem Exodus-Landnahme-Geschehen (V. 14a) vergleichbar? Worin besteht das tertium comparationis?

Diese Frage wurde in der Forschung zu Hos 12 besonders durch R.B. Coote aufgeworfen.[1] Die meisten anderen Forscher konzentrieren sich auf die Gegensätzlichkeit der Aussagen in V.13f, ohne deren verbindendes tertium zu bedenken, so daß die inhaltlichen Bestimmungen des Gegensatzes weit differieren können.[2]
An welchem Punkt sind Jakobsüberlieferung und Exodus-Landgabe-Tradition in unserem Text verknüpft?
R.B. Coote schlägt vor: "The common factor between the two parts is, that each is a statement of the same story pattern. The story is that the hero retrives a bride from a foreign country. So the similitude is the following: just as Jacob travelled to a foreign country, to bring her back, so Yhwh also went to a foreign country to take a wife and bring her back... The exodus narrative...may be described as a bride-rescue story, with Israel as Yhwh's bride.."[3]
Wenn auch - soweit wir sehen - von einer Reise Jahwes in ein fremdes Land in den biblischen Überlieferungen der Exodustradition nirgend die Rede ist, so haben doch Hosea (2,16f) und Jeremia (2,2f: "Ich gedenke der Treue deiner Jugend, der Liebe deiner Brautzeit, wie du mir folgtest in der Wüste, in saatlosem Lande.")[4] das Verhältnis Gott - Volk in seinen Anfängen als Brautzeit, ja Zeit der Brautwerbung beschrieben. Eben darin scheint uns der zentrale Vergleichspunkt zu dem von Hosea referierten Bruchstück der Jakobserzählung in Hos 12,13a zu liegen. Jakob, der um Rahel, das aramäische Weib dient (Gen 29,15ff) und hütet (Gen 30,31), steht in Parallele zu Jahwe, der um Israel wirbt.
Antithetisch stehen sich so zwei Konzeptionen der Frühzeit Israels (Vorzeitigkeit!) als einer Zeit der Brautwerbung gegenüber.
Die Antithese ist vor allem durch zwei markante Merkmale der beiden Konzeptionen hergestellt.

---

[1]R.B. Coote, Hosea XII, S. 400. Dabei geht C. von Voraussetzungen aus, die durchaus strittig sein können. Er ordnet die Verse 12-14 der Aussage ... ביד הנביאים (11) als דמות -"similitudes", interpretierende משלים unter. Vgl. a.a.O. S. 397f.

[2]Vgl. oben S. 202, Anm. 1. [3]R.B. Coote, a.a.O. S. 401.

[4]Vgl. auch Jes 49,18; 62,1ff.

(1) Die Konzeption der Brautwerbung Jakobs ist ohne, die der Exodus-Landnahme-Tradition mit Jahwe dargestellt. Es ist höchst bemerkenswert, daß Hosea die Väterzeit in so prononcierter Weise als "gott-los" darstellen kann.[1] Die Frage nach den traditionsgeschichtlichen Voraussetzungen dieser Konzeption kann hier nur gestellt, aber nicht beantwortet werden. Im Deuteronomium - von den anderen Pentateuchquellen nicht zu reden - sind die "Väter" längst und an zentraler Stelle (vgl. nur Dtn 26,5) in die Erwählungstraditionen Israels integriert. Dies ist gerade wegen der sonst zu beobachtenden Nähe des Deuteronomiums zu Hosea auffallend. Die Jakobstradition scheint zur Zeit und im Umkreis Hoseas noch (?) nicht zu einem allgemein anerkannten Kanon von Erwählungstraditionen gehört zu haben.[2] Denkbar ist freilich auch, daß Hosea gerade eine hohe allgemein anerkannte Dignität der Jakobstradition dazu nutzt, seine Aussage gegen die "Volksmeinung"[3] zu pointieren.

(2) Die Exodus-Landgabe-Konzeption ist gegen die Jakobskonzeption dadurch qualifiziert, daß sie den Propheten einbezieht.

So stehen sich in den beiden Frühzeitkonzeptionen gegenüber: Jakob, der nach Aram flieht und sich dem Weibe zuwendet, versus Israel, das unter der Protektion Jahwes und eines Propheten ins Land kommt.

Wenn man beide Retrospektiven verknüpft - und darauf kommt es an - ergibt sich eine für Hosea und seine Zeitgenossenschaft hochaktuelle Pointe: Israel ist im Status Jakobs, des Erzvaters, ohne Jahwe und Prophet.

Es erscheint fraglich, ob und inwieweit die Elemente der beiden Zitatsätze weiter auszudeuten sind. So scheint es uns schwer möglich, den Dienst Jakobs um das Weib als Abspielung auf die "Kultpraktiken der Sexualriten" zu identifizieren.[4] In diesem Zusammenhang wird im Hoseabuch Israel selbst als das Weib - die Hure - vorgestellt, nicht als der Mann, der zur Hure geht (vgl. 2,4ff; 3,1-5; 9,1f). Wenn die Flucht Jakobs nach Aram und sein Dienst um das Weib als die "Unterwerfung Israels unter fremde Mächte"[5]

---

[1] Vgl. dazu neuerdings C. Jeremias, Erzväter, S. 215: "Das in den Prophetenworten begegnende Jakobbild ist...negativ bestimmt und zwar ohne daß diese negativen Züge ebenso wie in den Vätergeschichten der Genesis in einem heilvollen Gesamtrahmen stehen."

[2] Dies kann auch dann gelten, wenn man mit U. Cassuto, Hosea, S. 100, darin übereinstimmt, daß das Pentateuch-Material zur Zeit Hoseas in derselben Form vorlag, wie uns heute.

[3] Vgl. Rudolph, Hosea, S. 227.

[4] H.W. Wolff, Hosea, S. 280

[5] Ebd.

deutbar sein sollte, dann kaum unmittelbar, sondern mittelbar: Israel ohne Gott und Prophet hat die Rechtsgrundlage seiner Existenz im Lande verloren. Die Flucht nach Aram stünde gegen die Landgabe.
Gleichwohl muß eingeräumt werden, daß bei der im Hoseabuch zu beobachtenden Oszillation zwischen Bildern und Sachen unmittelbar aktuelle Anspielungen nie auszuschließen sind, auch wenn sie dem modernen Ausleger oft genug verborgen bleiben mögen.
Eine Anspielung im Text ist allerdings kaum mißzuverstehen: Mit dem Propheten, von dem Hos 12,14a spricht (בנביא העלה יהוה את ישראל ממצרים) kann kaum ein anderer gemeint sein als Mose.[1] Damit ist eine weitgehende und zugleich vieldeutige Bestimmung der שמר (צפה)-Funktion des Propheten (V.14b!) gegeben. Grundsätzlich ist der Prophet in dieser seiner Funktion dadurch legitimiert, daß er mit dem Begründungsgeschehen des Verhältnisses Gott-Volk verbunden ist. Dem dient die Darstellung Mose' als eines Propheten. Das Hoseabuch vermeidet dabei den Namen Mose. Die prophetische Funktion ist damit nicht-individuell verstanden:[2] nicht der bestimmte Prophet Mose oder gar Mose als der Prophet schlechthin ist im Blick, sondern Mose in seiner Eigenschaft als "ein Prophet". Dieses Mosebild differiert auffällig von dem späterer atl. Zeugnisse (vgl. etwa: Jer 15,1; Num 12,6-8; Dtn 34,10), die, wie L. Perlitt dargestellt hat[3], die Einzigartigkeit des Mose funktional und personal hervorheben. Dem Mosebild Hoseas am ehesten vergleichbar dürfte die Darstellung von Dtn 18,9-22 sein.
In ihrer synchron-aktuellen Dimension gesehen, meint die Anspielung auf Mose nicht mehr, aber auch nicht weniger als dies: Mit Mose beginnend ist Israels Existenz im Lande unter der theokratischen Lebensordnung an die שמר-Funktion der Propheten gebunden. Es wurde und wird "durch einen Propheten gehütet". Lebt es jedoch gegen diese Funktion und deren Träger, so betrügt es sich und Jahwe um das in dieser Lebensordnung gesetzte Verhältnis.
Jakob, der um das Weib hütet, ist das Urbild des Gegenentwurfs zur Theokratie - ein Entwurf ohne Gott und Prophet. Israel verfällt, indem es

---

[1]Vgl. L. Perlitt, Mose, S. 603ff; Wolff, Hosea, S. 280; W. Rudolph, Hosea, S. 231.

[2]Die Massoreten stützen diese Sicht, wenn sie in V.14 zweimal בְנָבִיא vokalisieren, also den bestimmten Artikel vermeiden.

[3]Vgl. L. Perlitt, Mose, S. 590ff.

heute dem Propheten entgegentritt, dem Gegenentwurf Jakobs. Darin liegt der מרמה-Sachverhalt, den Hos 12,13f und 9,7bf zur Sprache bringen.

Das sprachliche Medium der Vorzeitigkeit, in dem Hos 12,13f diesen Sachverhalt darstellt, eröffnet dessen historisch-theologische Dimension. Israel fällt zurück in einen Status, der vor dem Begründungsgeschehen seiner Existenz im Lande liegt. Indem dies auf einen aktuellen Konflikt um den Propheten bezogen wird, ist aber auch gesagt, daß die Zuwendung Jahwes zu seinem Volk, ebensowenig wie dessen Existenz im Lande, ein für allemal sichere Gegebenheiten sind. Jakob, der ins Land Aram flieht und dort dienstbar wird, ist eine immer gegebene Möglichkeit. In seinem Verrat an Jahwe und dem Propheten ist Israel drauf und dran, diese Möglichkeit Wirklichkeit werden zu lassen.
Wir können somit die מרמה-Thematik als für den überwiegenden Teil der Untereinheiten von Hos 12 bestimmend ansehen. Der besseren Übersicht wegen stellen wir die einzelnen Aspekte dieser Thematik in Hos 12 hier noch einmal zusammen:

V.1a/2a	Begriffliche und metaphorische Umschreibung des Sachverhaltes,
V.2b/15b	die politische מרמה in der Vertragspolitik nach außen, in der blutigen Intrige nach innen,
V.8f	die wirtschaftlich-soziale מרמה (falsche Waage; Reichtum als עון und חטא),
V.4f.12.13f (Hos 9,7bf)	der Gottesbetrug:
V.4.5a	das Weinen Jakobs als trügerische Hinwendung Israels zu Jahwe in der Volksklage,
V.5b	der Anspruch Bet-Els als Verrat an der Erwählung und am prophetischen Wort,
V.12	der kultische Gottesbetrug in Gilead und Bet-El,

V.13f (Hos 9,7bf) — Gottesbetrug als Verwerfung der Propheten und ihrer Funktion.

In den Kontext des Gottesbetruges (V.4f.13f) gehören auch die Verse 10f und zwar bringen sie die Ansprüche Jahwes und der Propheten zur Sprache.

Durch V.3 und die Form wie die Terminologie von V.15 wird die "aktionale Einheit" von Kap 12 als prophetischer Rechtsakt hergestellt.

Es bleibt ein Rest: Ganz und gar nicht in die מרמה-Thematik passen inhaltlich und formal die Verse 6 und 7. Nun ist diese Beobachtung allein kein hinreichender Grund, die Verse auf dem Wege der Literarkritik zu eliminieren. Wir neigen gleichwohl - wie oben bereits angedeutet - die beiden Texte als nicht gleichzeitig zum übrigen Corpus des Textes Hos 12 anzusehen.
Dies fällt relativ leicht für Hos 12,6. Einerseits nämlich lassen die Formulierungen der beiden Sätze enge Verwandtschaft zu den "doxologischen" Stücken des Amosbuches (Am 4,13b; 9,5f), sowie zu hymnischen Stücken bestimmter Psalmen (vgl. besonders Ps 102,13; 135,13) erkennen.[1] Andererseits ist die Gottesprädikation יהוה צבאות im Hoseabuch singulär und untypisch. Das Epitheton צבאות gehört ganz überwiegend in den traditionalen Kontext des Ladeheiligtums und damit - für die Königszeit - nach Jerusalem.[2] So dürfte H.W. Wolff wohl im Recht sein, der Hos 12,6 dem literarhistorischen Kontext einer "Neuverkündigung im judäischen Bereich" verbunden sieht.[3]
Sehr viel schwerer fällt die Argumentation für V.7. Besonders V.7b ist sowohl terminologisch (חסד ומשפט -vgl. nur Hos 2,21; 6,4) wie hinsichtlich der Gattung als "Mahnwort" (vgl. 10,2) bei Hosea sehr gut vorstellbar. Wenn V.7a, wie oben bereits angedeutet (vgl. oben S.) eine Ankündigung der Rückkehr Israels aus dem Exil ist, so liegt auch dies nicht außerhalb des hoseanischen Horizonts. Allerdings fehlt hier - im Gegensatz zu 2,16f und 11,11 - jeder Hinweis auf die erneute Landgabe von Ägypten oder der Wüste her.

---

[1]Vgl. H.W. Wolff, Hosea, S. 276f; ders., Amos, S. 254f; F. Diedrich, Anspielungen, S. 359f.

[2]Vgl. dazu den Überblick bei: A.S. van der Woude, Art. צבא THAT II, Sp. 504ff.

[3]H.W. Wolff, Hosea, S. 277.

So ist V.7 im Hoseabuch und seiner Gedankenwelt wohl am Platze; es fällt jedoch schwer, dies auch für den Sinnzusammenhang von Hos 12 anzunehmen. Kaum denkbar ist u.E. vor allem ein Bezug des Verses zur Jakobstradition.[1] Nach allem, was wir zu Hos 12,4f und 13f erarbeitet haben, ist die Figur des Erzvaters bei Hosea für ein Modell der Wiederherstellung Israels nicht tauglich.

2.3.3.3 Betrug und Betrüger - Ansätze zu einer soziohistorischen Verifikation

Der "Betrugsprozeß" von Hos 12 hat ein breites Spektrum des Konflikts zwischen Jahwe und dem Propheten einerseits und dem Volk andererseits entfaltet.
Die Weise, in der Hos 12 die Konflikte darstellt, ist auch im "Verfassungsentwurf" des Hoseabuches, sowie insbesondere im Verständnis des prophetischen Amtes bei Hosea begründet. Für die "theokratische Lebensordnung ist das Gegenüber von Gott/Prophet und Volk konstitutiv.

Im folgenden wollen wir hinter die Darstellung des Hoseabuches zurückfragen auf die ökonomisch, kulturell und politisch tiefgestaffelte und komplexe Gesellschaft Israel-Efraims zur Zeit Hoseas. Es kommt hier also noch einmal der historisch-aktuale Aspekt unserer Fragestellung zum Tragen.
Die Spur für unsere Rückfrage ist dabei freilich wiederum vom Hoseabuch, und insbesondere seinem 12. Kapitel, selbst gelegt. Den Hauptaspekten dieses Kapitel folgend wollen wir versuchen die ökonomisch-sozialen, die politischen Sachverhalte, sowie den Sachverhalt des "Gottesbetruges" soziohistorisch zu verifizieren. Freilich werden wir dabei, der Bruchstückhaftigkeit der Quellen wegen, über Ansätze nicht hinaus kommen.

[1] Gegen H.W. Wolff, Hosea, S. 277; W. Rudolph, Hosea, S. 229ff. R. Kümpel, Berufung, S. 66f.

2.3.3.3.1 Ökonomisch - soziale Sachverhalte

Was wir hier ansprechen, stand vor allem in den vergangenen zehn Jahren im Kontext einer ausgedehnten Debatte, die unter der Überschrift "Die soziale Kritik der Propheten" geführt wurde.[1]
Das historisch-methodische Problem besteht darin, von den Darstellungen der Propheten, die die Konflikte aus der Sicht ihrer institutionalen und theologischen Position beschreiben, zurückzuschließen auf soziohistorische Vorgänge und Strukturen. Wären wir dabei auf das Hoseabuch als einzige Quelle angewiesen, müßte dies Unternehmen schon in den Anfängen scheitern, bzw. sich in kaum mehr zu verifizierenden Spekulationen verlieren. Besonders gilt dies für die ökonomisch begründete Sozialkritik. Hos 12,8f und 8,14 liefern die wenigen Stichworte. Sie werden aussagekräftiger im Vergleich mit der ungleich breiteren Behandlung, die dieser Aspekt bei Hoseas älterem Zeitgenossen Amos erfahren hat.[2] Der Vergleich zwischen Hosea und Amos ergibt eine Reihe von Anhaltspunkten.
Beide Propheten notieren: "Profitstreben und Handelsbetrug".[3]

Am 8,4f: "Hört dies, die ihr den אביון tretet
und den ענוי im Lande beseitigt:
indem ihr sprecht:
Wann wird der Neumond vorübergehen,
damit wir Getreide verkaufen können,
und der Sabbat, damit wir Korn anbieten
...
daß wir das Epha verkleinern, den Schekel vergrößern,
und mit falscher Waage betrügen können."

Hos 12,8: "In des Händlers Hand falsche Waage,
er liebt es zu übervorteilen."

---

[1]Einer der bedeutendsten Väter des Gedankens war, wie so oft auch hier, A. Alt, insbesondere mit seiner Studie "Der Anteil des Königtums an der sozialen Entwicklung in den Reichen Israel und Juda" (A. Alt, Anteil) (1955). Von den zahlreichen Titeln der weiteren Diskussion seien genannt: H. Donner, Botschaft; K. Koch, Entstehung; M. Fendler, Sozialkritik.

[2]Wir nehmen im folgenden besonders die Ergebnisse der kurzen aber präzisen Studie M. Fendlers, Sozialkritik,auf.

[3]M. Fendler, a.a.O. S. 40.

Beide Texte haben mit hoher Wahrscheinlichkeit den Binnenhandel mit Naturalgütern im Auge, also den alltäglichen Kleinhandel, wie er etwa in Neh 13,15 beschrieben ist.[1] Die Manipulationen am Schekel, dem Münzgewicht, bzw. der Waage, bringen eine Erhöhung des Münzgewichtes zuungunsten des Käufers mit sich.[2] Es muß mit M. Fendler festgehalten werden, daß zu jenem Kleinhandel "prinzipiell jedermann in der Lage (war), der über seinen Bedarf hinaus Ernteerträge hatte, und sie direkt dem Endverbraucher anbieten konnte."[3] Das Hoseawort 12,8 muß sich also keineswegs nur an eine kanaanäische oder dem "kanaanäischen...Händlergeist"[4] erlegene Oberschicht wenden. Auch sollte das von Hosea verwendete Gentilicum כנעני für "Händler" nicht dazu verleiten, den israelitischen Handel pauschal "in Händen der Ausländer"[5] zu sehen. Dies gilt allenfalls für den Außenhandel, nicht aber für den alltäglichen Binnenhandel.[6] Hinreichend deutlich wird dies auch an Neh 13,15f: Die Landjudäer bringen Getreide, Wein, Trauben und Feigen, Erzeugnisse des Landes, in die Stadt. Der Handel mit Fisch - in größeren Mengen für Jerusalem doch wohl Importware - und anderen Gütern wird von Tyrern bestritten (V.16).

Die Partien aus den atl. Gesetzeskorpora, die sich - wie Amos und Hosea - gegen betrügerische Geschäftspraktiken wenden, sind nicht an Ausländer adressiert, sondern an Israeliten (vgl. Dtn 25,13f; Lev 19,35ff; ferner: Spr 11,1; 16,11). Den Texten nach zu urteilen war der Binnenhandel eine höchst alltägliche Einrichtung - der Markt im ökonomischen und im lokalen Sinne. Dieser Markt war zur zuverlässigen Versorgung der Bevölkerung mit Gütern des täglichen Bedarfs lebenswichtig (Spr 11,26: "Wer Getreide zurückhält, den verwünschen die Leute, aber Segen kommt auf das Haupt dessen, der Getreide verkauft.") und eben deshalb war jede betrügerische Manipulation als "Wirtschaftsverbrechen" anzusehen.

Es ist zwar wahrscheinlich, daß die Beamtenschaft der Hauptstädte über die angestammten Besitzverhältnisse hinaus und unter Bruch der alten Gesetze

---

[1] Vgl. BRL², Art. Handel und Verkehr, S. 134f.

[2] Vgl. BRL², Art. Geld, S. 88f; M. Fendler, a.a.O. S. 41f.

[3] M. Fendler, Sozialkritik, S. 42.

[4] H.W. Wolff, Hosea, S. 278; vgl. H. Donner, Botschaft, S. 243.

[5] H.W. Wolff, ebd.

[6] Vgl. M. Fendler, a.a.O. S. 42.

größere Ländereien bildeten ("Bauerlegen"[1]) und sich damit eine gute Position für den Handel mit Naturalien aufbauen konnte. Es ist aber keineswegs wahrscheinlich, daß sie allein Gewicht und Waagen fälschten.
Etwas anders mögen die Dinge für Hos 12,9 zu beurteilen sein. Der Vorwurf Hoseas ist hier auf eine einfache, aber sehr allgemeine Formel zu bringen. Der Reichtum, den Ephraim erworben hat, ist עון und חטא.
Eine konkrete Anschauung für die Tatbestände, die Hosea als עון bzw. חטא beurteilt, ist aus dem Hoseabuch nicht zu gewinnen. Wir sind darauf angewiesen, aus den Zeugnissen des älteren Zeitgenossen Amos zu substituieren.

Bei Amos finden wir folgende Tatbestände belegt:[2]

"Abgaben und Pfändungen" (Am 2,8)
"Pacht- und Steuerabgaben" (Am 5,11)
und "Schuldsklaverei" (Am 2,6).

Zumindest für die Pfändungen (Am 2,8a: "Gepfändete Kleider breiten sie aus...") ist, dem objektiven Wert des Pfandgutes nach zu schließen, wahrscheinlich, da "Schuldner und Gläubiger in relativ bescheidenen Verhältnissen leben."[3]
Ein höheres soziales Gefälle ist dort wahrscheinlich, wo Pacht- und Steuerabgaben vom דל eingetrieben werden, um damit kostspielige Bauten und "prächtige Weingärten" zu finanzieren (vgl. Am 5,11). Hier ist eine Personalunion von steuereintreibendem Beamten und expansionswütigem Latifundienbesitzer denkbar.[4]
Auf die städtische Oberschicht einzuschränken ist der "Bauboom", von dem Hosea (8,14a: "Israel vergißt seinen Schöpfer und baut Paläste und Juda vermehrt die befestigten Städte.") und Amos zu berichten wissen. Dabei wird bei Amos deutlich, daß diese Bautätigkeit, wie die mit ihr verbundene Prachtentfaltung (Am 3,15; 6,1-7) ohne massive Ausbeutung der wirtschaftlich Schwächeren nicht denkbar ist.
Am 5,11: "Darum, weil ihr Pachtzins vom דל erpreßt und Kornsteuer erhebt:
Quadersteinhäuser habt ihr gebaut,
doch wohnen werdet ihr nicht darin,
prächtige Weinberge habt ihr gepflanzt,
doch trinken werdet ihr nicht ihren Wein."

[1]Vgl. H. Donner, Botschaft, S. 234f.
[2]M. Fendler, Sozialkritik, S. 35-38.
[3]A.a.O. S. 49.
[4]A.a.O. S. 37f.

Mit dem "Bauboom" scheint auch, wie explizit nur Jesaia und Micha bezeugen, die Anhäufung von Grundbesitz einhergegangen zu sein.

Jes 5,8f: "Weh denen, die Haus an Haus reihen,
Feld an Feld fügen,
bis kein Raum mehr ist
und ihr allein ansässige seid inmitten des Landes.
In meine Ohren hat Jahwe Zebaoth geschworen:
Fürwahr! Viele Häuser werden veröden,
große und schöne, ohne Bewohner sein."

(vgl. Mich 2,1-5. 6-10)[1]

"Kanaanäisch" verhält sich diese Oberschicht insofern, als sie nicht mehr nach dem altisraelitischen Bodenrecht handelt, sondern nach kanaanäischem, das ein Eigentum an Grund und Boden kannte, und damit den Landkauf ermöglichte.[2] "Kanaanäisch" hat sie sich auch insofern verhalten, als sie die stolzen Bauten durch phönikische Handwerker ausstatten ließ (Am 3,15; vgl. 1Kön 22,39-phönikische Elfenbeinarbeiten in Samaria[3]). Sicherlich waren beträchtliche Teile dieser Oberschicht auch kanaanäischer Herkunft und lebten als Beamte und Lehnsmänner des Königs nach kanaanäischer Sitte.[4]

Dennoch wird man - und dies ist das Ergebnis unserer Überlegungen - diesen Sachverhalt kaum auf einen Konflikt zwischen kanaanäischer, d.h. in wesentlichen nichtisraelitischer Oberschicht und genuin israelitischen Unterschichten eingrenzen können. Ja, nicht einmal die Hypothese eines ökonomischen Konflikts zwischen einer Oberschicht und einer "Schicht von Kleinbauern"[5] vermag allein den Befund der Texte befriedigend zu erklären.

So scheint uns wahrscheinlich, daß der Vorwurf Hoseas nicht nur aus "verfassungsmäßigen", sondern auch aus sehr realen Gründen an Efraim als Ganzes gerichtet ist. Ganz Efraim in allen seinen sozialen Schichten ist an der ökonomischen מרמה beteiligt.

Wir wissen nicht, warum sich Hosea für den ökonomisch-sozialen Bereich

---

[1]Vgl. H. Donner, Botschaft, S. 239ff.

[2]Vgl. dazu K. Baltzer, Naboth, S. 82f.

[3]Vgl. H.W. Wolff, Amos, S. 240.

[4]So schon: A. Alt, Anteil, S. 373.

[5]K. Koch, Entstehung, S. 243.

mit einigen Andeutungen begnügt, während Amos ausgiebig und detailliert beobachtet und seine Angriffe entsprechend präzise plaziert. Ist dies eher in den unterschiedlichen theologischen Akzentuierungen der beiden Prophetenbücher - bei gleichbleibenden sozioökonomischen Verhältnissen - begründet, oder haben sich die Verhältnisse zur Zeit Hoseas bereits soweit verschoben, daß der politische vor dem ökonomischen Aspekt in den Vordergrund getreten ist (siehe dazu gleich)?
Es kann u.E. einiges dafür geltend gemacht werden, daß die wirtschaftliche Prosperität, "jene w i r t s c h a f t l i c h e Hochkonjunktur"[1], die für die Zeit Jerobeams II kennzeichnend war, zur Zeit Hoseas zumindest stark zurückgegangen sein mußte. Jedenfalls konnte die Last der Tribute, die etwa seit 740 an die Assyrer zu entrichten waren, ebensowenig spurlos an der Volkswirtschaft vorübergegangen sein, wie das Abenteuer des syrisch-efraimitischen Krieges.
Wenn so auch die wirtschaftliche Blüte der Jerobeamzeit, auf deren Hintergrund manches Amoswort zu sehen ist, vorbei war, so dürfte sich jedoch der ökonomische Druck auf alle Schichten des Volkes nicht gelockert haben. Die von Hosea angesprochenen מרמה -Sachverhalte können als Folge und Ausdruck jenes ökonomischen Druckes gedeutet werden, der sich damit als nach wie vor präsent erweist.

2.3.3.3.2 Politische Sachverhalte

Wir kommen zu den politischen מרמה -Sachverhalten und ihren historischen Hintergründen. Die Andeutungen, die in Hos 12 zu diesem Thema gemacht werden (V.2b.15b; vgl. oben), stehen für die beiden Hauptprobleme, denen sich die politische Führung zur Zeit Hoseas ausgesetzt sah: dem "Innen-" und dem "Außendruck".
Der Außendruck - Israel zwischen Assur, Ägypten und der aramäischen Koalition - hat zu einer gleichermaßen hektischen wie gefährlichen Bündnispolitik geführt.[2] Die unmittelbare Konfrontation Israels mit dem neuassyrischen Großreich ist ein Novum in der Geschichte Israels. Noch Amos, ein in

---

[1]H.W. Wolff, Amos, S. 106.

[2]Vgl. oben 2.2.3.2.2; H. Donner, Israel, S. 92.

der Völkerwelt durchaus versierter Prophet (Am 1,6 - 2,16!), erwähnt den Namen Assur nicht.[1]

Die Metaphorik von Hos 12,2a bestimmt die mangelnde Stetigkeit als das מרמה-Merkmal der Politik des Nordreichs (V.2b). Darüberhinaus ist historisch und institutional zu fragen: Wer sind die durch diese Politik "Betrogenen", wer die "Betrüger"?

Es kann - nach Hos 10,3f - zu schließen, kein Zweifel sein, daß zunächst der König und sein allerengster Kreis in Betracht zu ziehen sind.

"Ja, jetzt sprechen sie: wir haben keinen König.
Denn wir fürchteten Jahwe nicht - und der König, was tut er für uns?
Worte machen, lügnerische Eide, Vertrag schließen..."

Die Vertragspolitik der Könige ist hier als die Tätigkeit eines hilflosen, depotenzierten Funktionsträgers gekennzeichnet.

In der Tat sind es im Nord- und im Südreich in erster Linie die Könige, die, nach dem Zeugnis des AT, für auswärtige Beziehungen zuständig sind und Verträge abschließen (vgl. 1Kön 5,15ff; 10; 11,1-3: Salomo; 16,31; 20,31ff: Ahab; 1Kön 15,19f Baësa; 1Kön 22,48f: Außenhandel; Jes 7,7; 2Kön 16,5ff: die syrisch-ephraimitische Koalition, das Hilfeersuchen Ahas' an Tiglat-Pileser III; Ez 17,12ff; 2Kön 24: Unterwerfungsvertrag Zedekias mit Nebukadnezar).

Gleichwohl gibt es deutliche Anzeichen dafür, daß die Könige in auswärtigen Angelegenheiten nicht einfach nach eigenem Gutdünken schalten und walten konnten. Zunächst hatten wahrscheinlich die "Ältesten des Landes" dort ein Wort mitzureden, wo die von ihnen repräsentierten Interessen berührt waren. Dies wurde oben bereits an 1Kön 20,1-6 deutlich (vgl. oben S. 139f). Diesem Verhältnis König - Älteste - Volk gemäß sind es in Hos 10,3f auch "Sie", das Staatsvolk, das das Handeln der Könige auf seine Interessen bezieht und zu spät feststellt, daß die königlichen Eide lügnerisch und die geschlossenen Verträge leere Worte sind. In seinem Vorwurf an den König erweist sich das Staatsvolk zuerst als der Betrogene. Darüberhinaus jedoch konstatiert es seine eigene Verantwortlichkeit für das Geschehen: "Ja, Jahwe fürchteten wir nicht."

Dies weist auf eine dritte Seite hin, durch die die Außenpolitik der Könige Begrenzungen erfuhr: durch Jahwe und seinen Propheten. Auch dieser

---

[1] Vgl. M. Noth, Hintergrund, S. 172.

Sachverhalt läßt sich im AT mehrfach belegen: Ein "locus classicus" für einen internationalen Vertrag ist der "Gibeonbund".[1] Der Vertragsschluß wird wie folgt beschrieben:
(Jos 9,14f) "Da nahmen die Männer (scil. Israels) von ihrer (scil. der Gibeoniten) Speise, den Mund Jahwes aber befragten sie nicht. Josua machte Frieden mit ihnen, schloß einen Vertrag mit ihnen, daß sie am Leben bleiben sollten und die נשיאי העדה (die "Obersten der Gemeinde) beschworen es ihnen."
Josua war den Vertrag unter der Voraussetzung eingegangen, daß die Gibeoniten - wie diese auch fälschlich behaupteten - keine Landesbewohner seien (Jos 9,7-9).
Josua und die Gemeinde bleiben an Vertrag und Schwur auch noch gebunden, als der Schwindel der Gibeoniten aufgeflogen ist, denn: "Wir haben ihnen geschworen bei Jahwe, dem Gott Israels" (9,19). Jahwe ist also in zweierlei Hinsicht am Abschluß des Vertrages beteiligt: Sein "Mund"[2] ist vor Abschluß des Vertrages zu befragen; nach Abschluß des Vertrages garantiert Jahwe, auf dessen Name der Eid geleistet wurde, den Vertrag.
Die Befragung des "Mundes Jahwes" vor Abschluß eines Vertrages fordert auch Jesaia. Im Kontext der Bündnispolitik Judas mit Ägypten heißt es:
Jes 30,1f: "Weh den abtrünnigen Söhnen, Spruch Jahwes,
die ohne mich Pläne fassen und Bündnisse eingehen ohne meinen Geist...
Sie laufen nach Ägypten hinab, meinen Mund aber haben sie nicht befragt (פי לא שאלו)
..."

Der König Zedekia befragt den Propheten Jeremia mindestens zweimal über sein Verhalten gegenüber der Invasionsdrohung Nebukadnezars (Jer 21,2f; 37,17f).
Sehr deutlich schließlich wird die Beteiligung Jahwes an den Vertragsab-

---

[1] Der Text wird meist als Beleg für die Tradition eines "Bündnisverbotes" herangezogen (vgl. J. Halbe, Privilegrecht, S. 341ff). Dies geschieht nur insofern zurecht, als Jos 9 ein Bündnisverbot mit Bewohnern des Landes voraussetzt (Jos 9,7). Internationale Verträge sind davon nicht berührt.

[2] Vgl. dazu oben 2.3.2.1.2; Ob der "Mund Jahwes" hier als ein Losorakel oder als prophetischer Repräsentant gedacht werden muß, bleibt offen.

schlüssen des Königs in Ez 17: "Die Bildrede 1-10 setzt die Konspiration Judas mit Ägypten und die darin beschlossene Wegwendung Zedekias vom babylonischen Oberherrn voraus."[1] In der literaturhistorisch wohl späteren Deutung der Bildrede erscheint der Vertragsbruch Zedekias gegenüber Nebukadnezar als Mißachtung Jahwes: Ez 17,19: "Darum hat der Herr Jahwe gesprochen: so wahr ich lebe - meinen Eid, den er mißachtet und meinen Bund, den er gebrochen hat, werde ich über sein Haupt bringen".
Die Reihe der Belege zeigt dies:
Die Bündnispolitik beider Reiche und ihrer Könige unter dem Druck der nördlichen und südlichen Großmächte war nicht nur außenpolitisch gefährlich; vielleicht konnte sie - wie die machtpolitische Lage im 8. und 7. Jahrhundert nun einmal war - gar nicht anders sein, als gefährlich.

Darüberhinaus jedoch war durch diese Politik auch die innere Ordnung der Reiche bedroht. Internationale Verträge waren nicht nur durch den König abzuschließen. Sie hatten auch die Billigung der Exponenten des Volkes zu finden und waren per Befragung und Eid durch Jahwe und seinen Propheten zu "ratifizieren", wenn dieser Analogiebegriff hier angebracht ist. Die Reaktion des Volkes, wie sie Hos 10,3f referiert, bezeugt zunächst, daß diese Politik zur Zeit Hoseas zu schweren Vertrauensverlusten auf der Ebene König-Volk geführt hat. Die Beurteilung durch den Propheten als מרמה-Sachverhalt zeigt, daß durch diese Politik auch die "theokratische Lebensordnung" auf der Ebene Gott-Volk schwer erschüttert war. Eine strikte Trennung von äußeren Verhältnissen und innerer Politik ist nicht angebracht.
Der "Innendruck" der Gesellschaft des Nordreiches zur Zeit Hoseas findet in Hos 12 in dem knappen Hinweis auf die דמים (V.15b) seinen Ausdruck. Wenn wir diesen Hinweis richtig auf die "blutigen Intrigen" gedeutet haben (vgl. oben S. 196), so liegt eine Kombination dieser Aussage mit den Tatbeständen, die wir zu Hos 1,4 und 7,3-7 erarbeitet haben (vgl. oben 2.2.2.1 und 2.2.2.2), nahe. In Rede steht der "Verfall der Herrschaftsordnungen im Nordreich".
Nun ist die Klage über die Zustände in den führenden Schichten des Volkes ein bei den Propheten des 8. Jahrhunderts häufig anzutreffender Topos.

---

[1] W. Zimmerli, Ezechiel I, S. 379.

Schon Amos spricht in einem Atemzug von den Herrenhäusern Samarias und dem "Terror"[1], der in diesen Häusern herrscht. Amos achtet auch auf die Betroffenen dieses Terrors (Am 3,9-11).

Jesaia läßt auf eine ausgiebige Schilderung der "verkehrten Welt" (Jes 3,1-11), einer Welt, in der die hergebrachten Autoritäten des Volkes gefallen sind und Knaben an deren Stelle stehen werden, einen Prozeß folgen gegen "die Ältesten seines und seine שרים" (Jes 3,13-15).

Die Anklage lautet:

Jes 3,14bf: "Ihr habt den Weinberg abgeweidet,
was ihr dem Armen geraubt, ist in eueren Häusern.
Was fällt euch ein? Ihr zerschlagt mein Volk
und das Gesicht der Armen zermalmt ihr..."

Jes 3,12b hält dem Volk vor Augen:
"Ach mein Volk! Deine Führer sind Verführer,
und den Weg, den du gehst, verwirren sie."

Nicht unähnlich stellt Micha die Lage dar (vgl. besonders Mich 3; 7,1-7).[2] Die "Häupter Jakobs" (ראשי יעקב) und die "Führer des Hauses Israel" (קציני בית ישראל) ziehen dem Volk die Haut ab (Mich 3,1f). Die Propheten führen das Volk in die Irre (3,5). "Man baut Zion mit Blut (בדמים) und Jerusalem mit Unrecht (בעולה)." (3,10).

Im einzelnen heißt das für Micha (3,11a):
"Ihre Häupter richten nach Bestechung,
ihre Priester erteilen Weisung gegen Bezahlung,
ihre Propheten wahrsagen um Geld."

Prägnant faßt Mich 7,2 zusammen:
"Verschwunden ist der Fromme (חסיד) aus dem Land,
einen Rechtschaffenen unter den Menschen gibt es nicht;
sie alle lauern auf Blutvergießen (לדמים),
gegenseitig stellen sie sich nach..."

Wenn wir diese Zeugnisse aus Amos, Jesaia und Micha mit entsprechenden Zeugnissen des Hoseabuches (1,4; 7,3-7; 8,4; 13,9ff; 5,1) vergleichen, so fallen sowohl Übereinstimmungen wie Unterschiede auf. Wir wollen versuchen, diese auf drei Punkte zu konzentrieren:

---

[1] שד, חמס, מהומות Am 3,9f; vgl. H.W. Wolff, Amos, S. 228ff.

[2] Vgl. dazu W. Rudolph, Micha, jeweils z.St.

(1) In allen vier Prophetenbüchern gleichermaßen angesprochen sind bestimmte Repräsentanten des Volkes, die aller Wahrscheinlichkeit nach der Schicht der Notablen zugehörig zu denken sind (2.3.1). So spricht Hos 5,1 zur בית ישראל ; Hos 7,5; 8,4 von den שרים ; Jes 3,13 von den זקני עם und den שרים ; Mich 3,1 wendet sich an die ראשי יעקב , die קציני בית ישראל , Mich 3,11 spricht von den ראשים
Die Schicht der Notablen, deren Stellung und Funktion im einzelnen schwer zu beschreiben ist, wird jedenfalls übereinstimmend von den vier Propheten für den Niedergang der Herrschaftsordnung mitverantwortlich gemacht.

(2) Sehr unterschiedlich akzentuiert sind in den vier Prophetenbüchern die drei Größen Prophet, Priester und König.
Bei Hosea (zu Hos 4,5 vgl. unten S. 227) und Amos fehlt die explizite Anklage gegen die נביאים. Micha klagt die Propheten in einem Atemzug mit den ראשים und den Priestern der Bestechlichkeit an (Mich 3,9-12). Sie sind Volksverführer (Mich 3,5f). Auch Jesaia reiht die Propheten in die Liste der Notablen und Funktionsträger ein, denen seine Anklage gilt (Jes 3,2). Besonders scharf angeklagt sind Priester und Propheten in Jes 28,7-13. Beide Größen werden als Trunkenbolde geschildert, die für keine Weisung, kein Jahwewort mehr tauglich sind.[1]
Hosea hebt die Priester und ihre Funktionen stark hervor (siehe dazu gleich). In noch stärkerem Maße gilt dies für die Könige. Im Königtum vor allen anderen Institutionen des Nordreichs ist der Verfall der Herrschaftsordnung und ihrer Legitimität manifest. Derart zielsichere Anklagen wie die des Hosea gegen das Haus Jehu und seine דמים (1,4) finden sich erst wieder in den Sprüchen Jeremias gegen die letzten Könige von Juda (Jer 21-23). Nirgends bei Amos, Jesaia oder Micha wird das Königshaus unmittelbar unter Anklage gestellt oder als eine institutionale Größe unter anderen (vgl. Hos 5,1) an den Pranger gestellt, obgleich das Königtum für die drei genannten Prophetenbücher eine durchaus bekannte, ja zum Teil zentrale Größe darstellt (vgl. nur Jes 7; die sogenannten "messianischen Weissagungen").
(3) Schließlich ist noch eine wesentliche Eigenart Hoseas gegenüber den anderen Propheten des 8. Jahrhunderts hervorzuheben. Bei Hosea sind keine Gruppen oder Institutionen im Volk erkennbar, für die er gegen die Herr-

[1] F.L. Hossfeld, I. Meyer, Prophet, S. 37-56.

schenden, (Notable, Propheten, Priester usf.) ausdrücklich Partei ergriffen hätte. Besonders Amos hatte sich unmißverständlich auf die Seite des צדיק (Am 2,6b; 4,1; 5,12), der דלים (4,1), der אביונים (2,6b; 5,12) der עשקים (3,9) gestellt.
Welche Schlüsse sind aus diesem skizzenhaften Vergleich für Hosea zu ziehen?
Zunächst ist die historisch vorfindliche Gesellschaftsstruktur in ihren Grundelementen und -strukturen (Volk - Notable - Könige - Priester) bei den Propheten des 8. Jahrhunderts übereinstimmend bezeugt. Hingegen scheint für Hosea die Notwendigkeit der nach Adressaten und konkreten Tatbeständen differenzierten Auseinandersetzung in den Hintergrund getreten zu sein. Seine Anklagen sind inhaltlich pauschaler und nach Adressaten weniger differenziert. Bestimmte historische Bedingungen am Ende des Nordreichs erklären dies wahrscheinlich nur partiell. Soviel kann u.E. jedoch gesagt werden: Zur Zeit Hoseas scheint sich der Zerfall des Königtums entscheidend auszuwirken. Mit dem Fall dieser Stütze, dessen Zeuge der Prophet ist, fallen alle anderen Stützen.
Hos 3,4 sieht dies greifbar nahe:
"Ja - für lange Zeit werden die Söhne Israels wohnen ohne König und ohne שר , ohne Opfer und ohne Altar, ohne Ephod und ohne Teraphim."

Was bleibt sind die בני ישראל . Eine Gesellschaftsstruktur ist zwar noch erkennbar, sie wird aber zunehmend funktionsunfähig. Das Volk trägt die Verantwortung für den "Betrug" seiner Oberschicht.
So scheint sich die Lage des Nordreichs im Vergleich zu den Zeiten des Amos insofern verschärft zu haben, als die Konflikte im wesentlichen ausgestanden sind - zuungunsten aller Beteiligten. Das Ende ist erkennbar näher gerückt.

2.3.3.3.3 Der Sachverhalt des "Gottesbetruges"

Der Komplex des "Gottesbetruges" nimmt in Hos 12 den breitesten Raum ein (V.4f. 12. 13f). Die Fragestellung dieses Kapitels an diesen Komplex anzulegen heißt, den Versuch zu wagen, die religionspolitische, bzw. soziologische Szenerie des 8. Jahrhunderts soweit zu beleuchten, wie dies von Hos 12 her möglich ist.
Wenn unsere obige Deutung zutrifft, so bieten Hos 12,4f.13f drei Aspekte

des "Gottesbetruges", die auch als historische Anhaltspunkte dienen können:

- die Praxis der Volksklage (V.4.5a)
- die Ansprüche Bet-Els (V.5b)
- die "Prophetlosigkeit" Jakobs (V.13f).

Wir setzen ein bei der Volksklage mit den Fragen: Wer setzt sie in Gang, wer ist daran beteiligt?[1]
Eine Durchsicht der atl. Belegstellen für das Ritual der Volksklage, des "Fastens" (צום)[2], zeigt, daß es wesentlich ein Ritual des Volkes darstellt: 1Sam 7,5: כל ישראל ; 1Kön 8,3: עמך ישראל ; Ri 20,26: כל בני ישראל ; 2Chr 20,5: קהל יהודה וירשלים.
Die Initiative zu diesem Ritual geht zumeist von besonderen Funktionsträgern, dem König (2Sam 3,31ff; 1Kön 21; Jon 3,8; 2Chr 21), den "Volksführern" Josua (Jos 7,5-9) und Samuel (1Sam 7,3-6), auch von Priestern (Joel 1,13f) aus. Das Subjekt ist jedoch das Volk und zwar keineswegs als fiktive Größe. Eine beträchtliche Rolle spielen seine Repräsentanten aus dem Bereich der Ältestenverfassung: Mit Josua klagen die זקני ישראל (Jos 7,6); der königliche Brief Isebels mit der Aufforderung zur Klage geht an die זקנים und die חרים der Stadt Jesreel (1Kön 21,8). Naboth, als einer ihrer hervorragenden Vertreter, wird בראש העם gesetzt. In Joel 1,14 sind die Priester aufgerufen, die Festversammlung einzuberufen, und das heißt:

אספו זקנים כל ישבי הארץ בית יהוה וזעקו אל יהוה:

"Versammelt die Ältesten, alle Bewohner des Landes ins Haus Jahwes, eueres Gottes und schreit zu Jahwe."[3]
Rituell ist das Volk - vertreten und repräsentiert durch seine Ältesten - Subjekt der Klage. Es schien wesentlich darauf anzukommen, daß das Volk selbst und nicht der König, die Priester oder andere, kultisch besonders qualifizierte, Funktionsträger klagend vor Jahwe erscheinen.

---

[1] Phänomenologisch, historisch, besonders aber auf seine Funktionen ist dieses Ritual, soweit wir sehen, umfassend noch nicht untersucht. Eine Beschreibung seines Ablaufes liegt vor bei: H. Gunkel, Einleitung, S. 120; zur exilischen Volksklage siehe: H.E. v. Waldow, Anlaß, S. 104ff.

[2] Wir haben in Betracht gezogen: Jos 7,5-9; Ri 20,26ff; 1Sam 3,31ff; 1 Kön 8,33ff; 21,8-12; 2 Chr 20,3-19; Jer 14; Joel 1,5-14; 2,15f; Jon 3,7f.

[3] Möglicherweise ist זקנים כלישבי הארץ auch als Konstruktusverbindung "die Ältesten aller Bewohner des Landes" zu lesen.

Wenn wir diesen Aspekt der Volksklage auf den Vorwurf der Gottes- מרמה in Hos 12,4.5a richtig übertragen, so heißt dies: Hinter dem Namen "Jakob" steht die soziohistorische Wirklichkeit eines kultisch und theologisch handelnden Subjektes, das in erster Linie nicht von Königen oder Priestern verkörpert wird, sondern vom Volk und seinen Ältesten. Sie sind handelnde Gemeinde vor Gott.
Der zweite Aspekt des Gottesverrates wird durch das Zitat der "vox populi" - "In Bet-El findet er uns und dort spricht er zu uns" (Hos 12,5b) angedeutet. Wir haben dieses Zitat als einen im oder für das Heiligtum von Bet-El erhobenen Anspruch interpretiert, der im Gegensatz zum Anspruch des Propheten steht, legitimerweise Jahweworte zu vermitteln (vgl. oben 2.3.3.2). Wer könnten die Träger dieses in Bet-El erhobenen Anspruches gewesen sein?

Es gibt im Hoseabuch keinen expliziten Hinweis darauf, daß der "Gottesbetrug" des Volkes in der Klagefeier mit dem illegitimen Jahwewort in Verbindung steht (Hingegen können Klagefeiern in Bet-El wohl als sicher bezeugt gelten - vgl. oben 2.2.3.2.2 zu Hos 10,5). Dennoch ist eine Verbindung leicht denkbar. Neben der Klage des Volkes vor Jahwe kennt das Fastenritual nämlich zwei weitere konstitutive Elemente: die "Fürbitte"[1] und das "Orakel" als Antwort Jahwes auf die Klage des Volkes.[2]
Wir sehen hier vom Element der Fürbitte ganz ab. Es hat, wenn wir recht sehen, bei Hosea keine Spur hinterlassen. Das Antwort-Orakel erscheint in einigen der oben genannten Belege. In Jos 7,10 antwortet Jahwe selbst auf das Klagelied Josuas und der Ältesten. In Ri 20 sind die Klagen um zwei verlustreiche Niederlagen mit Befragungen Jahwes (20,23.27f) verbunden, auf die jeweils Jahweworte ergehen. Befragung und Orakel nach dieser sehr alten, vorköniglichen Überlieferung vor der Lade in Betel geschehen durch den elidisch-aharonitischen Priester Pinchas.[3]
Als "locus classicus" für die prophetische Vermittlung des Orakels auf die Volksklage kann Jer 14 gelten.[4] Der Text ist bestimmt vom Legitimitätskon-

---

[1] Zum Problem der Fürbitte bei den Propheten, insbesondere bei den "klassischen" Propheten vgl. J. Jeremias, Vollmacht, S. 307ff.

[2] Vgl. H. Gunkel, Einleitung, S. 120.

[3] Vgl. W. Richter, Richterbuch, S. 183f; O. Eißfeldt, Lade, S. 289ff.

[4] Vgl. zu diesem vielbeachteten Text die neueren Diskussionsbeiträge: H. Graf Reventlow, Liturgie, S. 140ff, bes. 146, 162; G. Chr. Macholz, Jeremia; I. Meyer, Jeremia, S. 47ff.

flikt zwischen Jeremia und den "falschen" Propheten. Neben dem "Fürbitteverbot" an Jeremia (14,11) steht das durch diese Propheten verkündete Heilsorakel (14,13f). Sieht man von dieser besonderen Konfliktlage ab, so setzt der Text grundsätzlich die Propheten als diejenigen voraus, zu denen Jahwe "redet" (דבר אל Jer 14,14), die das Orakel dem Volk vermitteln und insofern "im Namen Jahwes Prophet sind" (נבאים בשמי 14,14). Gattungsmässig entspricht das Orakel Jer 14,13 exakt dem von J. Begrich erarbeiteten Formschema für das "priesterliche Heilsorakel".[1]
So ist der bemerkenswerte Tatbestand zu notieren, daß sich eine priesterliche Redeweise in prophetischem Funktionszusammenhang findet.
Ein ähnlicher Tatbestand könnte auch bei Hosea vorliegen. Auf das Volksklagelied Hos 6,1-3 erfolgt ein Jahwewort, das - seinem Ich-Stil nach zu schließen - in den Funktionszusammenhang priesterlichen Handelns gehören könnte (Hos 6,4f).[2] Dasselbe Jahwewort erkennt jedoch die Funktion der Vermittlung göttlichen Wortes ausdrücklich den Propheten zu (V.5).

Schließlich ist hier auch noch der Text 2 Chr 20,14ff zu beachten. Das Orakel vermittelt hier ein gewisser Jahasiel, ein "Levit aus den Söhnen Asaphs", nachdem "über ihn der Geist Jahwes inmitten der Gemeinde" gekommen war (V.14). Wahrscheinlich ist, daß die Geistbegabung des Leviten, diesen in prophetischen Funktionen darstellen soll (vgl. Joel 3,1).

Kehren wir zur Ausgangsfrage zurück: Welche Instanzen konnten am Heiligtum von Bet-El - möglicherweise im Zusammenhang mit den Volksklagen - neben oder gegen den Propheten den Anspruch stellen, Jahweworte zu vermitteln? Von dem hier entfalteten Material her gesehen (Jos 7; Ri 20; Jer 14; Hos 6,4; 2Chr 20), kommen prinzipiell sowohl Priester als auch Propheten in Frage. Allgemein wird man mit R. de Vaux[3] sagen können, daß in königlicher Zeit die Aufgabe der Vermittlung von Jahweorakeln an das ganze Volk zunehmend von den Priestern an die Propheten übergegangen ist.
Für Hos 12,5b scheint zunächst entscheidend wichtig, daß die Instanz, durch die Jahwe spricht, in Bet-El lokalisiert ist; darauf deutet die betonte zweimalige Kopfposition der Ortsangabe: "בית אל...ושם...". Über die institutionale Identität der Vermittler des Jahweredens in Bet-El gibt der Text keinen unmittelbaren Aufschluß.

[1] J. Begrich, Heilsorakel, S. 219f.
[2] H.W. Wolff, Hosea, S. 151.
[3] R. de Vaux, Lebensordnungen II, S. 186.

Mit welchen Funktionsträgern stand Hosea hier in Konflikt? Die Priester sind diejenige Gruppe unter den Funktionsträgern Israels, mit der sich Hosea - abgesehen von den Königen - am intensivsten auseinandersetzt (Hos 4,4-19; 10,5). Es scheint indes sehr fraglich, ob sie als die Träger eines illegitimen Jahwewortes gelten können. Die Vorwürfe Hoseas gegen die Priester haben andere Gegenstände. Der gewichtigste Vorwurf an den Priester lautet, er habe "das Wissen verachtet", die "Weisung Gottes" vergessen, deshalb komme das Volk um: (Hos 4,6).

נדמו עמי מבלי הדעת כי אתה הדעת מאסת ואמאסאך מכהן לי
ותשכח תורת אלהיך אשכח בניך גם אני:

H.W. Wolff hat den inhaltlichen Aspekt jenes Wissens u.E. erschöpfend dargestellt und erklärt. Es geht um "das Eigentumsrecht Jahwes an Israel"[1], das "bundesgemäße Verhalten"[2], dargestellt an den "Erinnerungen an die Taten Gottes in der Frühzeit Israels, die uns als Hauptthemen des geschichtlichen Credo aus der Pentateuchüberlieferung bekannt...sind".[3] Funktional steht der Priester mit der Aufgabenstellung, jenes Wissen zu pflegen und zu vermitteln, dem Propheten so ferne nicht. Das "Eigentumsrecht Jahwes" ist Kriterium prophetischen Handelns, die "Taten Gottes in der Frühzeit" Kategorien prophetischen Redens (vgl. oben S. 171ff). Der Hauptvorwurf des Propheten an die Adresse der Priester besteht darin, in eben dieser Funktion zu versagen.
Einen gewichtigen Platz nimmt auch der Vorwurf ein, die Priester würden durch ihren "Hurengeist" zu Volksverführern (Hos 4,12bff). Hosea begreift darunter allerlei Praktiken eines heterodoxen Höhenkultes (V.13). In diesen religionsgeschichtlichen Kontext gehört vermutlich auch die kurze, wohl versprengte Notiz zur Orakelpraxis Hos 4,12a:

בעצו ישאל ומקלו יגיד לו

"Durch sein Holz befragt es und sein Stab soll ihm verkünden."
Welche Orakelinstrumente sich immer hinter den polemischen Begriffen "Holz", bzw. "Stab" verbergen mögen[4], Hosea wendet sich hier nicht gegen wirkliche oder vermeintliche Jahweorakel.
Nach allem, was wir aus Hos 4,4-19 sehen können, erhebt Hosea gegen die Priester nicht den Vorwurf illegitimer Vermittlung von Jahweworten. Die

---

[1]H.W. Wolff, Wissen, S. 194. [2]A.a.O. S. 197.
[3]A.a.O. S. 196.
[4]Vgl. dazu H.W. Wolff, Hosea, S. 105; W. Rudolph, Hosea, S. 110f.

Domänen der Priester sind - auch in den Augen des Hoseabuches - Tora und Opfer und an diesen Punkten hat sie Hosea auch vorwiegend behaftet.

So wird zu überlegen sein, ob die Aussage von Hos 12,5b, Jahwe rede in Bet-El, nicht doch die Annahme prophetischer Funktionsträger nahegelegt, mit denen Hosea in Konflikt und unter Umständen auch in Konkurrenz stand. Auf diesem Hintergrund könnte auch die kurze Notiz von Hos 4,5aß וכשל גם נביא עמך לילה - "...und auch der Prophet strauchelt mit dir (scil. dem Priester) des Nachts" - ein gewisses historisches Recht im Kontext des Hoseabuches beanspruchen (vgl. dazu oben S. 141). Dies hebt jedoch die Eigenart des Hoseabuches, gegen נביא oder נביאים nicht - jedenfalls nicht unter dieser Bezeichnung - zu polemisieren, keinesfalls auf.

Von diesen Überlegungen her ist auch H.W. Wolffs These, es könne "als gesichert gelten, daß Hosea nur Propheten kennt, die willige Werkzeuge Jahwes sind"[1], kritisch zu betrachten.
Wenn Hosea aber, wie wir hier zur Diskussion stellen, in Bet-El Funktionsträger voraussetzt, die die prophetische Funktion der Vermittlung von Jahweworten wahrgenommen haben, so hat er sie ausdrücklich nicht benannt. Insbesondere hat er die Bezeichnung נביא vermieden. Ja, Hosea hat es geradezu als Kennzeichen der "Betrüger" herausgestellt, daß sie ohne Prophet sind. Insofern sind sie dem Erzvater Jakob vergleichbar, der - nach der Darstellung Hoseas - ohne Gott und Prophet ist. Wir sind damit beim dritten Aspekt, der "Prophetlosigkeit Jakobs" (Hos 12,13f).
Unsere obigen Ausführungen können deutlich machen, daß Hosea nicht bereit ist, jedem, der prophetische Funktionen wahrnimmt, auch die Legitimation dazu zuzugestehen. Ein נביא steht in der Nachfolge des נביא , "durch den Jahwe Israel aus Ägypten geführt hat" (Hos 12,14). M.a.W. Wir halten dafür, daß der Mose-Sukzession bei Hosea der Stellenwert eines Kriteriums "wahrer Prophetie" zukommt.
Wer kann den Anspruch, diesem Kriterium zu genügen, erhoben haben, gegen wen kann er sinnvoll gerichtet sein? Diese Frage ist - wenn überhaupt - kaum von einem Aspekt her zu beantworten. Wir versuchen deshalb zum Abschluß dieses Arbeitsvorganges aus der Zusammenschau der erarbeiteten Aspekte das historisch-theologische Profil Hoseas, sowie das "Gegenprofil" der Betrüger zu entwerfen.

---

[1] H.W. Wolff, Geistige Heimat, S. 243.

Hosea	die Gegner
1. Ohne erkennbare lokale Bindung innerhalb des Nordreichs; sein Wirkungsbereich ist die בית אלהים er ist צפה אפרים (9,8).	An Heiligtümer lokal gebunden: Betel (12,5; vgl. 10,5; 4,15), Gilgal (12, 12; 4,15; 9,15).
2. Aktionsebene Jahwe - Staatsvolk (ישראל 12,3.14)	Aktionsebene Jahwe - Staatsvolk (יעקב 12,4.13); das Klagelied 6,1-3 sowie die Anspielungen 7,13f; 8,2 sind explizit im Gegenüber von Jahwe und Volk formuliert.
3. Wahrnehmung prophetischer Funktionen: Vermittlung des Jahwe-דבר, Wahrung des theokratischen Rechtsverhältnisses (12,3.11.14; 9,8)	Wahrnehmung prophetischer Funktionen: Vermittlung des Jahwe-דבר (12,5b).
4. Legitimation aus dem Traditionszusammenhang Exodus - Landgabe. Mose-Sukzession verbindet die prophetische Funktion mit dem Traditionszusammenhang. Ein exklusiver Anspruch auf Funktion und Titel des נביא wird erhoben.	Legitimation aus den Traditionen des Heiligtums. Es kommen sowohl die Jakobs- als auch die Exodustradition in Frage (12,4.5a; עגל als Kultbild und Gottessymbol des Gottes vom Exodus). Ein exklusiver Anspruch auf Titel und Funktion des נביא ist nicht erkennbar.

Aus anderen Textbereichen des Hoseabuches (besonders Hos 4 und 9) können diesem Doppelprofil noch folgende Gesichtspunkte hinzugefügt werden:

Hosea	die Gegner
5. Hohes Interesse an der Vermittlung traditionaler דעת	Geringes Interesse an der Vermittlung der דעת . (Vgl. 4,5ff).
6. Implizites Interesse an einem legitimen Jahwekultus (vgl. oben zu 9,3ff), verbunden mit einer polemischen Ablehnung des an den Heiligtümern geübten Kultus.	Ausgeprägter (Opfer-)kultus mit heterodoxen Tendenzen (2,13f; 4,12 4,12bff; 8,13 u.ö.).

Bemerkenswert erscheint uns der hohe Anteil enger und engster Berührungspunkte, an denen die beiden Profile konvergieren.
Zunächst ist wohl festzuhalten, daß auch die Gegner Hoseas in viel höherem Maße an der Verehrung Jahwes interessiert sind als etwa in der gängigen Kategorie "baalisierter Jahwekultus"[1] zum Ausdruck kommt. Dafür spricht in erster Linie, daß Hosea und die "Gegner" dieselbe Aktionsebene Jahwe - Staatsvolk für sich in Anspruch nehmen. Dementsprechend sind auch auf der Gegenseite Instanzen wahrscheinlich, die, wie Hoseas Propheten, Jahweworte vermitteln. Schließlich ergibt sich auch hinsichtlich der traditionalen Legitimation dann ein Berührungspunkt, wenn das Stierbild von Bet-El - entgegen der Beurteilung Hoseas - seine Verbindung zum Gott des Exodus gewahrt hat.
Aus diesen Gründen scheinen uns Vorschläge, die zur Zeit Hoseas in Bet-El eine andere Gottheit als Jahwe verehrt sehen wollen, sehr unwahrscheinlich.[2]

Den Konvergenzpunkten stehen allerdings auch deutliche Divergenzpunkte gegenüber. Vor allem einer sticht heraus: Die Gegner sind offensichtlich fest an die lokalen Institutionen der Heiligtümer, Bet-El insbesondere, gebunden. Hosea kennt auf der von ihm vertretenen Seite kein lokales Zentrum, sein sakraler Schwerpunkt ist die personale Institution des נביא.

Aus diesem Divergenzpunkt sind die weiteren Divergenzpunkte gut ableitbar. Ein ausgeprägter Opferkultus kann überhaupt nur an lokalen Haftpunkten entstehen und gepflegt werden. Besonders aufschlußreich ist in diesem Zusammenhang der Konflikt um die דעת. Hosea hat ein hohes Interesse an der Pflege und Vermittlung traditionalen Wissens; die Legitimität prophetischen Handelns ist darin begründet.
Pflege und Vermittlung traditionalen Wissens wird jedoch durch lokale Haftpunkte, wenn nicht bedingt, so doch begünstigt. So scheint es durchaus denkbar, daß beide Seiten prinzipiell aufeinander angewiesen waren: das Heiligtum auf die Autorität des "Mundes Gottes" (immerhin tritt der Prophet in kultischen Zusammenhängen auf: Hos 9,1ff), der Prophet auf die דעת des Heiligtums.

---

[1] So etwa schon: R. Hentschke, Stellung, S. 53.

[2] Vgl. dazu oben 2.2.4. Vgl. auch H.L. Ginsberg, Hosea's Ephraim. G. übersetzt Hos 12,5a ohne Diskussion: "...he strove with an angel and triumphed." (a.a.O. S. 242) G. bezieht jenen "angel" (מלאך) auf den Gott El-beth-el, dessen Kultlegende Hosea in polemischer Absicht als "negative cult legend" (a.a.O. S. 245) referiere.

Die beiden Profile lassen in ihren vielfachen Verzahnungen, die hier sicher nur ganz grob nachgezeichnet werden konnten, erahnen, wie komplex das Verhältnis Hoseas zu seinen Gegnern gewesen sein muß. Jedenfalls ist die Schärfe, ja Erbitterung des Konflikts durch das Nebeneinander von Konvergenzen und Divergenzen im Verhältnis der Kontrahenten besser erklärbar, als durch eine allzu schiedliche Distanz.
Es scheint sich die allgemeine Einsicht H.W. Wolffs zu bestätigen: "Kultus und Prophetie können nicht mehr als reine Gegensätze angesprochen werden. Der Kultus Israels ist nicht ohne prophetische Funktionen denkbar und die Prophetie nicht ohne kultische Überlieferungen."[1] Dies gilt vor allem dann, wenn man Prophetie und Kultus - man wird wohl präziser sagen können: das Heiligtum - als selbständige, aber ineinander vernetzte Institutionen begreift.
Wir haben es vermieden, den Akteuren des Gottesbetruges biblisch-historisch identifizierbare Namen oder Titel zu geben. Am Gottesbetrug sind auch nicht nur diese oder jene Funktionsträger beteiligt. Als maßgebliches Subjekt tritt immer wieder "das Volk" mit seinen unmittelbaren Exponenten, der Nobilität, den Ältesten, hervor. Dies gilt für die ökonomischen Sachverhalte ebenso wie für die politischen und die kultischen.
So hat sich die grundlegende Bedeutung des Volkes, die für den "Verfassungsentwurf" Hoseas - vgl. oben 2.3.1 - zu postulieren war, auch für die konfliktreiche "Verfassungswirklichkeit" des ausgehenden Nordreichs bestätigt.

[1] H.W. Wolff, Hauptprobleme, S. 225.

3. Rückblick und Folgerungen

Wir hatten uns die Aufgabe gestellt, anhand des Hoseabuches und für den Propheten Hosea zu beschreiben, wie Prophetie als Institution das Ende Israels und seiner institutionalen Welt, wahrgenommen, dargestellt und bewältigt hat. Rückblickend seien hier die wichtigsten Momente, die sich im Verlauf unserer Überlegungen erschlossen haben, sowie bestimmte Folgerungen daraus dargestellt.

3.1 Das Problem der Institution (vgl. 1)

Ausgehend von einer bestimmten soziologischen Institutionentheorie und dic forschungsgeschichtliche Diskussion um das Problem der Institution im AT, besonders für die Prophetie, aufnehmend waren wir zu folgender Hypothese eines Institutionenbegriffs gelangt:
Von Institution soll die Rede sein, wenn 1. eine reziproke Typisierung von bestimmten Akten und Akteuren, 2. die Vernetzung dieser wechselweise typischen Akte und Akteure in eine institutionale Welt, 3. die Historizität der nach 1. und 2. bestimmten Institution und 4. deren Verbindung zu bestimmten traditionalen Theoremen aufweisbar ist.
Mit dieser Hypothese sollte zunächst dem Mangel abgeholfen werden, daß der Institutionenbegriff in der atl. Forschung bisher theoretisch nicht diskutiert und infolgedessen mit den verschiedensten, zum Teil stark wertenden, vor allem aber abwertenden Konnotationen belastet ist. Insbesondere war der traditionelle Begriffsinhalt der "hierarchischen Subordination", des "Angestelltenverhältnisses", kurz das "Kriterium Bindung" (vgl. oben 1.3.2.1) in Frage zu stellen.
Unser Begriffskriterium der "Historizität" erwies sich als besonders komplex. "Historisch" sind Institutionen in dreierlei Hinsicht: zunächst hinsichtlich einer bestimmten historischen Genese (insofern sind Institutionen keine überhistorischen Grundverfaßtheiten menschlichen Zusammenlebens, allenfalls für die Institutionalität als solche kann dies gelten); sodann sind Institutionen "historisch" hinsichtlich einer gewissen diachronen Stabilität ihrer wichtigsten Aktionselemente einerseits und hinsichtlich ihrer jeweils durch die besonderen Umstände eines begrenzten Zeitraumes (synchron) bestimmten besonderen Gestalt andererseits.

3.2 Das synchrone Szenarium der Prophetie Hoseas (vgl. 2.2, besonders 2.2.4)

Die Prophetie Hoseas steht unter dem Eindruck zweier für die Zeitgeschichte Israels in der zweiten Hälfte des 8. Jahrhunderts bestimmenden Umstände: der erste Umstand ist die fortschreitende Paralyse der Herrschaftsordnungen des Nordreichs, insbesondere des Königtums, der zweite die unmittelbar gegenwärtige Bedrohung des Nordreichs durch die assyrische Hegemonie- und Annexionspolitik. Beide "realpolitischen" Umstände waren - besonders in ihrer Verknüpfung - schwerwiegend genug, das Ende des bestehenden Staates Israel herbeizuführen und absehbar werden zu lassen.

Neben diesen inneren und äußeren politischen Gefährdungen notierte der Prophet besonders die Gefährdung Israels durch eine Fülle kultischer und theologischer Heterodoxien im Volksglauben aber auch an den offiziellen Heiligtümern - das Syndrom des "baalisierten Jahweglaubens". Dieses Syndrom vor allem hat den Propheten dazu veranlaßt, den absehbaren Zusammenbruch Israels in der Gestalt des Nordreiches auf einen verursachenden Faktor zurückzuführen: den Bruch zwischen Gott und Volk.
Dabei hat Hosea diesen Bruch seinerseits auch dort bloßgelegt, wo er - nach Volksmeinung, aber auch nach Meinung der "Vorgänger" Hoseas - keineswegs gegeben war: am Reichsheiligtum von Bet-El, das Hosea gewissermaßen "entgöttert" sah und im nationalen Kultus, der nach Hosea eigenem Zeugnis explizit Jahwe zugewandt war (vgl. Hos 6,1ff; 8,2; 12,4f).
Hosea hat damit das Geschehen um das Ende des Nordreichs in eine theologische Perspektive gerückt, die diesem Geschehen keineswegs selbstverständlich innewohnte. Er hat den Bruch zwischen Staatsgott und Staatsvolk proklamiert.

3.3 Die Institutionalität der Prophetie Hoseas (vgl. 2.3)

Es waren im weiteren Verlauf die institutionalen Prämissen und Bedingungen der prophetischen Theologie und des prophetischen Handelns Hoseas zu untersuchen.
Dabei ergab sich zunächst, daß Hosea das Gemeinwesen des Nordreiches als "Theokratie" versteht. Israel besteht als Volk in einem geschichtlichen und aktuellen Gegenüber zu Jahwe. Das Volk ist Jahwe gegenüber die oberste Verfassungsgröße, - ihm sind Könige, Nobilität, insbesondere organisiert

in den Ältestenversammlungen auf den verschiedenen Ebenen, und die Priester nachgeordnet; d.h. das Volk ist für das Handeln seiner Exponenten verantwortlich; das Handeln dieser Exponenten fällt auf das Volk zurück (vgl. "Verfassungsentwurf" 2.3.1). Diese Struktur hat sich nicht nur für den "Verfassungsentwurf" des Hoseabuches, sondern auch für die "Verfassungswirklichkeit" des Nordreiches wahrscheinlich machen lassen (vgl. "Betrug und Betrüger", 2.3.3.3).
Grundlegend für das Verhältnis von Gott und Volk ist der rechtliche Charakter der Beziehung (משפט als "theokratische Lebensordnung", vgl. 2.3.2.1.3) und die in der Exodus-Landgabe-Tradition begründete und aktuell gültige "Doktrin vom Land als Jahwes Land" (vgl. 2.3.2.2.3).
Im Rahmen dieses Rechtsverhältnisses stehen der Prophet und sein Handeln an bestimmter Stelle. Vor allem zwei Eigenschaften weisen prophetisches Handeln als institutionales Handeln aus:
a. Der Prophet handelt als Repräsentant Jahwes vor dem Volk (die für die "vorklassische" und z.T. auch für die klassische Prophetie signifikante prophetische Repräsentanz des Volkes vor Jahwe durch die "Fürbitte" ist bei Hosea nicht belegt). Die Worte des Propheten sind Worte des Mundes Jahwes (vgl. S. 146ff). In dieser Hinsicht fungiert er als צפה אפרים (Hos 9,8), "wird Israel von ihm gehütet (שמר - Hos 12,14). Der Prophet spricht und verhält sich - gemäß dem rechtlichen Charakter der "theokratischen Lebensordnung" - nach Kategorien und in Redeformen, die denen des "Rechtslebens Israels" analog sind (vgl. 2.3.2.2.2).
b. Diese prophetischen Funktionen sind personal an den jeweiligen Träger gebunden.
Zwar ist für Hosea - anders als für die meisten der im AT als Träger des prophetischen Amtes vorgestellten Persönlichkeiten - kein Berufungsbericht überliefert. Bei Hosea kommt die personale Bindung der prophetischen Funktionen zunächst im Mose-Bild von Hos 12,14 zur Geltung: Mose ist "ein Prophet", durch den "Israel gehütet wurde". Hosea selbst sieht sich als "Wächter Ephraims" (צפה אפרים), als solcher ist er "gottunmittelbar" (עם אלהים , Hos 9,8).
Insofern ist er auch keiner anderen Größe der institutionalen Welt Israels subordiniert, wenngleich in ihre Aktionsstrukturen eingebunden.

Sodann fällt auf: Wo Hosea von einer Mehrzahl von נביאים spricht, geschieht dies entweder in der Retrospektive (Hos 6,5: הבצתי, הרגתי ;

Hos 12,11a: דברתי, הדביתי) oder im Vorblick (Hos 12,11b: אדמה). Das sich darin aussprechende diachrone Verständnis legt es nahe, bei Hosea die Vorstellung einer Sukzession von prophetischen Funktionsträgern anzunehmen.[1]

Prophet im institutionalen Sinne ist nach dem Hoseabuch also, wer im theokratischen Verhältnis Jahwes zu Israel die Seite Jahwes vertritt - insbesondere durch die Vermittlung des göttlichen Wortes -, und zwar aufgrund einer Bindung dieser Funktion an seine Person.

Wir können damit bei Hosea von einem institutionalen Verständnis der Prophetie ausgehen. Es wäre an weiteren Zeugnissen atl. Prophetie zu überprüfen, inwieweit die wesentlichen Elemente der prophetischen Funktionen diachron stabil sind.

Die personale Bindung prophetischer Funktionen, die wir hier als ein wesentliches Element der Institutionalität der Prophetie herausgestellt haben, könnte zu der Frage veranlassen: Also doch: die Propheten als die "großen Einzelnen"? Dieses zentrale Postulat der Wellhausen-Duhm'schen Prophetentheorie trifft nach unseren Überlegungen in der Tat insoweit zu, als es die prophetischen Funktionen an - wie immer "große" - Einzelpersönlichkeiten gebunden sieht (vgl. oben 1.3.1). Es trifft jedoch u.E. nicht zu insoweit, als es die Propheten "individualisiert" und aus ihrer institutionalen Welt isoliert. Der Propeht ist "Einzelner" gerade in und durch seine institutionale Funktion in Israel.

Damit sind zwei wesentliche Kriterien unseres Institutionenbegriffs bei Hosea gegeben:

Die reziproke Typisierung von Akt(en) und Akteur(en) und die Vernetzung dieser wechselweise typischen Akte und Akteure in eine institutionale Welt.

Die prophetischen Funktionen und ihre Träger sind eng mit den Traditionen der "theokratischen Lebensordnung" verbunden. Hos 12,14a begründet die שמר-Funktion des Propheten gleichzeitig mit der Existenz Israels in Jahwes Land. Damit ist das Kriterium der Verbindung der Institution mit bestimmten traditionalen Theoremen erfüllt.

Die Historizität der Institution kommt zum Ausdruck in dem diachronen Verständnis prophetischer Funktionen, und zwar sowohl in der Begründung

---

[1]Vgl. H.W. Wolff, Geistige Heimat, S. 234; ders. Hosea, S. 152.

der Prophetie in Mose als dem ersten Propheten Israels als auch in der Vorstellung einer Sukzession von Prophetengestalten.
Die besondere synchrone Gestalt des Prophet-seins bei Hosea wird gleich zu erörtern sein.
Die personale Bindung prophetischer Funktionen ist auch nicht so mißzuverstehen, als handle es sich um eine "Ein-Mann-Institution". Schon das Traditionswesen der Prophetie bedingt ein soziales Umfeld des Propheten, aus dem dieser hervorgeht, das ihn umgibt und weiterträgt. Im Hoseabuch finden sich allerdings - wenn wir recht sehen - keine expliziten Hinweise auf ein solches Umfeld. Der zwar implizite, aber unübersehbare Hinweis auf das Umfeld des צפה אפרים ist das Hoseabuch selbst (siehe dazu gleich).

3.4 Das Ende Israels und die Gerechtigkeit Gottes

Es ist die These der vorliegenden Arbeit, daß Hosea in seiner Wahrnehmung, Darstellung und Bewältigung der Stunde des Zusammenbruchs des Reiches Israel, seiner eigenen institutionalen Welt also, als Prophet im institutionalen Sinne redet und handelt, daß - mit anderen Worten - die "Gerichtsverkündigung" Hoseas prophetisches Handeln in einer synchron bedingten, aber nichtsdestoweniger institutional geprägten Form darstellt.

Er handelt als Repräsentant Jahwes vor dem Volk. Die Konflikte, die dabei aufbrachen, hatten die personale Bindung der prophetischen Funktion zum Gegenstand. Dies spricht sich einerseits aus in der polemischen Bestreitung der individuellen Qualifikation des Propheten (9,7b: "Ein Narr ist der Prophet, ein Verrückter der Geistesmann") und in der "Feindseligkeit", die dem Propheten "im Hause seines Gottes" entgegenschlägt (9,8). Andererseits bestreitet Hosea gegen Bet-El jeder prophetischen Funktion, die nicht an einen נביא der Mosesukzession gebunden ist, die Legitimation (vgl. zu Hos 12,5).
Hosea erfaßt das Geschehen in den traditionalen und aktionalen Kategorien der "theokratischen Lebensordnung". Der drohende Verlust des Landes entspricht in seinem Ausmaß und in seiner Tragweite der Landgabe an Israel. Israels Identität als Volk im Lande Jahwes zerbricht, wie sie mit der Landgabe nach dem Exodus gestiftet wurde. Sie kann ebensowenig zufällig und schicksalshaft zerbrechen, wie sie zufällig und schicksalhaft begrün-

det wurde: "...zurückkehren wird Ephraim nach Ägypten" (9,3; vgl. S. 176ff).

Wenn die Existenz Israels im Lande auf einem Rechtsverhältnis zu Jahwe beruht, so muß sie auch auf dem "Rechtsweg" zu Ende gebracht werden. Hier haben die Verwerfung des Königtums (Hos 1,4; 7,7; 13,11), der Kulte (vgl. bes. 9,1f) und vor allem die Entgötterung des Reichsheiligtums ihren Platz.

Diese Gegenstände werden zu Anklagetatbeständen in jenen Rechtsstreiten, die Jahwe durch seinen prophetischen Repräsentanten mit Israel geführt hat. Der ריב führt immer wieder zu dem Urteil: Israel hat den Bruch mit Jahwe zu verantworten. Die daraus resultierenden Tatfolgen entsprechen dem inkriminierten Tatbestand: Israel verliert die auf dem Rechtsverhältnis mit Jahwe beruhende Existenz im Lande: "Sie werden nicht im Lande Jahwes bleiben..." (Hos 9,3).
Im Zusammenbruch geschieht Israel Recht von Jahwe her. Die Schuldaufweise des Propheten setzen Israel ins Unrecht, Jahwe ins Recht.
Geht es dem Propheten allein um ein "Fiat iustitia, pereat Israel", oder lassen sich weiterführende Intentionen erkennen? Worum geht es im Aufweis der "Gerechtigkeit Gottes"?
Das Ziel dieses Aufweises erschließt sich in den wenigen, aber charakteristischen Aussagen zur Zukunft Israels nach dem Zusammenbruch. Hosea erwartet einen erneuten Exodus (Hos 11,11), eine erneute Landgabe (2,17). Wie der erste, so führt auch der zweite Exodus über die Wüste, den Ort der Verwüstung (2,5), des Nicht-Seins (vgl. 3,4). Die Wüste ist aber auch der Ort der ersten Liebe, der Brautwerbung Jahwes um Israel (2,16). Wäre dieser Blick durchs "Tor der Hoffnung" (2,17) denkbar gewesen ohne den Aufweis der im und über den Zusammenbruch hinaus beständigen "Gerechtigkeit Jahwes"? Jeder andere Ausgang des prophetischen Prozesses hätte nur bedeuten können, daß Jahwes Handeln Trug war von allem Anfang an. Die Unverbrüchlichkeit der "Gerechtigkeit Gottes" eröffnet die Möglichkeit einer erneuerten Liebe Jahwes zu seinem Volk, aber auch eines Neubeginns Israels mit seinem Gott.
Hosea hat mit seiner Gerichtsverkündigung Theologie "gemacht", unter Umständen, in denen nahezu alle geschichtlich und institutional gewordenen Symbole und Positionen traditioneller Theologie und Religion, ja des Lebens selbst, nacheinander und unaufhaltsam zusammenbrachen: die Heiligtümer, die Herrschaftsordnung, die staatliche Existenz Israels. Hosea hat

keine Position, die nicht zu halten war, zu halten versucht. Entschlossen und einseitig hat er jene Position herausgestellt, die allein vom Zusammenbruch nicht erfaßt werden konnte, weil sie dem vorauslag, was da zusammenbrach: die Gerechtigkeit Jahwes, die, wie schon das alte, auch ein neues Gottesverhältnis begründen und Platz halten konnte für eine erneuerte liebende Zuwendung Jahwes zu seinem Volk.
Hosea hat auch die Position des "Wächters Israels" nicht gehalten. Die Prophetie des Nordreichs ist mit ihm untergegangen.
Die Restitution des Gottesverhältnisses ist in der Form des neuen Exodus und der neuen Landgabe, wie sie das Hoseabuch erhofft hatte, nicht Wirklichkeit geworden. Dennoch ist die Geschichte des gerechten und seinem Volk in Liebe zugewandten Gottes nicht beendet. Hoseas prophetisches Handeln findet seine Verwirklichung und Rechtfertigung in seiner "Nachgeschichte", die es als "Wissen um Gott" in der atl. Tradition gefunden hat.

3.5 Zur Nachgeschichte der Prophetie Hoseas

Es ist nicht Aufgabe unserer synchron akzentuierten Arbeit, diese Nachgeschichte zu entfalten. Wir waren jedoch mit ihr bereits unmittelbar konfrontiert und zwar in der Auseinandersetzung mit dem Hoseabuch und seinem Text, als dem ersten Dokument dieser Nachgeschichte. Wir schließen mit einigen Bemerkungen zum Hoseabuch.
Im Hoseabuch ist allenthalben ein hoher Grad literarischer Verarbeitung zu erkennen. Die Texte, die wir bearbeitet haben, sind größere thematische Einheiten (vgl. Hos 1-3; 8; 9; 10; 12) oder Teile solcher Einheiten (1,4; 7,3-7;), die in sich die Zeichen kunstfertiger Gestaltung aufweisen: Die Technik der "figuralen Sprache" mit ihrer oszillierenden Kombination von Bild- und Sachaussagen ist eines dieser Zeichen (vgl. 2.1.1), das Bemühen, Teilkomplexe zu größeren aktionalen und thematischen Einheiten zusammenzuschließen (vgl. zu Hos 9 und 12), ein anderes.
Besonders Hos 12 machte deutlich, daß bei der Entstehung der Texte bereits ein breites Spektrum wohl auch schriftlich formulierten Traditionsgutes zur Verfügung stand. Verarbeitet war dieses Material zu Aussagen, in denen aktuelle Pointierungen stark hervortraten. Die Kunst der - für den modernen Exegeten oft nur schwer nachvollziehbaren - traditionalen und aktuellen Anspielung ist hochentwickelt.

Die Literargeschichte des Hoseabuches schien uns sehr viel weniger komplex, als dies vor allem ältere Kommentatoren vermuten. Die Zahl der erheblich späteren "Fortschreibungen" und Glossen ist wohl nicht zu hoch zu veranschlagen. (Noch sehr viel vorsichtiger wird man mit der Annahme textgeschichtlich bedingter Verderbnisse des Textes sein müssen.)
So scheint uns einerseits die "ipssisima vox" des Propheten im Text kaum mehr unmittelbar identifizierbar, andererseits aber erscheint sie in und unter ihrer literarisch verarbeiteten Gestalt kaum verfälscht. Am wenigsten mittelbar könnte sie in dem Text Hos 9,1-9 mit seinen direkten Reden durchklingen.[1]
Das heißt: Was wir von Hosea wissen, verdanken wir weitgehend einem "Lehrhaus", das dem sozialen Umfeld des Propheten entstammt. Es war in diesem Lehrhaus ein hohes Maß an literarischer Kunstfertigkeit, Intellektualität und Witz versammelt, dazu auch der hohe theologische Anspruch und der zuweilen furchtbare Ernst des Prophet-Seins lebendig.
Eine Literarkritik und -geschichte sollte u.E. diesem engen Verbund des Propheten mit seinem sozialen Umfeld, aus dem die Bearbeiter und Tradenten wohl hervorgingen, mindestens so hohe Aufmerksamkeit widmen, wie der Scheidung von "primärem" und "sekundärem" Gut.
Es steht schließlich zu vermuten, daß die Hoseaschule nicht nur literarisch ausarbeitend und tradierend gewirkt hat, sondern auch theologisch prägend. Dafür sprechen insbesondere die vielfältigen thematischen Beziehungen, die sich vom Hoseabuch ins Deuteronomium hinein feststellen lassen.[2] Auch zu Jeremia und Ezechiel sind solche thematischen Beziehungen festgestellt worden.[3] Es wäre zu prüfen, inwieweit das Hoseabuch und seine Tradition als "Geistige Heimat" eines nicht unbedeutenden Teils alttestamentlicher Literatur und Theologie anzusehen ist.

======================

[1] Neuerdings hat J. Jeremias, Hosea 4-7, (bes. S. 57f), die literarische Technik der "Tradenten Hoseas" beschrieben.

[2] Vgl. oben S. 180ff. und G. v. Rad, Gottesvolk, bes. S. 86ff; A. Alt, Deuteronomium, S. 267f; H.W. Wolff, Geistige Heimat, S. 248ff. Eine Zusammenstellung wichtiger sprachlicher und thematischer Berührungspunkte von Hoseabuch und Deuteronomium bietet M. Weinfeld, Deuteronomy, S. 366-370.

[3] Vgl. nur R. Bachs Identifikation der Wüstenfundtradition bei Jeremia und Ezechiel, R. Bach, Wüste, S. 2ff; S. 30ff; ferner K. Gross, Einfluß.

Literaturverzeichnis

Vorbemerkung

Reihen, Zeitschriften etc. sind nach S. SCHWERTNER, Internationales Abkürzungsverzeichnis für Theologie und Grenzgebiete, Berlin 1974 abgekürzt. Die Abkürzungen für Textausgaben und Hilfsmittel sind aus dem Literaturverzeichnis ersichtlich. Biblische Namen und Bücher sind im allgemeinen nach Ökumenisches Verzeichnis der biblischen Eigennamen nach den Loccumer Richtlinien, Stuttgart 1971 geschrieben bzw. abgekürzt.

I. Texte

Biblia Hebraica Stuttgartensia (BHS), ed. K. ELLIGER, W. RUDOLPH, Stuttgart 1968ff

Biblia Hebraica, ed. R. KITTEL (BHK), ³1937ff

Septuaginta, Id est Vetus Testamentum graece iuxta LXX Interpretes, ed. A. RAHLFS, Stuttgart ⁸1965

Vetus Testamentum Graecum Auctoritate Societatis Litterarum Gottingensis editum, Duodecim prophetae, ed. J. ZIEGLER, Göttingen 1943

Biblia Sacra iuxta Vulgatam Versionem, recensuit, R. WEBER OSB, Stuttgart ²1975

Die Heilige Schrift des Alten Testaments, ed. E. KAUTZSCH, A. BERTHOLET, 2 Bde, Tübingen ⁴1922

H. DONNER, W. RÖLLIG, Kanaanäische und aramäische Inschriften (KAI), Wiesbaden ²1966

C.H. GORDON, (Textbook) Ugaritic Textbook, AnOr 38, Rom 1965

J.B. PRITCHARD (ed.), (ANET) Ancient near eastern texts relating to the Old Testament, Princeton ³1969

DERS., (ANET) The ancient near east in pictures relating to the Old Testament, Princeton 1954

II. Hilfsmittel

G.J. BOTTERWECK, H. RINGGREN, (TWAT) Theologisches Wörterbuch zum Alten Testament, Bd. I f, Stuttgart 1973ff

W. GESENIUS, (GesK) Hebräische Grammatik völlig umgearbeitet von E. Kautzsch, 28. Aufl. 1909, Nachdruck Hildesheim 1962

W. GESENIUS, (GesL) Hebräisches und aramäisches Handwörterbuch über das Alte Testament, ed. F. Buhl, Berlin, Göttingen, Heidelberg 17. Auflage 1915

K. GALLING, (BRL^2) Biblisches Reallexikon, Tübingen 2. Aufl. 1977

H. IRSIGLER, (Einführung) Einführung in das biblische Hebräisch, ATS 9/I, St. Ottilien 1978

E. JENNI, C. WESTERMANN (THAT) Theologisches Handwörterbuch zum Alten Testament, 2Bde, München 1971, 1976

L. KÖHLER, W. BAUMGARTNER, (KBL) Lexicon in Veteris Testamenti Libros, Leiden 2. Aufl. 1958

DIES., (KBL^3) Hebräisches und Aramäisches Lexikon zum Alten Testament, Leiden 3. Aufl. 1967ff

G. LISOWSKY, Konkordanz zum Hebräischen Alten Testament, Stuttgart 2. Aufl. 1958

S. MANDELKERN, Veteris Testamenti Concordantiae Hebraicae atque Chaldaicae, 1937, Nachdruck Graz 2. Aufl. 1975

R. MEYER, (Gram) Hebräische Grammatik, 3 Bde, Berlin 3. Aufl. 1966-1972

B. REICKE, L. ROST, (BHH) Biblisch Historisches Handwörterbuch, Göttingen 1962ff

III. Kommentare, Monographien, Artikel

P.R. ACKROYD, (Hosea) Hosea and Jacob, in: VT 13, 1963, S. 245-259

A. ALT[1], (Anteil) Der Anteil des Königtums an der sozialen Entwicklung in den Reichen Israel und Juda, in: Kl. Schr. III, S. 348-372

DERS., (Tiglat-Pileser) Tiglat-Pilesers III. erster Feldzug nach Palästina, 1951, in: Kl. Schr. II, S. 150-162

DERS., (Deuteronomium) Die Heimat des Deuteronomiums, 1953, in: Kl. Schr. II, S. 250-275

DERS., (Hosea 5,8) Hosea 5,8-6,6, Ein Krieg und seine Folgen in prophetischer Beleuchtung, 1919, Kl. Schr. S. 163-187

DERS., (Königtum) Das Königtum in den Reichen Israel und Juda, 1951, Kl. Schr. II, S. 116-134

DERS., (Staatenbildung) Die Staatenbildung der Israeliten in Palästina, 1930, Kl. Schr. II, S. 1-65

DERS., (Samaria) Der Stadtstaat Samaria, 1954, Kl. Schr. III, S. 258-302

DERS., (System) Das System der assyrischen Provinzen auf dem Boden des Reiches Israel, 1929, Kl. Schr. II, S. 187-205

DERS., (Ursprünge) Die Ursprünge des israelitischen Rechts, 1934, Kl. Schr. I, S. 278-332

E. AUERBACH, (Figura) Figura, in: ders., Gesammelte Aufsätze zur Romanischen Philologie, Bern, München 1967, S. 55-92

R. BACH, (Wüste) Die Erwählung Israels in der Wüste, Diss. theol. Bonn 1952 (Maschinenschrift)

L.R. BAILEY, (Calf) The Golden Calf, in: HUCA XLII, 1971, S. 97-115

[1] Wir zitieren A. Alt nach: A. Alt, Kleine Schriften zur Geschichte des Volkes Israel, 3Bde, München, Bd I: 3. Aufl. 1963, Bd. II: 3. Aufl. 1964, Bd III: 2. Aufl. 1968; Abk.: Kl. Schr.

K. BALTZER, (Biographie) Die Biographie der Propheten, Neukirchen-Vluyn 1975

DERS., (Bundesformular) Das Bundesformular, WMANT 4, Neukirchen-Vluyn 2. Aufl. 1964

DERS., (Messias-Frage) Das Ende des Staates Juda und die Messias-Frage, in: Studien zur Theologie der atl. Überlieferungen, ed. R. Rendtorff und K. Koch, G. v. Rad zum 60. Geburtstag Neukirchen 1961

DERS., (Naboth) Naboths Weinberg (1Kön 21), der Konflikt zwischen israelitischem und kanaanäischem Bodenrecht, WuD NF 8, 1963, S. 73-88

H. BARDTKE, (Erweckungsgedanke) Der Erweckungsgedanke in der exilisch-nachexilischen Literatur des AT, in: Von Ugarit nach Qumran, FS O. Eißfeldt, ed. J. Hempel, L. Rost, BZAW 77, Berlin 1958, S. 9-24

A.G. BARROIS, (Manuel) Manuel d'archéologie biblique, 2 Bde, Paris 1939ff

A. BAUMANN, Art.אבל TWAT I, Sp. 46-50

J. BEGRICH, (Heilsorakel) Das priesterliche Heilsorakel, 1934, in: ders., Gesammelte Studien zum AT, ThB 21, München 1964, S. 217-231

DERS., (Krieg) Der syrisch-ephraimitische Krieg und seine weltpolitischen Zusammenhänge, 1929, in: ders., Ges. Stud., S. 99-120

DERS., (Sofer) Sofēr und Mazkir, Ein Beitrag zur inneren Geschichte des davidisch-salomonischen Großreiches und des Königreiches Juda, in: ZAW 58, 1940/41, S. 1-29

DERS., (Studien) Studien zu Deuterojesaia, ed. W. Zimmerli, ThB 20, München 1963

A. BENTZEN, (Weeping) The weeping of Jacob, Hos XII 5A, in: VT 1, 1951, S. 58f

I. BENZINGER, Hebräische Archäologie, Leipzig, 3. Aufl. 1927

P.L. BERGER, (Dialektik) Zur Dialektik von Religion und Gesellschaft, Elemente einer soziologischen Theorie, Frankfurt 1973 (The Sacred Canopy, Elements of a sociological Theory of Religion, 1967)

P.L. BERGER, B. BERGER, (Individuum) Individuum und Co, Stuttgart 1974 (Sociology, A Biographical Approach, 1972)

P.L. BERGER, T. LUCKMANN, (Konstruktion) Die gesellschaftliche Konstruktion der Wirklichkeit, Eine Theorie der Wissenssoziologie, Frankfurt 4. Aufl. 1974 (The Social Construction of Reality, 1966)

K.H. BERNHARDT, (Königsideologie) Das Problem der altorientalischen Königsideologie im Alten Testament unter besonderer Berücksichtigung der Geschichte der Psalmenexegese dargestellt und kritisch gewürdigt, VTS VII, Leiden 1961

W. BEYERLIN, (Sinaitradition) Herkunft und Geschichte der ältesten Sinaitradition, Tübingen 1961

DERS., (Königscharisma) Das Königscharisma bei Saul, in: ZAW 73, 1961, S. 186-201

H.J. BOECKER, (Beurteilung) Die Beurteilung der Anfänge des Königtums in den deuteronomistischen Abschnitten des 1. Samuelbuches, WMANT 31, Neukirchen-Vluyn, 1969

H.J. BOECKER, (Redeformen) Redeformen des Rechtslebens im Alten Testament, WMANT 14, Neukirchen-Vluyn 2. erw. Aufl. 1970

DERS., (Recht) Recht und Gesetz im Alten Testament und im Alten Orient, Neukirchen 1976

H. BREIT, (Predigt) Die Predigt des Deuteronomisten, München 1933

O. BRUNNER, (Land) Land und Herrschaft, Wien 5. Aufl. 1965, Nachdruck: Darmstadt 1973

G. BUCCELLATI, (Cities) Cities and Nations of Ancient Syria, Studi Semitici 26, Roma 1967

J.M. BUSS, (Prophetic Word) The prophetic Word of Hosea, A morphological Study, BZAW 111, Berlin 1969

A. CAQUOT, (Royauté) Osée et la Royauté, in: RHPhR 41, 1961, S. 123-146

U. CASSUTO, (Hosea) The Prophet Hosea and the Books of the Pentateuch, 1933, in: ders., Biblical and Oriental Studies, Bd. I, Jerusalem 1973, S. 79-100

H. CAZELLES, (Kings) The Problem of the Kings in Osee 8:4, in: CBQ 11, 1949, S. 14-25

H. CHRIST, (Blutvergießen) Blutvergießen im Alten Testament, Der gewaltsame Tod des Menschen untersucht am hebräischen Wort dām, Diss. theol. Basel 1977

R.B. COOTE, Hosea XII in: VT 21, 1971, S. 389-402

F. CRÜSEMANN, (Widerstand) Der Widerstand gegen das Königtum, WMANT 49, Neukirchen-Vluyn 1978

J. DEBUS, (Sünde) Die Sünde Jerobeams, FRLANT 93, Göttingen 1967

F. DIEDRICH; (Anspielungen) Die Anspielungen auf die Jakob-Tradition in Hosea 12,1-13,3, Ein literaturwissenschaftlicher Beitrag zur Exegese früher Prophetentexte, Forschungen zur Bibel 27, Würzburg 1977

P. DIEPOLD, (Land) Israels Land, BWANT 95, Stuttgart 1972

R. DOBBIE, (Hosea IX,8) The Text of Hosea IX,8, in: VT 5, 1955, S. 199-203

J. DÖLLER, (Reinheitsgesetze) Die Reinheits- und Speisegesetze des Alten Testaments in religionsgeschichtlicher Beleuchtung, Alttestamentliche Abhandlungen VII, Münster 1917

H. DONNER, (Botschaft) Die soziale Botschaft der Propheten, in: OrAnt II, 1963, S. 229-249

DERS., (Israel) Israel unter den Völkern, Die Stellung der klassischen Propheten des 8. Jahrhunderts v. Chr. zur Außenpolitik der Könige von Israel und Juda, VTS XI, Leiden 1964

B. DUHM, (Propheten) Israels Propheten, Lebensfragen 26, Tübingen, 2. Aufl. 1922

DERS., (Anmerkungen) Anmerkungen zu den zwölf Propheten, in: ZAW 31, 1911, S. 1-43, 81-110, 161-204

W. EISENBEIS, (Wurzel) Die Wurzel שלם im Alten Testament, BZAW 113, Berlin 1969

O. EISSFELDT, (Einleitung) Einleitung in das Alte Testament, Tübingen 3. Aufl. 1964

DERS., (Lade) Lade und Stierbild, 1940/41, in: ders., Kleine Schriften, ed. R. Sellheim u. F. Maass, Bd. II Tübingen 1963, S. 282-305

K. ELLIGER, (Deuterojesaia) Deuterojesaia, 1. Teilband, Jesaia 40,1-45,7, BK XI,1, Neukirchen-Vluyn 1978

DERS., (Jakobskampf) Der Jakobskampf am Jabbok, Gen 32,23ff als hermeneutisches Problem, 1951, in: ders., Kleine Schriften zum AT, ThB 32, München 1966, S. 141-173

M. FENDLER, (Sozialkritik) Zur Sozialkritik des Amos, in: EvTh 33, 1973, S. 32-53

G. FOHRER, (Bemerkungen) Bemerkungen zum neueren Verständnis der Propheten, in: ders., Studien zur alttestamentlichen Prophetie (1949-1965), BZAW 99, Berlin 1967 (Abk. "Studien"), S. 18-31

DERS., (Geschichte) Prophetie und Geschichte, 1964, in: Studien, S. 265-293

DERS:; (Umkehr) Umkehr und Erlösung beim Propheten Hosea, 1955, in: Studien, S. 222-241

DERS., (Vertrag) Der Vertrag zwischen König und Volk in Israel, in: ZAW 71, 1959, S. 1-22

J. de FRAINE, (Royauté) L'aspect religieux de la royauté israélite, L'institution monarchique dans l'Ancien Testament et dans les textes mésopotamiques, AnBib 3, Roma 1954

K. GALLING, (Bethel) Bethel und Gilgal, in: ZDPV 66, 1943; S. 140-155, und ZDPV 67, 1944, S. 21-43

DERS., (Staatsverfassung) Die israelitische Staatsverfassung in ihrer vorderorientalischen Umwelt, AO 28,3.4, Leipzig 1929

T.H. GASTER, (Notes) Short Notes, in: VT 4, 1954, S. 73-79

C. van GELDEREN, W.H. GIPSEN, (Hosea) Het Boek Hosea, COT 17, Kampen 1953

A. GELSTON, (Kingship) Kingship in the Book of Hosea, in: Language and Meaning, Studies in Hebrew Language and Biblical Exegesis, OTS XIX, Leiden 1974, S. 71-85

B. GEMSER, (RIB) The RIB-Pattern or Controversy-Pattern in Hebrew Mentality, VT S III, S. 120-137

G. GERLEMANN, (Wurzel) Die Wurzel šlm, in: ZAW 85, 1973, S. 1-14

DERS., (Art. שלם) Art. שלם-šlm-genug haben, THAT II, Sp. 919-935

E. GERSTENBERGER, (Complaints) Jeremiah's Complaints, Observations on Jer 15,10-21, in: JBL 82, 1963, S. 393-408

M. GERTNER, (Hosea XII) The Masorah and the Levites, Appendix: An Attempt of an Interpretation of Hosea XII, in: VT 10, 1960, S. 241-284

H.L. GINSBERG, (Hosea's Ephraim) Hosea's Ephraim, More Fool than Knave (A new interpretation of Hos 12,1-14) in: JBL 80, 1961, S. 339-347

N. GLUECK, (Das Wort Ḥesed) Das Wort Ḥesed im alttestamentlichen Sprachgebrauche als menschliche und göttliche gemeinschaftsgemäße Verhaltungsweise, 1927, BZAW 47, Berlin 2. Aufl. 1961

L. GOPPELT, (Allegorie) Art. Allegorie im AT und im NT, in: RGG³, Bd I, Sp. 239f

E.M. GOOD, (Jacob Tradition) Hosea and the Jacob Tradition, VT 16, 1966, S. 137-151

H. GRESSMANN, (SAT II,1) Die älteste Geschichtsschreibung und Prophetie, SAT II,1, Göttingen 2. Aufl. 1921

K. GROSS, (Einfluß) Hoseas Einfluß auf Jeremias Anschauungen, in: NKZ 42, 1931, S. 241-256, 327-343

H. GUNKEL, Art. Propheten II, RGG¹, Bd. IV, Sp. 1866-1886

DERS., Einleitung in die Psalmen, Zu Ende geführt von Joachim Begrich, 1933, Göttingen 2. Aufl. 1966

DERS., (Erfahrungen) Die geheimen Erfahrungen der Propheten, 1903, in: H. Schmidt, Die großen Propheten, SAT II,2, Göttingen 1915, S. XX-XXXVI

DERS., Genesis, HK I,1, Göttingen 8. Aufl. 1969, unveränderter Neudruck der 3. Aufl. 1910

A. GUNNEWEG, (Tradition) Mündliche oder schriftliche Tradition der vorexilischen Prophetenbücher als Problem der neueren Prophetenforschung, FRLANT 73, Göttingen 1959

J. HALBE, (Privilegrecht) Das Privilegrecht Jahwes, Ex 34,10-26, FRLANT 114, Göttingen 1975

A. HALDAR, (Associations) Associations of Cult Prophets among the Ancient Semites, Uppsala 1945

M. HARAN, (Rise) The Rise and Decline of the Empire of Jeroboam Ben Joash, in: VT 17, 1967, S. 266-297

J. HARVEY, (Pattern) Le 'Rîb-Pattern', Réquistoire prophétique sur la rupture de l'alliance, in: Bib 43, 1962, S. 172-196

DERS., (Le Plaidoyer) Le Plaidoyer prophétique contre Israel après la Rupture de l'alliance, Etude d'une Formule litéraire de l'Ancien Testament, Studia, Travaux de recherche 22, Bruges, Paris, Montréal 1967

J. HEMPEL, (Jahwegleichnisse) Jahwegleichnisse der israelitischen Propheten, 1924, in: ders., Apoxysmata, BZAW 81, Berlin 1961, S. 1-29

M.L. HENRY, Prophet und Tradition, BZAW 116, Berlin 1969

R. HENTSCHKE, (Stellung) Die Stellung der vorexilischen Propheten zum Kultus, BZAW 75, Berlin 1957

H.J. HERMISSON, (Ritus) Sprache und Ritus im altisraelitischen Kultus, Zur "Spiritualisierung" der Kultbegriffe im AT, WMANT 19, Neukirchen-Vluyn 1965

S. HERRMANN, (GI) Geschichte Israels in alttestamentlicher Zeit, München 1973

DERS., (Heilserwartungen) Die prophetischen Heilserwartungen im Alten Testament, BWANT 85, Stuttgart 1965

W.L. HOLLADAY, (Chiasmus) Chiasmus, the Key to Hosea XII,3-6, in: VT 16, 1966, S. 53-64

A. van HOONACKER, (Les douze) Les douze Petits Prophètes, Paris 1908

S.H. HOOKE (ed.), (Myth) Myth and Ritual, Essays on the Myth and Ritual of the Hebrews in Relation to the Culture Pattern of the Ancient East, London 1933

F. HORST, Art. Vergeltung, RGG[3] Bd. VI, Sp. 1344ff

DERS., (Naturrecht) Naturrecht und Altes Testament, in: ders., Gottes Recht, Gesammelte Studien zum Recht im AT, ThB 12, München 1961, S. 235-259

DERS., (Recht und Religion) Recht und Religion im Bereich des Alten Testaments, 1956, in: Um das Prinzip der Vergeltung in Religion und Recht des AT, ed. K. Koch, WdF CXXV, Darmstadt 1972, S. 181-212

F.L. HOSSFELD, I. MEYER, (Prophet) Prophet gegen Prophet, Biblische Beiträge 9, Fribourg 1973

P. HUMBERT, (Laetari) "Laetari et exultare" dans le vocabulaire religieux de l'Ancien Testament, in: RHPhR 22, 1942, S. 185-214

DERS., (La logique) La logique de la perspective nomade chez Osée et l'unité d'Osée 2,4-22, in: FS K. Marti, BZAW 41, 1925, S. 158-166

T. ISHIDA, (Dynasties) The Royal Dynasties in Israel, BZAW 142, Berlin 1977

E. JACOB, (La femme) La femme et le prophete, A propos d'Osée 12,13-14, in: MAQQEL SHAQED, Hommage à W. Vischer, Montpellier 1960, S. 83-87

DERS., (Prophet) Der Prophet Hosea und die Geschichte, in: EvTh 1964, S. 281-290

K. JAROŠ, (Stellung) Die Stellung des Elohisten zur kanaanäischen Religion, OBO 4, Freiburg, Göttingen 1974

A. JEPSEN, (Gnade) Gnade und Barmherzigkeit im Alten Testament, in: KuD 7, 1961, S. 261-271

DERS., Nabi, München 1934

C. JEREMIAS, (Erzväter) Die Erzväter in der Verkündigung der Propheten, in: Beiträge zur alttestamentlichen Theologie, FS für W. Zimmerli zum 70. Geb., ed. H. Donner Göttingen 1977, S. 206-222

J. JEREMIAS, (Hosea 4-7) Hosea 4-7, in: Textgemäß, FS Ernst Würthwein zum 70. Geburtstag, ed. A.H. Gunneweg u. O. Kaiser, Göttingen 1979, S. 47-58

DERS., (Kultprophetie) Kultprophetie und Gerichtsverkündigung in der späten Königszeit Israels, WMANT 35, Neukirchen-Vluyn 1970

DERS., (Vollmacht) Die Vollmacht des Propheten im Alten Testament, in: EvTh 31, 1971, S. 305-322

A.R. JOHNSON, (Cultic Prophet) The Cultic Prophet in Ancient Israel (1944), Cardiff 2. Aufl. 1962

B. KEDAR-KOPFSTEIN, Art. דם , TWAT II, Sp. 248ff

O. KEEL, (Bildsymbolik) Die Welt der altorientalischen Bildsymbolik und das Alte Testament, Zürich, Neukirchen 1972

DERS., (Jahwevisionen) Jahwevisionen und Siegelkunst, SBS 84/85, Stuttgart 1977

W. KESSLER, (Studie) Studie zur religiösen Situation im ersten nachexilischen Jahrhundert und zur Auslegung von Jesaias 56-66, in: WZ(H) 1956, S. 41-73

D. KINET, Baʿal und Jahwe Ein Beitrag zur Theologie des Hoseabuches, Frankfurt, Bern 1977

M.A. KLOPFENSTEIN, (Lüge) Die Lüge nach dem Alten Testament, Zürich 1964

R. KNIERIM, (Exodus 18) Exodus 18 und die Neuordnung der mosaischen Gerichtsbarkeit, in ZAW 73, 1961, S. 146-171

K. KOCH, (Entstehung) Die Entstehung der sozialen Kritik bei den Profeten, in: Probleme biblischer Theologie, FS G.v. Rad zum 70. Geb., ed. H.W. Wolff, München 1971, S. 236-257

DERS., (Vergeltungsdogma) Gibt es ein Vergeltungsdogma im Alten Testament, 1955, in: Um das Prinzip der Vergeltung in Religion und Recht des Alten Testaments, ed. K. Koch, WdF CXXV, Darmstadt, 1972; S. 130-180

V. KOROSEC, (Staatsverträge) Hethitische Staatsverträge, Ein Beitrag zu ihrer juristischen Wertung, LRSt 60, Leipzig 1931

H.J. KRAUS, (Gottesdienst[1]) Gottesdienst in Israel, Studien zur Geschichte des Laubhüttenfestes, München 1954

DERS., (Gottesdienst[2]) Gottesdienst in Israel, Grundriß einer Geschichte des alttestamentlichen Gottesdienstes, München 2. Aufl. 1962

DERS., (Politik) Prophetie und Politik, ThEx NF 36, München 1952

R. KÜMPEL, (Berufung) Die Berufung Israels, Ein Beitrag zur Theologie Hoseas, Diss. theol. Bonn 1973

C. KUHL, (Dokumente) Neue Dokumente zum Verständnis von Hosea 2,4-15, in: ZAW 52, 1934, S. 102-109

E. KUTSCH, (Herbstfest) Das Herbstfest in Israel, Diss. theol. Mainz 1955

DERS., (Erwägungen) Erwägungen zur Geschichte der Passafeier und des Massotfestes, in: ZThK 55, 1958, S. 1-35

G. LIEDTKE, (Gestalt) Gestalt und Bezeichnung alttestamentlicher Rechtssätze, Eine formgeschichtlich-terminologische Studie, WMANT 39, Neukirchen-Vluyn 1971

DERS., (Art. שפט) Art. שפט , špṭ, richten, THAT II, Sp. 999-1009

DERS., (Art. ריב) Art. ריב , rīb, streiten, THAT II, Sp. 771-777

J. LIMBURG, (ריב) The Root ריב and the Prophetic Lawsuit Speeches, in: JBL 88, 1969, S. 291-304

J. LINDBLOM, (Prophecy) Prophecy in Ancient Israel, Oxford 1965

DERS., (Hosea) Hosea, Literarisch untersucht, AAAbo.H V,2, Abo 1928

G. Chr. MACHOLZ, (Justizorganisation) Zur Geschichte der Justizorganisation in Juda, in: ZAW 84, 1972, S. 314-340

DERS., (Jeremia) Jeremia in der Kontinuität der Prophetie, in: Probleme biblischer Theologie, FS G.v.Rad zum 70. Geb., ed. H.W. Wolff, München 1971

J. MAIER, (Ladeheiligtum) Das altisraelitische Ladeheiligtum, BZAW 93, Berlin 1965

A. MALAMAT, (Kingship and Council) Kingship and Council in Israel and Sumer, JNES 22, 1963, S. 247-253

DERS., (Organs) Organs of Statecraft in Israelite Monarchy, BA 28, 1965, S. 34-65

E.H. MALY, (Messianism) Messianism in Osée, in: CBQ 19, 1957, S. 213-225

K. MARTI, (Dodekapropheton) Das Dodekapropheton, KHC XIII, Tübingen 1904

H.G. MAY, (Fertility Cult) The Fertility Cult in Hosea, in: AJSL 48, 1932, S. 73-98

J.L. McKENZIE, (The Elders) The Elders in the Old Testament, Bibl 40, 1959, S. 522-540

E. MERZ, (Blutrache) Die Blutrache bei den Israeliten, BWAT 20, Leipzig 1916

J. MEYER, (Jeremia) Jeremia und die falschen Propheten, OBO 13, Freiburg, Göttingen 1977

J. MILGROM, (Levitical Terminology) Studies in Levitical Terminology I, UCP Near Eastern Studies 14, Berkeley 1970

J.C. de MOOR, (New Year) New Year with Canaanites and Israelitis, Kamper Cahiers 21, Kampen 1972

A. MOORTGART, (Rollsiegel) Vorderasiatische Rollsiegel, Berlin ^{2}1966

H. MOTZKI, (Stierkult) Ein Beitrag zum Problem des Stierkultes in der Religionsgeschichte Israels, in: VT 35, 1975, S. 470-485

S. MOWINCKEL, (Thronbesteigungsfest Psst.II) Psalmenstudien II-Das Thronbesteigungsfest Jahwäs und der Ursprung der Eschatologie, Kristiania 1922

DERS., (Kultprophetie Psst.III) Psalmenstudien III-Kultprophetie und prophetische Psalmen, Kristiania 1923

B.D. NAPIER, (Jezreel) The Omrides of Jezreel, in: VT 9, 1959, S. 366-378

F. NÖTSCHER, (Altertumskunde) Biblische Altertumskunde, Bonn 1940

M. NOTH, (Amt und Berufung) Amt und Berufung im Alten Testament, in: ders., Gesammelte Studien zum Alten Testament, ThB 6, München 3. Aufl. 1966, Anhang S. 309-333

DERS., (Amt) Das Amt des "Richters Israels", 1950, in: ders., Gesammelte Studien zum Alten Testament II, ed. H.W. Wolff, ThB 39, München 1969, S. 71-85

DERS., (Exodus) Das zweite Buch Mose, Exodus, ATD 5, Göttingen 3. Aufl. 1965

M. NOTH, (Numeri) Das vierte Buch Mose, Numeri, ATD 7, Göttingen 1966

DERS., (GI) Geschichte Israels, Göttingen 6. Aufl. 1966

DERS., (Hintergrund) Der historische Hintergrund der Inschriften von sefire, in: ZDPV 77, 1961, S. 118-172

DERS., (Könige) Könige 1, I.Könige 1-16, BK IX,1, Neukirchen-Vluyn 1968

DERS., (Überlieferungsgeschichte) Überlieferungsgeschichte des Pentateuch, 1948, Stuttgart 3. Aufl. 1968

W. NOWACK, (Hebräische Archäologie) Lehrbuch der Hebräischen Archäologie, 2 Bde, Freiburg, Leipzig 1894

DERS., (Kleine Propheten) Die Kleinen Propheten übersetzt und erklärt, HK III,4; Göttingen 3. Aufl. 1922

H.S. NYBERG, (Studien) Studien zum Hoseabuche, UUÅ 1935:6, Uppsala 1935

H.T. OBBINK, Jahwebilder, in: ZAW 47, 1929, S. 264-274

G. ÖSTBORN, (Jahweh) Jahweh and Baal, Studies in the Book of Hosea and related Documents, LUÅ 51/6, Lund 1956

E. OTTO, (Jakob) Jakob in Bethel, Ein Beitrag zur Geschichte der Jakobsüberlieferung, in: ZAW 88, 1976, S. 165-190

M. OTTOSON, Art. ארץ II, TWAT I, Sp. 423-436

J. PEDERSEN, (Israel) Israel. Its Life and its Culture, 2 Bde, London, Copenhagen, (1926) 1964

L. PERLITT, (Mose) Mose als Prophet, in: EvTh 31, 1971, S. 588-608

DERS., (Bundestheologie) Bundestheologie im Alten Testament, WMANT 36, Neukirchen-Vluyn 1969

DERS., (Wellhausen) Vatke und Wellhausen, BZAW 94, Berlin 1965

D. PIRSON, Art. Theokratie, in: EStL² Sp. 2628-2631

O. PLÖGER, (Priester) Priester und Prophet, in: ZAW 63, 1951, S. 157-192

J. van der PLOEG, (Les anciens) Les anciens dans l'Ancien Testament, in: Lex Tua Veritas, FS für H. Junker, ed. H. Groß u. F. Mußner, Trier 1961, S. 175-191

H.D. PREUSS, (Verspottung) Die Verspottung fremder Religionen im Alten Testament, BWANT 92, Stuttgart 1971

G. v. RAD, (Art. διάβολος) Art. διάβολος B. die at.lichen Satansvorstellungen, ThWNT II, S. 71-74

DERS., (Gottesvolk) Das Gottesvolk im Deuteronomium, 1929, in: ders., Gesammelte Studien zum AT, ed. R. Smend, ThB 48, München 1973, S. 9-108

DERS., (Heiliger Krieg) Der Heilige Krieg im alten Israel, Göttingen 5. Aufl. 1969

DERS., (Land) Verheißenes Land und Jahwes Land im Hexateuch, 1943, in: ders., Gesammelte Studien zum AT, ThB 8, München 3. erw. Aufl. 1958, S. 87-100

DERS., (Falsche Propheten) Die Falschen Propheten, in: ZAW 51, 1933, S. 109-120

G. v. RAD, (Theologie) Theologie des Alten Testaments, 2 Bde, München 5. Aufl. 1968

R. RENDTORFF, (Erwägungen) Erwägungen zur Frühgeschichte des Prophetentums in Israel, in: ZThK 59, 1962, S. 145-167

DERS., (Traditionsgeschichte) Literarkritik und Traditionsgeschichte, in: EvTh 27, 1967, S. 138-153

DERS., (Offenbarungsvorstellungen) Die Offenbarungsvorstellungen im Alten Israel, in: KuD.B 1, Göttingen 3. Aufl. 1965, S. 21-41

DERS., (Prophet) Art. προφητης B. נביא im Alten Testament, ThWNT VI, 1959, S. 796-813

T. RENDTORFF, (Das Problem der Institution) Das Problem der Institution in der neueren Christentumsgeschichte, Ein Diskussionsbeitrag, in: H. Schelsky (ed.), Zur Theorie der Institution, Düsseldorf 2. Aufl. 1973

H. Graf REVENTLOW, (Mazkir) Das Amt des Mazkir, Zur Rechtsstruktur des öffentlichen Lebens in Israel, in: ThZ 19, 1959, S. 161-175

DERS., (Amt) Das Amt des Propheten bei Amos, FRLANT 80, Göttingen 1962

DERS., (Liturgie) Liturgie und prophetisches Ich bei Jeremia, Gütersloh 1963

W. RICHTER, (Berufungsberichte) Die sogenannten vorprophetischen Berufungsberichte, Eine literaturwissenschaftliche Studie zu 1Sam 9,1-10,16, Ex3f und Ri 6, 11b-17, FRLANT 101, Göttingen 1970

DERS., (Richterbuch) Traditionsgeschichtliche Untersuchungen zum Richterbuch, BBB 18, Bonn 2. Aufl. 1966

DERS., (Richter Israels) Zu den "Richtern Israels", in: ZAW 77, 1965, S. 40-71

J. RIEGER, (Bedeutung) Die Bedeutung der Geschichte für die Verkündigung des Amos und Hosea, Gießen 1929

H. RINGGREN, Art. בכה TWAT I, Sp. 641f

T.H. ROBINSON, F. HORST, (HAT 14) Die zwölf kleinen Propheten, HAT 14, Tübingen 3. Aufl. 1964

E. ROHLAND, (Erwählungstraditionen) Die Bedeutung der Erwählungstraditionen Israels für die Eschatologie der alttestamentlichen Propheten, Diss. theol. Heidelberg 1956

L. ROST, (Israel) Israel bei den Propheten, BWANT 71, Stuttgart 1937

W. RUDOLPH, Hosea, KAT XIII,1, Gütersloh 1966

DERS., Jeremia, HAT I,12, Tübingen 3. Aufl. 1968

DERS., (Micha) Micha-Nahum-Habakkuk-Zephania, KAT XIII,3, Gütersloh 1975

H. EL SAFADI, (Entstehung) Die Entstehung der syrischen Glyptik in der Zeit von Zimrilim bis Ammitaqumma, in: UF 6, Neukirchen 1974, S. 312-352

F. DE SAUSSURE, (Grundfragen) Grundfragen der allgemeinen Sprachwissenschaften, 2. Aufl. 1922, Neudruck Berlin 1967

J. SCHARBERT, (ŠLM) ŠLM im Alten Testament, in: Um das Prinzip der Vergeltung in Religion und Recht des Alten Testaments, ed. K. Koch, WdF CXXV, Darmstadt 1972, S. 300-324

J. SCHARBERT, (PQD) Das Verbum PQD in der Theologie des Alten Testements, BZ NF 4, 1960, S. 209-226

H. SCHELSKY (ed.), (Theorie) Zur Theorie der Institution, Interdisziplinäre Studien I, Düsseldorf 2. Aufl. 1973

F. SCHICKLBERGER, (Ladeerzählungen) Die Ladeerzählungen des ersten Samuel-Buches, Forschungen zur Bibel 7, Würzburg 1973

W.H. SCHMIDT, (Königtum) Königtum Gottes in Ugarit und Israel, Zur Herkunft der Königsprädikation Jahwes, BZAW 80, Berlin 2. Aufl. 1966

DERS., (Kritik) Kritik am Königtum, in: Probleme biblischer Theologie, FS G.v.Rad zum 70. Geb., (ed.) H.W. Wolff, München 1971, S. 440-461

K. SCHOLDER, Die Kirchen und das dritte Reich, Bd. I, Frankfurt, Berlin, Wien 1977

W. SCHOTTROFF, (Gedenken) "Gedenken" im Alten Orient und im Alten Testament, WMANT 15, Neukirchen-Vluyn 2. Aufl. 1967

DERS., (pqd) Art. פקד , pqd, heimsuchen, THAT II, Sp. 466-486

DERS., (Soziologie) Soziologie und Altes Testament, in: VF 2, 1974, S. 46-66

H. SCHULZ, (Todesrecht) Das Todesrecht im Alten Testament, BZAW 114, Berlin 1969

E. SELLIN, (Martyrium) Hosea und das Martyrium des Mose in: ZAW 46, 1928, S. 26-33

DERS., (Orientierung) Die geschichtliche Orientierung der Prophetie des Hosea, in: NKZ 39, 1925, S. 607-658

DERS., (Zwölfprophetenbuch) Das Zwölfprophetenbuch, KAT XIII,1, Leipzig 2.3. Aufl. 1929

R. SMEND, (de Wette) W.M.L. de Wettes Arbeit am Alten und Neuen Testament, Basel 1958

W. v. SODEN, Art. Stierdienst, RGG³, Bd. VI, Sp 372f

J.R. SOGGIN, (Königtum) Das Königtum in Israel, BZAW 104, Berlin 1967

O.H. STECK, (Elia-Erzählungen) Überlieferung und Zeitgeschichte in den Elia-Erzählungen, WMANT 26, Neukirchen-Vluyn 1968

H.J. STOEBE, (Bedeutung) Die Bedeutung des Wortes HÄSÄD im Alten Testament, in: VT 2, 1952, S. 244-254

DERS., (Art. חסד) Art חסד, ḥésæd, Güte, THAT I, Sp. 600-621

J.H. SOUNDERS, (The conflict) The conflict between the prophets and the kings in the Old Testament, Diss. Southern Baptist Seminary 1951

A. SZABO, (Problems) Textual Problems in Amos and Hosea, VT 35, 1975, S. 500-524

H. TADMOR, (People) "The People" and the Kingship in Ancient Israel: the Role of Political Institutions in Biblical Period, in: Cahiers d'Histoire Mondiale 11, 1969, S. 46-68

A. VANEL, (Dieux de l'Orage) L'Iconographie du Dieu de l'Orage, CRB 3, Paris 1965

J. de VAULX, (Nombres) Les Nombres, SBi, Paris 1972

R. de VAUX, (Institutions) Les Institutions de l'Ancien Testament, Paris 1958ff

DERS., (Lebensordnungen) Das Alte Testament und seine Lebensordnungen, 2 Bde, Freiburg, 2. Aufl. 1966

J. VOLLMER, (Rückblicke) Geschichtliche Rückblicke und Motive in der Prophetie des Amos, Hosea und Jesaia, BZAW 119, Berlin 1971

P. VOLZ, (Altertümer) Die biblischen Altertümer, Stuttgart 1914

DERS., (Neujahrsfest) Das Neujahrsfest Jahwes - Laubhüttenfest -, Tübingen 1912

DERS., (Prophetengestalten) Prophetengestalten des Alten Testaments, Stuttgart 1938

T. VRIEZEN, (Tradition) La tradition de Jacob dans Osée, in: OTS 1, 1942, S. 64-78

V. WAGNER, (Rechtssätze) Rechtssätze in gebundener Sprache und Rechtssatzreihen im israelitischen Recht, BZAW 127, Berlin 1972

H.E. v. WALDOW, (Anlaß) Anlaß und Hintergrund der Verkündigung des Deuterojesaia, Diss. theol. Bonn 1953

G. WALLIS, (Königsstädte) Jerusalem und Samaria als Königsstädte, in: VT 26, 1976, S. 480-496

G. WANKE, (Art. נחלה) Art. נחלה , naḥ^{a}lā, Besitzanteil, THAT II, Sp. 55-59

C. WATZINGER, (Denkmäler) Denkmäler Palästinas, Eine Einführung in die Archäologie des heiligen Landes, Leipzig 1933

M. WEBER, (Judentum) Gesammelte Aufsätze zur Religionssoziologie III, Das antike Judentum, 1920, Tübingen 4. Aufl. 1966

DERS., (WuG) Wirtschaft und Gesellschaft, Tübingen 1922

M. WEINFELD, Art. ברית , TWAT I, Sp. 784

DERS., (Deuteronomy) Deuteronomy and Deuteronomic School, Oxford 1972

M. WEIPPERT, Gott und Stier, in: ZDPV 77, 1961, S. 93-117

A. WEISER, (ATD 24) Das Buch der zwölf kleinen Propheten, Bd. I, ATD 24, Göttingen 5. Aufl. 1967

DERS., (Psalmen) Die Psalmen, ATD 14, Göttingen 1950

J. WELLHAUSEN, (Prolegomena) Prolegomena zur Geschichte Israels, Berlin 5. Aufl. 1899

DERS., (Kleine Propheten) Die kleinen Propheten übersetzt und erklärt, 1863, Berlin 4. Aufl. 1963

C. WESTERMANN (kbd) Art. כבד , kbd, schwer sein, THAT I, Sp. 794-812

DERS., (Grundformen) Grundformen prophetischer Rede, München 4. Aufl. 1971

W.M.L de WETTE, (Hebräisch-jüdische Archäologie) Lehrbuch der hebräisch-jüdischen Archäologie, nebst einem Grundrisse der hebräisch-jüdischen Geschichte, Leipzig 4. Aufl. 1864

J. WIJNGAARDS, (העלעה) הוציא and העלה , a twofold approach to the Exodus, in: VT 15, 1965, S. 91-102

H. WILDBERGER, (Jesaia) Jesaia, Kap 1-12, BK X,1, Neukirchen-Vluyn 1972

DERS., (Land) Israel und sein Land, in: EvTh 16, 1956, S. 404-426

I. WILLI-PLEIN, (Schriftexegese) Vorformen der Schriftexegese innerhalb des Alten Testaments, Untersuchungen zum literarischen Werden der auf Amos, Hosea und Micha zurückgehenden Bücher im hebräischen Zwölfprophetenbuch, BZAW 123, Berlin 1971

H.W. WOLFF, (Hosea) Dodekapropheton 1, Hosea, BK XIV,1, Neukirchen-Vluyn 2. Aufl. 1965

DERS., (Amos) Dodekapropheton 2, Joel und Amos, BK XIV,2, Neukirchen-Vluyn 1969

DERS., (Geschichtsverständnis) Das Geschichtsverständnis der alttestamentlichen Prophetie, in: Probleme alttestamentlicher Hermeneutik, ed. C. Westermann, ThB 11, München 3. Aufl. 1968, S. 319-340

DERS., (Hauptprobleme) Hauptprobleme alttestamentlicher Prophetie, 1955, in: ders., Gesammelte Studien zum AT, ThB 22, München 1964 (Abk. Studien), S. 206-231

DERS., (Micha) Michas geistige Heimat, in: ders., Mit Micha reden, Prophetie einst und jetzt, München 1978, S. 29-40

DERS., (Geistige Heimat) Hoseas geistige Heimat, 1956, in: ders., Studien, S. 232-250

DERS., (Jesreeltag) Der große Jesreeltag (Hosea 2,1-3), in: ders., Studien, S. 151-181

DERS., (Wissen) "Wissen um Gott" bei Hosea als Urform von Theologie, 1953, in: ders., Studien, S. 182-205

A.S. van der WOUDE, (Art. צבא) Art. צבא, ṣābā', Heer, THAT II, S. 498-507

E. WÜRTHWEIN, Amos-Studien, in: ZAW 62, 1949/50, S. 10-52

DERS., (Gerichtsrede) Der Ursprung der prophetischen Gerichtsrede, in: ZThK 49, 1952, S. 1-16

Y. YADIN, Hazor, Schweich Lectures, London 1972

DERS., Hazor III-IV, Jerusalem 1961

W. ZIMMERLI, (Bilderverbot) Das Bilderverbot in der Geschichte des alten Israel, in: ders., Studien zur alttestamentlichen Theologie und Prophetie, Gesammelte Studien II, ThB 51, München 1974, S. 247-260

DERS., (Zweites Gebot) Das zweite Gebot, in: ders., Gottes Offenbarung, Gesammelte Aufsätze, ThB 19, München 1963, S. 234-249

DERS., (Ezechiel) Ezechiel I,II, 2 Bde, BK XIII, Neukirchen-Vluyn 1969

==================

Register

Vorbemerkung:
In das Stellen- bzw. Wortregister sind - über die im Inhaltsverzeichnis vermerkten Stellen und Worte hinaus - atl. Texte und hebr. Worte aufgenommen, auf die im Text der Arbeit in einiger Ausführlichkeit Bezug genommen wurde.

1. Stellenregister

2. Hebräisches Wortregister

ORBIS BIBLICUS ET ORIENTALIS (Lieferbare Bände)

Bd. 1 OTTO RICKENBACHER: *Weisheitsperikopen bei Ben Sira.* X-214-15* Seiten. 1973.

Bd. 2 FRANZ SCHNIDER: *Jesus der Prophet.* 298 Seiten. 1973. Vergriffen.

Bd. 3 PAUL ZINGG: *Das Wachsen der Kirche.* Beiträge zur Frage der lukanischen Redaktion und Theologie. 345 Seiten. 1974. Vergriffen.

Bd. 4 KARL JAROŜ: *Die Stellung des Elohisten zur kanaanäischen Religion.* 496 Seiten. 1974. Vergriffen. Neuauflage in Vorbereitung.

Bd. 5 OTHMAR KEEL: *Wirkmächtige Siegeszeichen im Alten Testament.* Ikonographische Studien zu Jos 8, 18-26; Ex 17, 8-13; 2 Kön 13, 14-19 und 1 Kön 22, 11. 232 Seiten, 78 Abbildungen. 1974.

Bd. 6 VITUS HUONDER: *Israel Sohn Gottes.* Zur Deutung eines alttestamentlichen Themas in der jüdischen Exegese des Mittelalters. 231 Seiten. 1975.

Bd. 7 RAINER SCHMITT: *Exodus und Passah. Ihr Zusammenhang im Alten Testament.* 112 Seiten. 1975. Vergriffen.

Bd. 8 ADRIAN SCHENKER: *Hexaplarische Psalmenbruchstücke.* Die hexaplarischen Psalmenfragmente der Handschriften Vaticanus graecus 752 und Canonicianus graecus 62. Einleitung, Ausgabe, Erläuterung. XXVIII - 446 Seiten. 1975.

Bd. 9 BEAT ZUBER: *Vier Studien zu den Ursprüngen Israels.* Die Sinaifrage und Probleme der Volks- und Traditionsbildung. 152 Seiten. 1976. Vergriffen.

Bd. 10 EDUARDO ARENS: *The ΗΛΘΟΝ-Sayings in the Synoptic Tradition.* A Historico-critical Investigation. 370 Seiten. 1976.

Bd. 11 KARL JAROŠ: *Sichem.* Eine archäologische und religionsgeschichtliche Studie, mit besonderer Berücksichtigung von Jos 24. 280 Seiten, 193 Abbildungen. 1976.

Bd. 11a KARL JAROŠ / BRIGITTE DECKERT: *Studien zur Sichem-Area.* 81 Seiten, 23 Abbildungen. 1977.

Bd. 12 WALTER BÜHLMANN: *Vom rechten Reden und Schweigen.* Studien zu Proverbien 10-31. 371 Seiten. 1976.

Bd. 13 IVO MEYER: *Jeremia und die falschen Propheten.* 155 Seiten. 1977.

Bd. 14 OTHMAR KEEL: *Vögel als Boten.* Studien zu Ps 68, 12-14, Gen 8, 6-12, Koh 10, 20 und dem Aussenden von Botenvögeln in Ägypten. – Mit einem Beitrag von Urs Winter zu Ps 56, 1 und zur Ikonographie der Göttin mit der Taube. 164 Seiten, 44 Abbildungen. 1977.

Bd. 15 MARIE-LOUISE GUBLER: *Die frühesten Deutungen des Todes Jesu.* Eine motivgeschichtliche Darstellung aufgrund der neueren exegetischen Forschung. XVI - 424 Seiten. 1977.

Bd. 16 JEAN ZUMSTEIN. *La condition du croyant dans l'Evangile selon Matthieu.* 467 pages. 1977.

Bd. 17 FRANZ SCHNIDER: *Die verlorenen Söhne.* Strukturanalytische und historisch-kritische Untersuchungen zu Lk 15. 105 Seiten. 1977.

Bd. 18 HEINRICH VALENTIN: *Aaron.* Eine Studie zur vor-priesterschriftlichen Aaron-Überlieferung. VIII - 441 Seiten. 1978.

Bd. 19 MASSÉO CALOZ: *Etude sur la LXX origénienne du Psautier.* Les relations entre les leçons des Psaumes du Manuscrit Coislin 44, les Fragments des Hexaples et le texte du Psautier Gallican. 480 pages. 1978.

Bd. 20 RAPHAEL GIVEON: *The Impact of Egypt on Canaan.* Iconographical and Related Studies. 156 Seiten, 73 Abbildungen. 1978.

Bd. 21 DOMINIQUE BARTHÉLEMY: *Etudes d'histoire du texte de l'Ancien Testament.* XXV - 419 pages. 1978.

Bd. 22/1 CESLAS SPICQ: *Notes de Lexicographie néo-testamentaire.* Tome I: p. 1-524. 1978.

Bd. 22/2 CESLAS SPICQ: *Notes de Lexicographie néo-testamentaire.* Tome II: p. 525-980. 1978.

Bd. 23 BRIAN M. NOLAN: *The royal Son of God.* The Christology of Matthew 1-2 in the Setting of the Gospel. 282 Seiten. 1979.

Bd. 24 KLAUS KIESOW: *Exodustexte im Jesajabuch.* Literarkritische und motivgeschichtliche Analysen. 221 Seiten. 1979.

Bd. 25/1 MICHAEL LATTKE: *Die Oden Salomos in ihrer Bedeutung für Neues Testament und Gnosis.* Band I. Ausführliche Handschriftenbeschreibung. Edition mit deutscher Parallel-Übersetzung. Hermeneutischer Anhang zur gnostischen Interpretation der Oden Salomos in der Pistis Sophia. XI - 237 Seiten. 1979.

Bd. 25/1a MICHAEL LATTKE: *Die Oden Salomos in ihrer Bedeutung für Neues Testament und Gnosis.* Band 1a. Der syrische Text der Edition in Estrangela Faksimile des griechischen Papyrus Bodmer XI. 68 Seiten. 1980.

Bd. 25/2 MICHAEL LATTKE: *Die Oden Salomos in ihrer Bedeutung für Neues Testament und Gnosis.* Band II. Vollständige Wortkonkordanz zur handschriftlichen, griechischen, koptischen, lateinischen und syrischen Überlieferung der Oden Salomos. Mit einem Faksimile des Kodex N. XVI - 201 Seiten. 1979.

Bd. 26 MAX KÜCHLER: *Frühjüdische Weisheitstraditionen.* Zum Fortgang weisheitlichen Denkens im Bereich des frühjüdischen Jahweglaubens. 703 Seiten. 1979.

Bd. 27 JOSEF M. OESCH: *Petucha und Setuma.* Untersuchungen zu einer überlieferten Gliederung im hebräischen Text des Alten Testaments. XX - 394 - 37* Seiten. 1979.

Bd. 28 ERIK HORNUNG / OTHMAR KEEL (Herausgeber): *Studien zu altägyptischen Lebenslehren.* 394 Seiten. 1979.

Bd. 29 HERMANN ALEXANDER SCHLÖGL: *Der Gott Tatenen.* Nach Texten und Bildern des Neuen Reiches. 216 Seiten. 1980.

Bd. 30 JOHANN JAKOB STAMM: *Beiträge zur Hebräischen und Altorientalischen Namenkunde.* XVI - 264 Seiten. 1980.

Bd. 31 HELMUT UTZSCHNEIDER: *Hosea – Prophet vor dem Ende.* Zum Verhältnis von Geschichte und Institution in der alttestamentlichen Prophetie. 260 Seiten. 1980.